SAUVONS LA FRANCE

POUR SAUVER

L'HUMANITÉ.

Lyon. — Imp. de F. Dumoulin, rue Centrale, 20.

SAUVONS LA FRANCE

POUR SAUVER

L'HUMANITÉ,

PAR

M. MARTINET.

> Un peuple ne peut vivre libre et en paix
> que sous un pouvoir juste et fort.
>
> BOSSUET,
> (*Discours sur l'histoire Universelle*).

PARIS, CHEZ LES PRINCIPAUX LIBRAIRES.

LYON. { F. DUMOULIN, LIBRAIRE, RUE CENTRALE, 20.
FRANÇOIS, RUE DES PETITS-PÈRES, 17,
ET CHEZ LES PRINCIPAUX LIBRAIRES.

1854.

SAUVONS LA FRANCE

POUR

SAUVER L'HUMANITÉ.

AVANT-PROPOS.

On ne peut bien juger du bonheur et du malheur des peuples, de l'ordre et de la paix des Etats, de la grandeur et de la durée des empires, qu'en remontant à leur origine, qu'en suivant la chaîne des temps, qu'en observant l'esprit qui a déterminé les principales phases politiques ; en France, c'est l'esprit de division qui a dominé successivement sous toutes les formes de gouvernement.

Les Francs, vainqueurs des Romains dans les Gaules, établirent leur domination sur des peuples à demi civilisés; ne connaissant que la force, profondément ignorants, ils ne surent imposer que le servage pour affermir leur puissance : ainsi la monarchie a commencé par l'esprit de parti.

Cet esprit s'est perpétué par des luttes sanglantes et des actes de barbarie qu'on n'oserait attribuer à l'espèce humaine, si l'on ne savait de quels crimes est capable l'ignorance inspirée par l'ambition; comme les Romains, les Francs ajoutèrent la corruption à la barbarie, la monarchie française eut ses Tibère et ses Néron.

La France ne commença à respirer que sous l'empire de Charlemagne; la science, modifiant la force, promettait un grand siècle et une succession civilisatrice. Mais sous des règnes sans transition et le concours d'un peuple étranger aux sages institutions, il faut plus d'une génération pour fonder l'œuvre d'une véritable civilisation et faire respecter les droits de l'humanité.

Depuis plus d'un siècle la féodalité était en germe et avait reçu de l'esprit de conquête un baptême de sang et d'orgueil; ainsi elle reprit son cours sous le siècle de fer où elle mit le sceau à sa domination.

Mais comme toujours à l'esprit de désordre succède l'esprit d'ordre, à la fin d'une longue succession de princes faibles et inhabiles parut une troisième race de rois.

Sans doute, sous cette nouvelle dynastie, la France eût été affranchie : tel était l'espoir de la nation dans la sagesse, les talents et la valeur de son nouveau souverain. Mais, comme ses prédécesseurs, Hugues-Capet trouva toujours devant lui une autorité rivale, autorité toujours opposée au bonheur des peuples et à la prospérité du pays.

De cette opposition de pouvoir surgirent toutes les natures de division : division de législation, division de jurisprudence, division de principes qui obscurcissait toutes les notions du juste et de l'injuste et donnait à la justice deux poids et deux mesures, à la vérité deux manières d'être; la distance d'une montagne, d'une rivière, d'un pont, déterminait l'esprit des lois; ici le despotisme s'appelle légitimité, là, prévarication, attentat aux lois divines et humaines.

C'est sous cette dictature, où la force faisait le droit, dans ces temps malheureux d'ignorance, que chaque seigneur se rendait indépendant dans son village et établissait sa juridiction, ses juges et ses bourreaux; nouvelle source de division : division de poids et de mesures, division de monnaie, division de langage, d'intérêt, d'esprit, qui paralysait les transactions commerciales, et fermait la source de la prospérité publique ; division féconde en guerres civiles qui couvraient la France de châteaux forts, de supplices et de cachots; la moitié du peuple égorgeait l'autre, le sol tremblait sous le poids des crimes et des forfaits, et la société serait descendue tout entière dans l'abîme, si la Providence n'eût arrêté la main du génie du mal.

Quelques bons princes apparaissaient de loin en loin sur l'horizon politique comme des anges consolateurs; mais les talents et la vertu privés de succession, les priviléges recouvraient leurs triomphes et leurs passions sur le tombeau des grands rois.

Tout a ses limites dans la nature humaine, la tyrannie a aussi les siennes. Du servage naquit l'affranchissement des communes, droit commun réclamé depuis longtemps par la bourgeoisie, classe nombreuse à qui l'on vendait jusqu'à la liberté, et qui prenait part à toutes les gloires, à toutes les grandeurs de la royauté, qui supportait toutes les charges de l'État, mais encore trop pauvre et trop ignorante pour s'élever sur un plus vaste horizon et recueillir plus largement les fruits de ses travaux. Néanmoins la patrie toujours reconnaissante enregistrait sur son grand livre de vie ses services et son dévouement, en attendant des temps meilleurs.

Non, jamais les classes laborieuses ne purent s'affranchir entièrement sous le régime de cette féodalité qui s'appelait garantie sociale, solidarité où l'on se renvoyait le mépris depuis le premier échelon jusqu'au dernier; tout se réduisait sur cette grande échelle à deux unités, celle des opprimés et celle des oppresseurs, compression que les premiers maîtres nommaient la grande unité française.

Rien n'a manqué à ce régime: tout ce que la nature a de plus pervers, de barbare et de corruption a été versé sur le pays, a caractérisé le moyen-âge, et a laissé à travers les meilleurs règnes, à la vue des princes les plus équitables, en présence des plus grands génies, les germes féconds de ses principes exclusifs et d'oppression. Enfin, usé par tous les genres de despotisme, cet édifice s'est écroulé avec un fracas épouvantable, devant l'Europe effrayée, sur l'innocent et infortuné Louis XVI, qui expia tous les maux que les partis ont faits à la France ancienne.

Mais 89 fut-il le port de salut? le calme a-t il succédé à l'orage, la lumière aux ténèbres, la liberté au servage, le bien-être à la misère? en un mot, la nation a-t-elle respiré sous de meilleures institutions?

Rien de plus grand, sans doute, que les principes proclamés par cette révolution pour reconstituer la société; l'Assemblée constituante jeta les bases de cette régénération avec une haute sagesse et une rare intelligence. Mais le peuple n'était pas à la hauteur de l'œuvre, et les factions se multipliant à l'ombre de son inintelligence, servies par une presse anarchique qu'on ose encore invoquer aujourd'hui, soulevaient sans cesse des orages autour de ce nouvel édifice de législation, et aggravaient les souffrances publiques, sous le manteau de l'amour de la patrie.

Les souvenirs des maux passés joints aux maux présents, les haines amassées et grossies par les partis nouveaux, fermèrent les cœurs aux sentiments nobles et généreux; plus les fers furent lourds, plus les mains étaient pesantes; tout frein salutaire paraissait un joug odieux, toute autorité un despotisme. C'est alors que l'on vit un peuple dégradé, abruti, séduit par des réformateurs insensés, marcher aux cris d'une liberté dont il ne connaissait que le nom, et, dans son ignorance profonde, se précipiter entre les bras du fantôme sanglant de la république comme un enfant dans ceux de sa mère !

Ce n'était point là encore le dernier degré de sa dépravation ; après dix-huit siècles de Christianisme, il se prosterne aux pieds d'une divinité humaine, et nie l'immortalité de l'âme en se faisant un dieu de celle qui en déshonorait l'image.

Voilà le peuple que les anciens partis ont fait ; il a été ce qu'ils ont voulu qu'il fût pour le gouverner.

O esprits superficiels, qui ne jugez les révolutions qu'à leurs effets ! remontez à la cause, jetez un regard de bonne foi dans l'abîme ; cette lave brûlante qui s'échappe du cratère et dévore le sol, ne reçoit pas au contact de l'air son élément destructeur; elle l'apporte des entrailles de la terre où le volcan s'est formé ; le bilan moral déposé au seuil de la société, aux jours d'orages, prend naissance dans ces conciliabules où l'honneur n'est qu'un mot, l'argent un principe, les droits de l'humanité un jeu.

Pour mieux juger les partis, suivons-les partout à l'œuvre, depuis leur origine jusqu'à leur déchéance. D'abord, tous à leur avènement ont inauguré un progrès, proclamé une vérité nouvelle; ils sont tous entrés au pouvoir sous le drapeau de l'indépendance nationale ; mais dans les enivrements de la puissance ils ont tous faussé leurs principes de réforme, violé leurs serments, et mis toutes les passions au service de leur ambition. Ainsi l'on a vu la même main qui répandait la lumière, arrêter la marche de l'esprit humain ; ils ne connaissaient plus que l'art de feindre pour régner et la liberté d'opprimer.

Oui, tous les partis ont failli à leur mission; humbles, populaires, dévoués aux pieds de l'échelle, arrivés aux sommités, ils ne voient plus que des atomes et des coupables en bas, ils ne savent plus gouverner que par la science du sabre et la morale des canons.

Examinez-les encore au jour des révolutions qui les brisent, et à l'heure de la réaction qui les relève ; comme les marins, ils se prosternent quand la foudre gronde, ils blasphèment lorsque l'orage est passé.

Ils sont tous exclusifs; interrogez leur histoire, c'est une succession de priviléges détruisant d'autres priviléges ; ils firent tous des lois de compression ; à eux la licence quand ils excluaient le droit de leur dire la vérité.

Considérons les partis à tous les points de vue. Ils ont tous leurs oracles, leurs missionnaires et leurs apôtres; or, il faut à tous une littérature, une philosophie, une religion et une presse pour censurer leurs adversaires; chacun d'eux est plus sage et a plus d'esprit que les autres, et impose ses doctrines comme acte de foi ;

lui seul est l'unique voie de salut ; ainsi, ils ne voient que justice, que prospérité, que grandeur dans leur règne; ils sont tranchants dans toutes les questions, absolus dans leurs volonté, infaillibles dans leur décisions ; enfin, périsse la patrie, disent-ils dans leur âme d'acier, plutôt que nos principes ; l'humanité est notre domaine, Dieu n'est rien sans nous !

On doit se demander maintenant ce qui a fait l'éducation et la force des partis. Ce sont les princes inhabiles et faibles, leur tolérance pour une aristocratie oppressive, leur mépris et leur insouciance pour le peuple, l'abandon de leur pouvoir à d'indignes favoris.

Rien n'est plus funeste aux intérêts de l'Etat que l'oubli des devoirs sur le trône : image de la mort, c'est à l'ombre de ce sommeil du pouvoir que les mauvaises passions se réveillent, que les ambitions s'agitent, que la division commence. La monarchie française est pleine de ces exemples ; quelques Souverains, seulement, firent respecter leur puissance et leur dignité. Sous l'ancien régime, Charlemagne, Louis IX, Charles V, Louis XII, Henry IV, Louis XIV, sont les Monarques qui comprirent le mieux les prérogatives de la couronne ; leurs règnes furent aussi les plus florissants, les plus riches en gloire et en grandeur. Que de sagesse et d'héroïsme dans saint Louis et son illustre mère pour contenir dans les limites du devoir cette belliqueuse noblesse toujours entreprenante contre l'autorité royale ; les Cours royales établies pour rectifier les arrêts des Cours seigneuriales témoignent à la fois et de l'amour de la justice du pieux Monarque et du peu d'équité de ces hauts justiciers de village.

Que l'on remarque aussi que les guerres de la Fronde obligèrent Louis XIV à dire : l'Etat, c'est moi : langage trop absolu, sans doute, et dont le grand roi a trop abusé, mais nécessaire au repos, à la prospérité de la France, et fit de ce règne le soleil de la monarchie ancienne.

Franchissons les espaces. Ce Directoire tombé dans le mépris, malgré grand nombre d'illustres membres qui formaient alors le Conseil d'Etat, payant de l'exil les services rendus à la patrie déchirant son sein de ses propres mains, cette anarchie enfin, décorée du beau nom de république, disparaissant comme les ténèbres devant la lumière en présence du Consulat et de l'Empire, est une preuve des plus éclatantes des bienfaits de l'unité d'action dans le pouvoir et d'une volonté souveraine.

Alors commença cette ère supérieure à tous les temps passés, comme je le démontrerai au chapitre septième, ère qui changea les destinées de l'Europe, et prépara ces belles institutions qui se développent tous les jours à l'ombre d'un progrès modéré et continu, institutions fondatrices de la civilisation universelle.

En effet, que serait devenue la France sous les successeurs de 93, quelque grande chose qu'on fît en ces temps-là pour l'affranchir du joug de l'étranger ? les temples fermés, la religion bannie, ses ministres proscrits, la morale sans fondement, privée de sanction, la société ne pouvait vivre long-temps en l'absence de ces principes fondateurs.

Le gouvernement provisoire, en 1848, manquant d'homogénéité, malgré le beau génie, la sagesse de plusieurs de ses membres, apprit à son tour combien est funeste l'esprit de division.

Autre exemple non moins frappant, donné par l'Assemblée législative en 1851; s'opposant à toutes les améliorations urgentes, mutilant le suffrage qui l'avait nommée, enchaînant les volontés bienfaisantes du chef de l'Etat, elle se flétrit elle-même dans le principe de son existence; mais la nation indignée et reconnaissante couronna le Prince qui lui rendit son droit.

Ici commence une ère nouvelle d'ordre : une force à la fois intelligente et sage rend à la France un repos, une sécurité toujours croissants et depuis long-temps désirés; chaque jour proclame que l'Élu de la nation a bien mérité de la patrie : que le Souverain, maître de ses inspirations, libre dans ses volontés, poursuit l'œuvre des réformes dans les limites du possible, sous l'empire des lois protectrices.

N'oublions jamais que l'union fait la force, axiome si connu et si peu en pratique; pour le rendre efficace tous les bons Princes tinrent l'épée d'une main pour faire le bien de l'autre. Mais ces Princes avaient des oreilles pour la vérité ; sous l'ancien régime, Henri IV la récompensait, en récompense le ciel lui donna Sully.

Cet amour de la vérité est plus remarquable encore sous le gouvernement actuel ; la pensée du Monarque fut comprise de tous les corps qui constituent la société : le clergé, la magistrature et l'armée, saluèrent les premiers le pouvoir nouveau au nom de la religion, de la justice et de l'ordre.

Il reste incontestable que le premier droit de l'autorité est de se faire respecter, principe qui doit commencer dans la famille, passer à l'atelier, et suivre toute la hiérarchie sociale. Chaque parti l'a proclamé au jour de sa puissance, tous doivent obéir au pouvoir qui leur succède dans l'intérêt du pays.

Ici se présente un point important, celui de ne pas confondre l'esprit de parti avec l'esprit d'opinion; l'esprit de parti proprement dit n'est de sa nature ni sage, ni équitable, mais il se pare des formes et des couleurs de la sagesse et de l'équité pour arriver à ses fins; grand centre des passions mauvaises, il fait le vide autour de son enceinte et dérobe les coups qu'il prépare dans l'ombre; il exploite avec une égale adresse l'aveuglement des rois et l'ignorance des peuples; son grand art est de les détourner de leurs devoirs, et de les endormir dans un lâche repos; il ne voit que lui, il n'entend que lui dans l'humanité; sourd à ses cris, insensible à ses larmes, il n'a de frein que dans la justice qui le flétrit, que dans la force qui le comprime; source profonde d'abstraction, les plus nobles illustrations s'y altèrent, les plus beaux génies s'y dénaturent, tout s'y prostitue.

Les opinions, au contraire, sont des pensées inhérentes à la nature humaine; elles sont du domaine de toutes les vertus, de tous les talents, jamais absolues; éclairées dans les discussions, modifiées par les événements, elles concourent au développement des bonnes institutions; aujourd'hui unies à la sagesse du pouvoir, elles effacent les partis.

L'opinion sera toujours la reine du monde.

Ces deux problèmes conduisent à un troisième, c'est le mot révolution. Habitué aux commotions sociales, on ne le juge qu'au point de vue politique, et sous des aspects sanglants et désastreux. Il y a révolution en tout : le cours des astres, révolution. Les intempéries, les modifications de l'atmosphère, révolution. La marche des saisons, révolution. Maladie, santé, révolution. Développement des intelligences, révolution ; passage du vice à la vertu, encore révolution. Pas de progrès sans révolution ; les révolutions sont dans l'ordre de la nature; la plus grande, la plus sublime, révolution vraiment régénératrice, c'est le Christianisme, le progrès sur l'arbre de la croix, progrès de l'univers.

Hommes, chrétiens, libres ou esclaves, nous sommes tous enfants des révolutions.

Alors pourquoi ces incriminations des partisans des systèmes morts contre les systèmes existants? Parce que les heureux, les privilégiés de chaque révolution, se sont toujours renfermés dans le cercle qu'ils se sont tracé, pour jouir exclusivement des dons du ciel et des bienfaits de la nature, sous les républiques comme sous les monarchies; cercle aussi toujours brisé par la pression des souffrances, l'explosion des droits violés. Là est la succession des révolutions anti-sociales ; c'est l'esprit humain qui demande passage, c'est l'humanité condamnée à marquer ses étapes sur les ruines de la tyrannie.

Mais, si les révolutions sont dans l'ordre de la nature, ainsi que nous l'avons déjà dit, la vraie sagesse n'est pas de les combattre pour les anéantir ; c'est d'en diriger les principes et les éléments pour les faire entrer dans l'ordre moral, de tout modifier, de ne plus chercher sur les flots révolutionnaires l'esprit des institutions, débris toujours funestes qui livreraient la France à des naufrages sans fin.

Nous sommes arrivés à l'heure suprême; la vérité doit briller de toutes parts, de tout son éclat, pour le riche et pour le pauvre; qu'on ne dise plus qu'elle se contente du petit nombre d'élus; que le mot révolution, qui retentit à toutes les oreilles et frappe tous les esprits de terreur, soit désormais le mot de ralliement pour reconstituer la société sur des bases nouvelles! Or, ce n'est point avec des matériaux usés, corrompus, que l'on peut ériger l'édifice nouveau; à quelque parti que nous appartenions, quelles que soient la couleur de notre opinion et notre condition sociale, nous devons tous apporter notre pierre, le grain de sable qui doit le cimenter, nous dépouiller du vieil homme pour entrer dans la régénération.

Est-ce ainsi que comprennent leur mission ceux qui font un appel aux vieux errements, et demandent à faire remonter la France à la source des révolutions pour l'en affranchir? ce ne seront pas les mêmes hommes, mais on aurait toujours le même système.

Quoi! c'est à la vue des améliorations morales et matérielles qui affermissent l'ordre chaque jour, qui rendent la confiance et la sécurité que le pays réclame pour sa prospérité, qu'on ose proposer à la France de la ramener aux plus mauvais jours de la monarchie; c'est s'en déclarer ouvertement l'ennemi, et prétendre donner le change par une franchise apparente.

Pourquoi briser cette grande, cette véritable unité française dont les fractions s'identifient tous les jours dans cet esprit de sage liberté, d'égalité et de fraternité, trinité qui a sa source dans le Christianisme, et a reçu, comme la Divinité, un baptême de sang sur le Calvaire! Parce que ces trois attributs dans l'intérêt de l'humanité entière, de son bonheur et de sa dignité, blessent certaines âmes orgueilleuses.

De grâce, dites-nous, partisans du bon vieux temps, à quelle classe de la société vous vous adressez pour réaliser vos espérances; est-ce à l'habitant des campagnes? Sous aucun gouvernement il n'a joui aussi largement de ses droits et n'a été l'objet d'une aussi vive sollicitude; sous le régime actuel, le progrès de son bien-être et le sentiment de sa dignité rendent la Jacquerie impossible.

Qu'attendez-vous de la bourgeoisie? Vous souvient-il qu'elle a fait la révolution de 89 pour s'affranchir du joug odieux, et qu'elle a fondé le système nouveau par son intelligence et ses travaux.

Oseriez-vous faire à la noblesse du dix-neuvième siècle l'injure de l'assimiler à cette gentilhommerie du moyen-âge, lui faire parcourir de nouvelles phases révolutionnaires, la ramener au siècle fangeux de Louis XV pour la briser ensuite devant un nouveau 89? un second drapeau de 93 flottera sur vos succès.

Ne prétendez pas davantage être les organes d'une légitimité rétrograde; les vrais légitimistes sont amis du progrès, ils s'honorent d'avoir pour ancêtres les Bossuet, les Fénelon, les Racine, etc., et de transmettre à leurs descendants les trésors du grand siècle; la lumière n'est pas égoïste.

N'oubliez pas que les hommes d'élite de l'ancien régime réclamaient des réformes, et que plusieurs notabilités illustres furent membres de l'Assemblée constituante.

Est-il nécessaire de vous dire que les légitimistes purs ne sont point absolus dans leurs principes; sincèrement religieux, ils sauraient toujours les modifier pour la prospérité de la France.

Voyez l'illustre auteur du Génie du Christianisme; dépouillé de tout préjugé, il n'a point déclamé contre la révolution de 89, en prenant place dans les rangs des quarante immortels; l'Académie étant le sanctuaire du progrès, — logique, conséquent avec lui-même, il s'est déclaré l'ami de tous les enfants de lumières, et ne brûlait pas d'une main ce qu'il encensait de l'autre; ainsi, digne dépositaire des illustrations anciennes, il les versa sur les grandeurs nouvelles, et, bon Français, chrétien de conviction, M. de Châteaubriand reste l'homme de tous les temps.

On voit dans ces tendances un esprit plus funeste encore, celui de ramener la religion à un fanatisme qui la dégrade; de détruire, sinon d'affaiblir à sa source les principes de cette foi pure qui commence à fonder son empire sur notre édifice social; c'est arrêter les croyances, cette grande force des ames, à la porte du cœur des masses; c'est encore méconnaître l'esprit et les mœurs du clergé, qui, fidèle à la grande maxime du divin Maître (mon royaume n'est pas de ce monde), préfère le salut de ses ouailles aux délices des cours, les vérités de l'Évangile aux mensonges des flatteurs.

Déplorable aveuglement de l'esprit de parti! incorrigible en tout point, il fronde l'esprit, les institutions qui ne sont pas de son temps, et, comme le fameux socialiste, au mépris des droits acquis, il prétend transformer la propriété. Que dis-je? c'est la prétention de transporter la France entière dans un ordre de faits qu'elle condamne depuis des siècles, et dont elle s'éloigne chaque jour à grands pas depuis soixante ans.

C'est trop se jouer de l'humanité, c'est mettre la civilisation à l'enchère des révolutions.

La France ne peut sacrifier ses grandeurs nouvelles aux grandeurs passées, ni demander à ses anciens rois le modèle de ses souverains nouveaux; pour quelques astres qui ont brillé un jour, combien de siècles d'obscurité! Pour elle, au dix-neuvième siècle, le flambeau du progrès est le foyer des générations futures; il ne lui suffit pas de quelques sages de loin en loin qui honorent l'humanité, c'est une nation entière qui marche devant elle d'un pas ferme et constant dans les voies d'une morale toujours croissante et pure; elle demande au pouvoir, comme au prêtre, l'exemple qui doit sans cesse la modifier.

Tout a changé, déjà, dans les dispositions, et sur le premier trône du monde commence aujourd'hui un héritage de moralité; sous un prince ennemi du mensonge se dissipent les derniers grains de cette vile poussière de courtisannerie, qui, comme de gros nuages, s'élève sans cesse devant les regards des rois pour leur dérober la vérité.

N'oublions jamais qu'aux sommités sociales, se sont préparés les premiers orages, et que de cette atmosphère où se forme le fluide électrique de toutes les corruptions, est tombée la foudre des révolutions.

L'heure a sonné enfin pour la France d'entrer dans la voie des révolutions morales; elle ne peut rétrograder d'un jour sans s'effacer, elle doit être à l'Europe ce que cette partie du monde est à l'univers entier. Comme au retour d'un long péril, arrivée au port du salut, elle commence à interroger avec calme toutes les pages de son histoire, et s'étonne, comment, appuyée sur le dogme chrétien, elle a passé de l'avilissement de la servitude à la dégradation des excès de la liberté; mais portant ses regards sur tout l'abîme qui l'environne, elle reconnaît qu'une grande absence de la lumière du Catholicisme est l'obscurité dominante d'où surgissent la plupart des mauvaises doctrines.

Parmi celles qui soulevèrent le plus d'orages, comme je le démontrerai au chapitre second, on doit placer les doctrines philosophiques; pour quelques services rendus en passant, combien de calamités! Parcourons les plus célèbres philosophes de l'antiquité, comme les modernes; suivons leurs théories: partout l'erreur à côté de la vérité, les passions voisines de la raison. Celui-ci n'admet qu'une substance; celui-là en reconnaît deux, mais il définit mal l'organisation de l'homme; l'un veut uniquement la matière, l'autre n'accepte que la spiritualité; orgueil ou ignorance, pas un n'est constant, même sous les formes des plus beaux talents, à établir l'harmonie de la nature divine et de la nature humaine; en conséquence, ils n'ont pas su rendre la philosophie praticable à un point de vue général et en faire une science exacte.

Reconnaissons aussi l'impuissance de l'homme; chacun n'est qu'une fraction plus ou moins importante de l'humanité; il ne peut voir, connaître et juger que quelques façades de l'édifice; ainsi, pas de savants universels, moins encore de sages parfaits.

Il n'appartenait qu'à l'Homme-Dieu de comprendre

toutes les profondeurs de la nature humaine et son entière organisation; à lui seul, aussi, la sagesse par excellence, la pratique de toutes les vertus; il est la ligne droite et invariable de l'honneur : une miséricorde infinie, la charité chrétienne, sont les deux grandes colonnes de son dogme.

Les doctrines socialistes sont peut-être plus dangereuses encore; les premières faussent la morale, les secondes la repoussent. Le socialisme, anarchique de sa nature, pouvait-il trouver un docteur plus fidèle à ses principes que celui qui fait de Dieu le spectre de sa conscience et le tyran de sa raison, qui place la source de toute vérité au dernier mot de la science; ces théories sont dignes de l'écrivain qui a fait de la propriété un vol.

Le communisme, sublime en apparence, réunit toutes les propriétés de la dégradation humaine, il est impropre à toute transformation, il ne mérite pas les honneurs de la réfutation.

Faut-il s'étonner que les sophismes, toutes les passions mauvaises soient du domaine de la littérature, que du mont Parnasse la corruption descende par torrent dans le cœur des générations?

La presse périodique a-t-elle mieux compris sa mission de morale de publicité? Organe ardent de l'esprit de coterie, défenseur de la liberté par la licence, plus d'un journaliste avait besoin d'un frein.

Comment tant de désordres ont-ils pu trouver place dans la société? A l'ombre de l'ignorance. A ce vaste théâtre de ténèbres où toutes les misères morales et matérielles font tableau, il est urgent de consacrer un chapitre, pour l'habitant des campagnes, surtout, classe laborieuse la plus disgraciée des bienfaits de la science. Considérant que l'agriculture est une source fondamentale de la richesse publique, le laboureur doit comprendre que la lumière est à son intelligence ce que le soleil est à son sol, que la force matérielle ne saurait suffire à la fécondité de son champ; il doit dans sa sphère concourir au développement des institutions, au maintien de l'ordre, et donner au pays des magistrats en harmonie avec la sagesse du gouvernement.

Si l'ignorance est la source de tous les maux, comme il sera démontré par la logique des faits, un sage enseignement en est l'élément réparateur; sur cette terre, loin des orages du monde commence la famille, tous les principes d'ordre social; là, est l'avenir de la France, le germe des sages institutions, les fondements de la vraie grandeur des nations; à tous les gouvernements les révolutions ont fait justice sur le sol de ces vérités éternelles.

On a beaucoup écrit sur l'éducation; il existe d'excellents traités, et cependant une régénération est indispensable; la femme, surtout, la réclame, l'appelle de toute la fécondité de son intelligence, de toute l'onction de son cœur; la mission de mère a été trop oubliée; une mère! Sanctuaire d'amour, source inépuisable de sentiments, c'est elle qui essuie nos premiers pleurs; ses sanglots et ses cris combattent la mort au chevet du lit, elle verse les dernières larmes sur la tombe!

Tout se lie et s'enchaîne dans les principes d'ordre; si l'industrie est fille de la nécessité, l'instruction organise le commerce; mais si cette organisation a été, et est encore un grand élément de prospérité pour les peuples, les passions en font une source de dégénération ; au XIXe siècle le commerce a plus que des intérêts matériels, il doit encore être considéré au point de vue philosophique, moral et religieux.

Par sa nature le commerce est l'ère du travail, le travail est l'histoire des classes laborieuses ; ses plus belles pages sont dans leur amélioration morale et matérielle; question plus brûlante que jamais, problème trop tardif à résoudre ; que de vérités en évidence cependant, quelle chaîne de faits frappe nos regards ! tout parle à l'esprit et au cœur, et les misères qui désolent les campagnes, et les maux de toute nature qui assiégent les cités. A-t-on sérieusement examiné que le bien-être des travailleurs est la première garantie de la propriété, une source inépuisable de sa prospérité ; que leur déficit s'étend sur le propriétaire et s'élève sur toute l'échelle des affaires ? La classe des travailleurs étant la plus nombreuse, ses souffrances sont reversibles sur la société tout entière : elles entretiennent à grands frais les bureaux de bienfaisance, elles pèsent sur les hôpitaux, elles agrandissent et multiplient les prisons. Où allons-nous ? quelles seront nos barrières ? la situation s'aggrave, un abaissement de salaire est en raison inverse d'énormes bénéfices ; des fortunes colossales sont acquises rapidement. A ces réductions que l'équité la plus commune condamne, ajoutez l'élévation du prix des subsistances, les rigueurs de la saison, et vous reconnaîtrez un nouveau déficit au dessous de toute proportion, qui rompt l'équilibre et brise la balance des intérêts généraux.

Sans se répandre en longues incriminations, on est en droit de signaler, dans cet état de choses, des actes d'égoïsme hostiles à l'ordre social, en opposition directe faite à la sollicitude du Monarque pour les classes laborieuses et à la prospérité du pays.

D'autre part, le malaise tient et se rattache aux conditions de moralité dans lesquelles ont vécu et vivent encore un grand nombre de travailleurs, en l'absence de tout principe ; les doctrines socialistes augmentent la somme de leurs maux.

C'est en vain, cependant, qu'une nation serait en possession de tous les éléments de prospérité, de grandeur morale, si de sages institutions n'en assuraient la puissance et la durée. Mais comment se former l'idée d'une législation modèle, à quel siècle la demander, quel empire est en possession de ce bienfait souverain ? Cet empire nous environne de toutes parts. Considérant l'ordre général de la nature, on reconnaît que tout repose sur de sages lois, (c'est l'équilibre des forces); ainsi doit se former l'ordre social pour établir l'harmonie dans la création ; tout s'enchaîne dans la sagesse divine, tout doit se lier dans l'intelligence et les vertus humaines; or, la justice, la lumière et la vérité doivent être les éléments principaux de toute organisation sociale; ils résumeraient à la fois le bonheur des peuples, la force et la dignité du pouvoir.

Il importe dans les circonstances graves où nous vivons, circonstances plus décisives que jamais, d'examiner si ces trois grands principes fondateurs ont servi de règles aux législateurs passés. A cet effet, je leur demande : ô vous qui avez été les arbitres de la destinée des nations, qui vous êtes jugés dignes de commander aux hommes, avez-vous bien compris votre mission, mission toute d'énergie, de modération et d'équité ? En conséquence, les droits sacrés de l'humanité ont-ils été proclamés au sommaire de vos principes législatifs ? avez-vous donné, à l'enfance des peuples, des guides sages et éclairés, multiplié les écoles pour diminuer les prisons, substitué la puissance morale à la force matérielle ? En dernière analyse, et pour logique suprême, si vous avez fait les lois, les hommes ont-ils été préparés pour elles ?

En jetant ses regards sur toute l'antiquité, on reconnaît qu'à l'exception de l'Evangile, toutes les législations sont incomplètes, empreintes de vices plus ou moins incompatibles avec la dignité humaine, cause première de la dégénération des peuples et de la décadence des empires ; dans leurs plus beaux siècles les Grecs et les Romains faisaient des esclaves.

Mais sans remuer la cendre de tant de nations, troubler la paix des tombeaux, agiter les mânes illustres des vieux temps, en remontant aux diverses époques de l'ancienne monarchie française, on rencontre des lois rétroactives les moins en harmonie avec le dogme chrétien, lois que l'iniquité, mère des priviléges, imposait au plus grand nombre pour l'asservir au plus petit, qui s'appelait la nation. Ainsi, en possession de tous les biens, jouissant exclusivement de tous les droits, les législateurs féodaux n'étaient pas même à la hauteur de Numa et de Solon, législateurs païens qui savaient au moins honorer l'agriculture. Athènes et Rome étendaient le droit de suffrage jusqu'au plus pauvre laboureur ; plus d'un Consul romain fut demandé à la charrue ; combien de célèbres généraux des deux nations quittèrent la pioche pour ceindre l'épée, et reprirent les instruments de labour après le combat !

Nous ne devons jamais oublier, néanmoins, que la Grèce a plus brillé par la sagesse de ses lois que par l'éclat de ses victoires; elles furent le fondement du droit romain.

Oui, les institutions font l'esprit et les mœurs des nations, comme les mœurs et l'esprit des nations perpétuent les institutions.

Examinez les États européens les plus civilisés et les plus rétrogrades : prospérité et intelligence d'une part, ignorance et paupérisme de l'autre; là, tolérance des cultes dissidents et progrès de vertus chrétiennes; ici, persécution, fanatisme et hypocrisie ; les destinées des empires sont attachées à la sagesse des peuples comme à l'équité des souverains.

Prévenir avant de réprimer, doit être la première loi du législateur, celle de la famille, de la société tout entière, c'est l'esprit du Christianisme, législation qui inspire sans cesse l'amour de la vertu, et ne condamne le coupable qu'après l'avoir éclairé.

Cette législation est aussi celle de la France, qui a déclaré dans huit millions de suffrages vouloir continuer sa mission civilisatrice. Ne formons plus qu'un seul camp aux pieds du trône; dans ce camp tous les droits seront respectés, tous les devoirs tendront à se remplir, rien ne s'y brisera de la vie politique, les excès seuls seront punis ; et si tant de fois l'anneau de la chaîne s'est rompu, il faut en rapporter les catastrophes aux premiers gouvernements de la France : le peuple était la propriété des rois, système aussi impie qu'impolitique, car Dieu n'a pu dire au premier homme : il sortira de ta race des tyrans et des esclaves ; oppresseurs et opprimés auront tous également l'esprit libre et seront animés de ma substance divine; il y aura des distinctions, mais ce seront les priviléges des talents et de la vertu.

Nous entrons, enfin, dans un ordre de faits conforme à notre nature; soyons fidèles à l'œuvre sur toute son échelle.

Toutes les questions sociales ont été agitées, la France est pleine de réformateurs; trois révolutions ont passé sur son sol pour la sillonner d'améliorations, et nous sommes toujours au point de départ, m'objectera-t-on. Cela est vrai, mais ne faisons pas de l'histoire du passé celle de l'avenir, l'expérience est un grand enseignement; suivons les oscillations des temps, ce fatras de réformes appelées intelligence et qui ont méconnu la véritable essence de l'esprit et la dignité de l'âme; vous reconnaîtrez que rien de sérieux, de positif, de consciencieux n'a été formulé profondément; partout l'élément religieux, cette grande et salutaire compression du cœur humain, a marqué son absence ; les gouvernements ont failli à leur mission, tout a laissé des ferments de discorde, les dissolvants sont arrivés de toutes parts.

Si l'on suivait quelques-unes de ces réformes pas à pas, l'on entendrait ces enthousiastes de l'indépendance, proclamer : nous sommes tous nés libres, nul n'a le droit de nous gouverner. Erreur métaphysique, s'écrie un autre, il faut un pouvoir, toutes les nations ont une forme de gouvernement, mais liberté pleine et entière. On ne peut bien conduire les peuples, répond un troisième, marchant vers l'abîme opposé, que sur les ruines de la liberté ; les plus esclaves sont les plus heureux.

Ainsi, par les passions extrêmes à combattre les abus, on a perpétué l'antagonisme sans rien modifier; d'une part on a franchi les limites du progrès, de l'autre on est dans l'ornière ; ils ont tous imposé leurs idées au pays, pas un n'a su conduire le pays à ses idées.

On doit reconnaître, surtout, que la mauvaise presse est une des plaies les plus profondes faites à la société; les mauvais livres sont comme les mauvais exemples : c'est dans ces sources impures, aux rives bordées de miel, que l'ignorance boit à longs traits le poison subtil du vice, où l'on apprend à mépriser ce qui doit être respecté.

Une grande fièvre de notre siècle est de recevoir avec enthousiasme toutes les idées nouvelles; on préfère l'erreur qui plaît, à la vérité qui corrige ; les plaisirs ont le pas sur les devoirs, on se passionne et on ne s'éclaire pas.

Beaucoup d'écrits ont la propriété d'un feu d'artifice, une obscurité profonde succède à un vif éclat.

Emportés par le torrent d'un progrès immodéré, bien des écrivains se croient appelés à écrire; dans leurs étourdissements ambitieux, ils n'ont pas le temps de comprendre que civiliser c'est moraliser.

D'autres prétendent servir la morale en signalant toutes les voies du vice, et sont impitoyables pour toutes les faiblesses humaines : rigueur absurde, souvent hypocrite, qui rend plus étroits encore les sentiers de la vertu ; leurs lumières sont plus funestes même que l'ignorance.

L'esprit de parti a trop écrit, il n'a éclairé que les les façades de son édifice; chaque chef de faction se croyait un grand homme.

Il n'est pas de folie, de songe creux, de cerveau malade, de passion mauvaise, qui n'aient apporté leur pierre systématique sur le terrain mobile où les révolutions ont placé l'édifice social, et tous se disent les bienfaiteurs de l'humanité.

Tout a été faussé, et il n'y a pas seulement sophisme en littérature, en morale, en politique, en philosophie, ce fléau a suivi toute l'échelle de l'esprit humain.

Qu'est-ce que le sophisme, se demandent beaucoup de gens? Le sophisme, c'est le mensonge coloré des apparences de la vertu et de la vérité, c'est un argument qui surprend la raison et l'enveloppe de fausses lumières; le sophisme, c'est la civilisation propagée par le vice.

Il est urgent de tracer un tableau de la société arrivée dans l'état où nous la voyons, à travers cet Océan de lumières.

Dans ces diverses phases, le gouvernement de Juillet sera forcé de reconnaître la part des maux qu'il a versés sur le pays, les larmes et les souffrances laissées en héritage par son malheureux système.

Ce gouvernement eut ses jours de gloire et de prospérité, mais l'inexorable histoire fera la balance des vices et des vertus, des calamités et des bienfaits qui ont signalé ce règne.

En vain d'illustres orateurs, des écrivains célèbres ont élevé la voix et l'élèveront encore pour la défense de cette dynastie, les faits sont trop saisissables, leur logique est invincible.

Mais toujours un extrême conduit à un autre extrême. Entendez-vous ces étranges moralistes s'écrier : retranchez le luxe, supprimez les théâtres, plus de concert, etc., etc. De grâce, avant de porter une faulx tranchante sur ces propriétés de l'âme et de l'intelligence, de tarir les sources du commerce et de l'industrie, dites-nous ce que vous mettrez à leur place ?

Le théâtre est une de nos gloires nationales, souvent un stimulant fécond de l'amour de la patrie ; il entretient et nourrit le goût des arts ; c'est un délassement instructif, économe même pour les classes laborieuses, un palliatif des lieux de débauche qui souillent nos cités. Filles du ciel, reines de l'harmonie, la poésie et la musique ont leur morale et leur grandeur.

Tous les peuples ont leurs divertissements et leurs jeux ; tout a ses limites dans la nature, le travail est un arc qui se brise par le vice de tension. Ne détruisons rien, mais modifions tout, et nous ne serons jamais les Romains qui demandaient des spectacles et du pain.

La comédie sera désormais une école de mœurs ; que la religion et ses ministres y soient toujours respectés, le vice flétri et châtié, la vertu honorée et récompensée, en un mot, l'argent soumis à l'honneur, alors les rôles se changeront en mission, et, sur la scène, comme au foyer, la morale sera une vérité.

La France est riche en grands écrivains ; chaque jour ils déposent dans le domaine de la civilisation les travaux de leurs veilles, et lui préparent d'éternelles merveilles ; mais à côté de cet or pur, un plomb vil fait découler sur les masses toutes ses impuretés.

Que tout écrivain se respecte : faire penser est le plus grand des arts. Sous un prince vertueux et chez une nation en progrès, tout doit être honnête et national.

La dignité du langage réclame ses droits ; éclairez toujours, discutez sans passion : la lumière est de sa nature l'adversaire du désordre ; que l'autorité reste inviolable, les lois sont les gardes protectrices de la société ; tout écrivain honnête homme fait abnégation de l'esprit de parti ; le siècle des lumières est dans l'amour de la vérité, du respect de la morale et de la religion.

Soyez fidèles aux préceptes de Boileau :

Rien n'est beau que le vrai, le vrai seul est aimable,
Il doit régner partout et même dans la fable ;
De toute fiction l'adroite fausseté
Ne tend qu'à faire aux yeux briller la vérité.

Mais le beau est inséparable du bon, ramenez tout à l'amour de la vertu ; la vertu belle par elle-même se prouve par le bon. Grandissez la nation, vous grandirez avec elle.

Plus d'utopie, l'heure des sages réformes est arrivée ; suivez en tout l'ordre de la nature, le secret de l'art est de la corriger et non de la détruire ; chaque chose a son temps, labourez avec intelligence, semez du bon grain, et laissez germer, fleurir et croître avant de moissonner ; les transformations ne sont jamais possibles qu'à la hauteur de l'esprit de chaque siècle et de chaque nation.

Que les idées solides, saines et justes, les sentiments nobles et généreux s'élèvent à tous les degrés du Parnasse, dans la plus mince brochure comme dans le plus grand format; il y a toujours de la gloire à faire le bien, le temple de l'immortalité a plus d'un étage.

A la vue des plaies si profondes, ce n'est pas trop de rappeler tous les principes régénérateurs; la société les réclame pour rentrer dans son état normal et un avenir impérissable; elle en attend l'accomplissement sur tout son horizon; la probité dans les affaires, la droiture, la bonne foi dans le corps des travailleurs, sont des éléments invariables de la prospérité publique; toute profession utile et honorable ne peut vivre honnêtement qu'à l'ombre de l'équité de tous.

Tout s'identifie et se protége dans une société bien ordonnée; chaque modification particulière est une source d'améliorations générales, comme la réunion des intérêts personnels constitue la somme des intérêts généraux. Le tout est dans le tout.

Toutefois, ne nous faisons pas illusion, ne cherchons pas un bonheur chimérique: il est des perfections impossibles, les passions sont inhérentes à l'espèce humaine; il y aura toujours des abus, des misères, mais il est en notre pouvoir, — la sécurité publique l'exige, — d'en diminuer le nombre et d'en affaiblir la gravité; l'égoïsme, fils de l'intérêt, et l'intérêt le mobile des affaires, ne peut s'éteindre entièrement. Que dis-je? il est même des maux nécessaires; nos lumières ne peuvent nous élever à la hauteur de toutes les éventualités, l'expérience est le plus grand des maîtres; sans le vice on ne distinguerait pas la vertu, l faut pouvoir dégénérer pour arriver à la perfection.

Ah ! jugeons mieux de la nature de l'homme : assemblage de faiblesse et de grandeur, il ne peut supporter ni une entière liberté, ni un esclavage absolu ; ur ces deux abîmes, l'humanité a fait long-temps sa évolution. Sur ce cercle résumant tous les systèmes u monde, les réformes apportées pour régir les naions, nous devons reconnaître le dogme chrétien suérieur à toutes les doctrines humaines, le seul en uissance de réformer le cœur de l'homme ; le moi umain se modifie par l'humilité, la charité en afaiblit l'égoïsme. Or, nous ne pouvons sauver le genre umain par nous-mêmes, mais nous sommes tous des nstruments intelligents de la Providence pour faire e bien et concourir, dans la sagesse de ses vues, au ien-être de tous.

L'Evangile est la loi suprême de l'humanité.

En effet, portons un regard préliminaire sur les euvres de l'esprit humain, abandonné à lui-même, lans sa marche progressive ; voyez le nombre des malieureux se multiplier au sein des richesses, les lamieaux de la misère flottent au vent de la civilisation ur le drapeau de la patrie des tissus, l'égoïsme a suivi e progrès. Oui, l'esprit humain livré à ses seules insirations place l'âme dans l'intelligence et transforme es missions ; de là les divisions qui ont multiplié les loctrines, trop matérialisé la science, abâtardi la phiosophie. Ainsi, la porte ouverte aux passions, l'orgueil et l'ambition procédant aux réformes n'ont laissé que des ferments de discorde et suspendu la société sur des ruines.

Il faut à l'humanité une sagesse, une puissance plus

qu'humaines pour fortifier la vertu et cimenter les âmes dans un centre de bonheur commun ; cette puissance, cette sagesse, c'est l'auteur du Christianisme, le Christianisme seul principe de la fraternité universelle.

Le temps presse ; que de toutes parts on se hâte dans toutes les améliorations possibles ; un peu d'abnégation dans cette soif de l'or qui dégrade les âmes et fait dégénérer les nations. Efforçons-nous tous à élever cette belle humanité ; la France est la terre classique des bonnes et grandes choses. Non, nous ne serons plus condamnés à voir loger les horreurs de la faim à côté d'un superflu qui déborde ; toute créature humaine cessera de redouter la rigueur des frimats ; donnez, donnez, que la charité prodigue ses consolations et ses trésors en attendant une situation meilleure.

La mission de la France est infinie ; il ne suffit pas qu'elle soit la plus riche, la plus prospère des nations, pour occuper le premier rang, elle doit être encore la plus généreuse et la plus morale ; alors, résumant tous les siècles passés, elle s'élèvera au dessus de toute l'antiquité. Ainsi, préparer de bonnes générations, en cimenter les principaux éléments, faire un appel à toutes les classes de la société pour l'accomplissement de cette œuvre, sous l'égide d'un gouvernement qui tend chaque jour à fermer l'ère des révolutions, c'est le sujet de cet ouvrage : justice, prospérité et conciliation.

CHAPITRE PREMIER.

L'ère nouvelle.

Quand l'heure de sauver l'humanité fut sonnée dans es décrets de la Providence, l'empire du monde venait l'être assuré au peuple romain.

La même puissance créa le 2 décembre ; Napoléon parut, la société fut sauvée, et la France appelée, sous a direction d'un prince sage et éclairé, à concourir à 'œuvre de la véritable régénération sociale.

La France était suspendue sur l'abîme, il fallait un homme étranger à tous les partis pour le fermer.

Dans sa sagesse profonde, cet homme demanda à ous les partis les éléments qui lui paraissaient les plus avorables à son grand œuvre, et détourna les plus nobles ambitions au profit de l'ordre nouveau.

Tel est le grand art de régner : génie, sagesse, énergie lu grand Prince placé à la hauteur des circonstances et du siècle, après tant de déceptions, de calamités et le sang versé : empire fondé sur tous les droits, sur ous les devoirs, dans l'intérêt de tous; entouré de outes les intelligences, de tous les dévouements nobles et généreux, pour préparer dans le bien-être et l'ordre actuels les générations futures et fermer l'ère des révolutions.

Comme il n'existe qu'une voie de salut, il ne doit

y avoir qu'un seul parti, celui de la nation dans son unité.

Hommes de toutes les opinions, vous avez tous rendu des services à la patrie; vous devez tous aussi contribuer à son repos, à sa prospérité, à l'affermissement de ses institutions; renoncez à un passé qui n'est plus, il a fait son temps, et il ne peut plus être sans livrer la France à des commotions nouvelles, funestes à sa liberté, à la prospérité entière de l'Europe, à la paix du monde entier. Enfants du progrès selon l'esprit de votre temps, vous appartenez tous au nôtre par chaîne de tradition et d'amour pour l'humanité; nous sommes vos fils par succession de grandeurs nationales; soyez logiques, c'est votre œuvre que vous soutiendrez. Comme nous, vous vivrez dans la mémoire des générations futures; tout bon Français est toujours l'ami, le défenseur de son pays sous tous les gouvernements réguliers, sanctionnés par la nation; le véritable honnête homme respecte l'ordre établi.

Chacun de vous a servi une couleur du drapeau national, toutes les trois ont donné des héros à la France; votre gloire sera plus grande à les défendre dans leur union; toutes les grandeurs anciennes unies aux grandeurs nouvelles en recevront plus d'éclat, ainsi que les lumières de chaque siècle brillent en plus grande somme dans les siècles éclairés qui leur succèdent.

Au dessus de tout esprit de parti, étrangère au hasard de la naissance, aux faveurs de la fortune, condamnant tout privilége contraire à l'équité, la vertu est inséparable de l'honneur et de la gloire du pays.

Hommes de parti, abjurez vos querelles, donnez à l'univers ce noble exemple d'union qui élèvera la

France au-dessus de toutes les nations, et vous ferez plus encore, pour la paix du monde, que les plus brillantes victoires.

Servez tous la France dans sa mission civilisatrice; elle jouit de tous les genres de gloire, elle doit y ajouter celui qui les consacre tous: servir de modèle à tous les peuples.

La France a conquis sa liberté par son courage, elle ne peut la conserver que par la sagesse, exemple que l'Europe suivra, pour affermir son indépendance.

La France a ébranlé le monde par ses armes, ses lauriers ont arraché de la léthargie de l'esclavage les peuples qu'ils ont soumis; l'heure d'un affranchissement universel est arrivé.

Un fanatisme insensé a ensanglanté le sol pendant plusieurs siècles; la religion va étendre sa plus vive lumière, briller de tout son éclat, de toute sa pureté, triomphant par la vertu; ce sera la St-Barthélemy du dix-neuvième siècle.

Or, si la France a abusé de tout, elle est aussi en possession de tous les éléments pour tout réparer: un clergé, en général, sage et éclairé, plus tolérant, le plus estimé de toute la chrétienté. Toutes les carrières sont en voie d'amélioration; les hommes intelligents se multiplient sur l'horizon des affaires; la tribune fait entendre un plus grand nombre de voix éloquentes, patriotiques et sérieuses; la chaire philosophique, dégagée de doctrines ambitieuses et subversives, reçoit à son tour un caractère de régénération; la littérature commence à s'affranchir des sophismes; la législation, s'élevant chaque jour à sa mission, suit pas à pas un esprit sage et progressif, les besoins du temps ; enfin des baïonnettes intelligentes, premier appui de l'ordre, font de la discipline la moralité de l'armée.

Ainsi, dans les circonstances graves où l'Europe entière est placée, tout est en harmonie dans l'Empire avec la sagesse du souverain qui s'est déclaré responsable, première garantie d'autorité donnée en France, garantie morale qui appelle toutes les forces vives du pays à s'unir, à faire le bien, à concourir au salut général; garantie, en un mot, qui maintient, respecte les prérogatives de la souveraineté nationale et conserve son caractère d'indivisibilité.

Antérieure à toutes les dynasties, cette souveraineté n'est la propriété absolue d'aucune puissance; émanée de Dieu, étant l'humanité même, elle est souverainement libre, l'arbitre de ses destinées, elle se couronne dans un dépositaire digne de sa grandeur et de son origine. La dynastie actuelle est la seule qui ait respecté les droits de cette souveraineté dans toute leur plénitude, aussi, deux fois dans cinquante ans, elle l'appela au pouvoir pour réparer les calamités des révolutions, grandir le présent et préparer l'avenir de la France. La première république elle-même a faussé ce grand principe proclamé en 89; la faction dominante imposait les hommes au pouvoir ; la force, la violence, l'iniquité, l'échafaud même, étaient souvent les instruments de cette puissance factice ; en 1848 on gouverna sous l'influence du même nom, et le gouvernement s'institua par accident.

Les temps sont sont enfin venus, tout est rentré dans son droit, l'humanité a recouvré les siens, la nation s'est affranchie de l'esprit de parti, de tout aspirant qui veut s'appeler roi à tout prix.

Pour démontrer la logique de tous les prétendants à la couronne, faisons parler les faits. Les Celtes ont conquis le sol sur des peuplades sauvages sans nom, remontant leur origine dans la nuit des temps ; ils sont vaincus par les Gaulois; les Gaulois cèdent eux-mêmes le pays aux triomphes des Romains ; ces derniers font place à la valeur des Francs ; la monarchie de ceux-ci se divise en trois races, dont chacune ne règne que par la force des armes. Or, tout est conquête et usurpation, pas un arpent de terre qui n'ait été arrosé cent fois du sang des vainqueurs et des vaincus, où est donc la légitimité ! C'était uniquement ériger la succession en pouvoir tyrannique ou équitable et modérateur, selon la sagesse et la volonté du plus fort. Ainsi, faisant remonter la question à son origine, tout a donné le pouvoir : la force, la ruse, les fausses promesses, la violence, le parjure même. Dans ce choc de passions, à qui Dieu a-t-il dit : tu seras roi ! Invoque-t-on les lois divines, une volonté suprême, interrogeons les temps les plus reculés de ces traditions : les patriarches étaient les souverains dans leur famille; le peuple hébreu se constitue en corps, en nationalité sous la domination des Pharaons ; il reçoit l'ordre du ciel de s'affranchir de cette royauté, de quitter l'Egypte et d'aller fonder un empire, affermir ses droits de nation sur une autre terre, où Dieu lui donne des magistrats pour régir sa nouvelle puissance. Ce peuple demande un roi, et Dieu lui présente Saül, homme sans aïeux dans la royauté; mais son onction sainte ne l'empêcha point d'être exclu du trône ainsi que toute sa famille; David lui succède, et sort des rangs les plus obscurs ; Salomon n'est son héritier qu'en vertu de sa sagesse. Or, Dieu établit la justice pour principe et fondement des empires : la justice est imprescriptible, elle ne doit rien aux traditions; aucune puissance n'a pu changer, affaiblir sa nature; elle est immuable, éternelle comme Dieu où elle a pris sa source.

Bossuet a dit : il n'y a point de droit contre le droit; c'était évidemment reconnaître le droit de nation comme le premier de tous les droits, affirmer en principe et en fait que la justice ne peut avoir deux manières d'être, et rendre à la souveraineté nationale tout l'éclat de sa vérité, la force de son principe.

Le droit divin n'est donc qu'une invention des hommes, une autorité de l'esprit de parti, autorité rarement justifiée par la sagesse; et, en l'absence de la justice, elle est un outrage fait à la divinité.

Le principe est inépuisable en solutions; des souverains eux-mêmes l'ont résolu à leur avénement au trône. Que répondait Hugues-Capet aux princes qui l'accusaient d'usurpation : la légitimité gît dans le cœur de ses sujets; et encore, il n'avait été nommé que par une assemblée de notables; mais toujours il respectait un principe; et n'est-ce pas en vertu de ce même principe que la branche aînée a régné pendant plusieurs siècles, et dont les souverains s'honorent d'être les fils de saint Louis.

Ce principe est-il resté le droit exclusif de la troisième race; le droit de la nation, droit primordial qui nomme ses souverains, s'est-il effacé, anéanti par ce régime fondateur qui lui doit sa naissance? Non; l'ancienne monarchie s'écroule en présence de tout son prestige; la République s'ensevelit dans le sang qu'elle a versé, le tumulte des passions populaires, la succession des factions. L'Empire est fondé sur le principe du droit de la nation, mais il subit l'arrêt du destin; la Restauration lui succède, elle succombe parce qu'elle a méprisé ce droit; la monarchie de Juillet périt également par la violation du même principe; la seconde République s'éteint dans les fausses théories, ce gouvernement s'est suicidé, en un mot, par son esprit de division. Au milieu de ces ruines, la souveraineté nationale reste seule debout dans toute son indépendance et son unité; c'est alors qu'elle demande à l'héritier du grand homme qui a ouvert le XIXe siècle par l'ordre, la sécurité, de sages institutions, des gloires nouvelles et une prospérité infinie, des garanties définitives de son avenir, en fermant l'ère des révolutions.

Qui peut dire à quel parti serait resté la victoire, quel eût été le terme de cette révolution nouvelle, quand la main habile du 2 Décembre trancha le nœud gordien, et fit renaître l'ordre et l'espérance au sein de la morale et du travail ? A quelle forme de gouvernement la France pouvait-elle demander ce triomphe sur ses ennemis? Toutes étaient mortes à l'œuvre; la branche aînée eût toujours été traversée par les préjugés que la main du temps et les grands principes de 89 avaient dispersés, pour faire place à un régime plus équitable, réclamé, même depuis des siècles, par tous les hommes sages et éclairés du vieux temps, régime seul en harmonie avec la souveraineté nationale. La dynastie de Juillet n'eût cessé de s'armer du me qui l'a perdue. Enfin, la République nouvelle t trop long-temps invoqué un peuple qui ne la rit pas, et serait toujours morte faute de sa- et de vertu.

yons de bonne foi, sachons le reconnaître : dans lutte dont le 2 Décembre a fermé les portes, les s se seraient précipités, dans l'espoir d'un succès chacun croyait légitime à son point de vue, dans mer de sang, pour arracher un lambeau de pou- ! Mais la Providence veillait sur la France, un queur pacifique sortit de ses mains.

n doit conclure, — c'est la raison publique, le sens national qui le proclament, — que le gouver- ent le plus en rapport avec l'esprit et les mœurs ı nation française, c'est l'ensemble des institutions 'ales sur une échelle progressive, unies aux splen- 's de la monarchie, forme sympathique pour rer le progrès européen, le triomphe gradué de la isation.

est en présence de tant de maux suspendus sur la ıce, que tous les hommes sages de tous les partis ınt rangés et se groupent encore tous les jours ur du trône ; ils ont choisi le terme moyen entre esprit révolutionnaire sans limite qui eût envahi rope entière, et les tendances rétrogrades qui se ifestent encore tous les jours, et qui ramèneraient cesse le monde civilisé à son point de départ.

insi, on doit considérer les dignités et les fonc- s acceptées sous le nouvel Empire par des hommes outes les opinions, comme un gage de paix et de spérité qu'ils donnent tous les jours à la France, onviction profonde qu'ils ont de leurs œuvres.

Mais ce droit de la nation d'être représentée sur le rône, est si vrai, si profondément reconnu, si puissant sur les esprits sans préventions et sur les âmes onnêtes, que des légitimistes l'ont invoqué pour leur rince à l'heure de l'élection, en opposition à l'Élu e la France, et se sont inclinés devant l'acte souve-:ain.

Tout légitimiste qui aime son pays s'identifie, en [uelque sorte, dans un gouvernement dont la sagesse ›résente tant de gages pour la prospérité de la France; :t cette ancienne noblesse qui doit ses ramifications l'origine aux trois races des rois de France, aurait-:lle raison de dédaigner une nouvelle dynastie si riche le gloire et de grandeur ? elle ne ferait qu'accroître es branches fleuries d'un tronc illustre de plusieurs iècles, et qui perdraient de leur éclat dans le vide l'une antipathie systématique.

Soyons plus équitables envers ce corps; il a donné rop de gages de dévouement au drapeau de la France lans le giron de la monarchie, pour lui être infidèle; :omme la nation entière, il comptera ses gloires dans es actes, et dont les intérêts sont inséparables; comme :lle, il doit comprendre aussi que plus la France chan-;erait de gouvernement, plus il y aurait de partis; ηu'elle deviendrait, par conséquent, ingouvernable, :t, foyer éternel de révolutions, elle donnerait raison ıux oppresseurs des peuples; elle appesantirait le joug les opprimés; comme les Grecs et les Romains, elle passerait à son tour, chargée de gloire et de grandeurs, sous le despotisme le plus odieux.

Qu'on se pénètre bien qu'une nouvelle révolution remettrait tout en question, que chaque période révolutionnaire a ses victimes, et qu'elles ont toutes leur réaction; que tout gouvernement établi a le besoin ainsi que le droit de se faire respecter; que le vaisseau de l'Etat ne peut arriver à bon port par des vents contraires; il est impuissant dans toutes les améliorations, esclave des réformes impossibles.

On doit gémir du fond du cœur, sans doute, sur le sort des exilés; mais que demandaient-ils? les événements avaient parlé, la nation s'était prononcée, de quel côté restait le droit? Pourquoi ces agitations, ces troubles qui ébranlent sans cesse l'ordre social et font disparaître la confiance et le travail? pour qui et jusques à quand cette impunité? Ambitions déçues, elles foulaient aux pieds ce qu'elles auraient fait respecter avec une inflexible rigueur, étant au pouvoir, dans le triomphe de leur cause. Aux passions aveugles, il faut d'aveugles instruments; des mauvaises passions au crime il n'y a qu'un pas; s'ils avaient compris leurs devoirs et leurs droits, ils seraient paisibles dans leurs foyers.

La révolution de 1848 est pure, il est vrai, de condamnations politiques à son origine; mais l'insurrection de juin a malheureusement payé cette sublime générosité. Dans ces funestes journées, l'esprit de parti a pris pleine carrière; il a déployé tout ce qu'il a de faux, de pervers dans ses doctrines, de haine et de vengeance dans le cœur; les théories et la pratique avaient fait leurs plus coupables efforts; les émeutes d'avril et de mai furent l'avant-garde de cette courte, mais sanglante révolution.

Savez-vous tout ce que l'exil, les émigrations coûtent à la France depuis la révocation de l'édit de Nantes? les ertes en sont incalculables : c'est l'expatriation de eaux talents, de brillantes intelligences, d'innombrales, de riches familles emportant leurs espérances et surs richesses à l'étranger ; c'est l'exploitation de notre ıdustrie, de notre commerce sur d'autres terres ; l'Euope, le monde entier retentissent de nos haines natioales, les nations s'enrichissent de nos divisions ; c'est progrès propagé par l'esprit révolutionnaire qui donerait à l'univers épouvanté le spectacle de notre ruine !

Sans doute, la prospérité commerciale réclame des changes de matières, de productions industrielles ıhérentes au génie, au sol de chaque contrée; les peules doivent resserrer leurs relations sympathiques vec leurs intérêts matériels, établir un concours de ıoralité pour la marche régulière de la civilisation ; ıais cette réciprocité, toute relative, ne doit point aper les fondements de notre prospérité, affaiblir esprit national déjà trop peu compact. Ce n'est pas la mère-patrie de la liberté à se dépouiller des plus eaux fleurons de sa couronne ; ils ne tarderaient pas se changer en drap mortuaire que les calamités etteraient sur le passé, le présent, l'avenir de la 'rance : fatale destinée que d'autres nations ont subies lans leurs guerres intestines. L'indépendance de la 'rance est la reine des libertés du monde !

Ce n'est pas sur les déclamations, les haines de uelques hommes qu'il faut juger de la sagesse du ouvoir, mais sur l'ensemble de ses actes, la nature les circonstances, l'ordre, la sécurité du pays. Au este, n'est-il pas dans la nature humaine que tout ouvernement ait des mécontents ; la Divinité a des ennemis : quel homme peut s'en affranchir ?

Dans ce grand drame politique, le peuple, surtout, ne doit jamais oublier que toutes les révolutions se sont faites en son nom; qu'il les a toujours arrosées largement de son sang, payées de longues souffrances, et qu'il a fécondé ses maux par sa crédulité à tous les systèmes, à tous les réformateurs; tous les partis ont abrité leur drapeau derrière ces remparts sacrés; quand tout a été consommé, ils l'ont effacé de leur œuvre.

Assez d'expériences, assez de lumières! changeons l'horizon révolutionnaire en ciel d'azur. Jamais trône ne s'est élevé sur les ruines de l'anarchie avec autant d'économie de sacrifices; aidons-le tous à faire le bien comme le Monarque l'a dit lui-même avec grandeur et simplicité dans son premier discours au Corps législatif, gage profond de bonne foi, de loyauté et d'honneur. Il n'est pas de jour qui ne soit marqué par quelques actes d'amélioration; de plus grands bienfaits nous attendent si nous sommes prudents et unis; soyons justes et confiants, nous trouverons confiance et justice. Les vertus ont entre elles une solidarité qui ne se dément jamais, que la voix des méchants ne peut troubler dans une nation qui se connaît et se fortifie dans l'œuvre de régénération. Au sein de toutes ces grandeurs morales, nous devons tous considérer dans une pensée unique et suprême, que si la clémence est le plus beau fleuron des grands princes, elle est une vertu dominante de notre souverain; la terre de l'exil se dépeuple sans troubler la sécurité du pays, tout est en harmonie avec l'ordre; le temps se remplit d'équité, les solennités nationales n'ont pas réclamé en vain un large privilége à rendre un fils à sa mère, de satisfaire au cœur d'une épouse tendre et chérie; la patrie, aussi, est fière, heureuse de recevoir dans ses bras des enfants qu'un jour, fatal à son repos, a égarés; noble commencement du terme de nos calamités, garantie pour la paix future de l'Europe, du monde entier, qui grandit chaque jour, et démontre que si tous les partis ont donné des maîtres à la France, le 2 Décembre lui a présenté un père !

CHAPITRE II.

État de la Société.

Si l'heure de la régénération a sonné dans l'ère nouvelle, la société attend, dans sa juste impatience, d'être éclairée sur la nature de ses maux pour fermer ses plaies. Nous sommes tous ses membres, notre devoir aussi à tous est de concourir à l'œuvre régénératrice dans toute la mesure de nos forces.

Remontons d'abord à la cause première. La société française a commencé par la conquête et la barbarie; dans son ignorance elle a passé sans transition aux raffinements de la corruption, qui, du palais des rois où elle avait établi son siége, est descendue au salon; du salon à la boutique il n'y eut qu'un pas, et de là elle s'est glissée dans l'atelier : elle coule à pleins bords dans la rue; les masses, orphelines d'éducation, pressent sur leurs lèvres stupides tous les égouts des siècles.

Trois révolutions ont changé la face de la France et l'appelèrent à une vie nouvelle; mais faussées dans leurs principes, sillonnées de faux systèmes, démoralisées par une foule de mauvaises doctrines, elles ne laissèrent aux générations que les apparences d'une sage liberté et la réalité des maux de la licence; ainsi le champ des réformes resta ouvert à toutes les aberrations de l'esprit humain, aux caprices des sectes et aux passions de toute nature. Tout se confondit, le vice prit souvent le nom de vertu, la désorganisation s'appela ordre nouveau, la morale était soumise à l'empire de la mode.

Pour mieux juger, jetons un regard sur ce vaste théâtre qu'on appelle société. Sur cette scène si variée en personnages, on apprit avant tout à mépriser et à jouir; on y discutait ses droits, on ignorait ses devoirs; tous voulaient monter, personne ne savait descendre; ne pouvant être aigle, on se faisait serpent; l'orgueil et l'intérêt franchirent les vocations pour arriver au temple de la fortune et des honneurs; on jouait des rôles, on ne remplissait pas de mission; de toutes parts, enfin, la France n'était qu'une place de guerre ouverte à toutes les ambitions.

On est forcé de reconnaître que cet amour effréné des places, commun aux républicains comme aux monarchistes, a troublé l'ordre des carrières, dénaturé bien des talents, favorisé souvent le despotisme.

Cet esprit inquiet, agitateur né d'une ambition désordonnée, et que le mérite justifie rarement, a trouvé place sous tous les gouvernements, porté sa nature perturbatrice jusque dans les affaires commerciales; là, aussi, l'inintelligence a produit ses défaites; les insuccès accusent les événements, la mauvaise foi s'appelle habileté.

Le déclassement des intelligences s'est étendu sur tout l'horizon. Voyez ce jeune homme tout boursoufflé d'une superficie de science, que la raison n'a pas sevré encore des jeux de l'enfant, aspirer à des situations supérieures à son âge, et attendre dans une longue oisiveté, son étoile mensongère. Là ne s'arrête point son œuvre vagabonde : l'amour des plaisirs prend la place de l'amour du travail ; il traîne ses beaux jours, il énerve ses forces dans une indolente mollesse au pilier d'un café ou d'un cabaret, la tête levée, le cigare à la bouche, jetant aux passants la fumée de son esprit, le journal à la main pour avoir l'air de penser ; ainsi, à charge à ses parents, inutile à la société, il prépare l'échelle de sa carrière.

Le monde est plein de ces médiocrités désespérantes qui envahissent les sciences, les arts, les lettres, et assiégent les administrations. Or, on ne doit point s'étonner de cette foule innombrable de demi-savants, de faux philosophes, d'utopistes ambitieux, qui remplissent de futilités le domaine littéraire, faussant les idées au nom du progrès, et donnant un libre accès aux faux systèmes dans l'esprit du vulgaire.

L'absence, surtout, des principes religieux, ouvre un vaste champ aux mauvaises doctrines ; l'ignorance d'une part, les passions de l'autre, tout en assure le succès ; des erreurs d'un esprit superficiel et vain, il n'y a qu'un pas aux égarements d'un cœur ouvert à toutes les impressions.

Ils ne sont pas moins dangereux ces écrivains qui, s'inspirant des abus pour tout détruire, mettant sur le compte de la loi les erreurs et les passions de ses ministres, aveugles et aveugles volontaires sur leurs vertus, se font les accusateurs perpétuels des principes les plus saints, les plus sacrés.

Abandonnant la vertu véritable, on a fait de celle qui est fausse un prestige; il n'y a pas de terme moyen entre la vérité et le mensonge. Dans cette morale factice la scène française n'est pas sans reproche, tous les auteurs dramatiques ne sont pas des Racine et des Molière ; elle a trop emprunté à cet art séduisant qui couvre de fleurs l'abîme des plaisirs, où le désordre se colore sous les attraits les plus divers, sous le portique même de la science, l'honneur souvent subordonné à l'argent; tout a été complice des désordres sociaux à l'enseigne de la civilisation.

Qui peut décrire tous les maux que ces prétendus beaux-esprits ont faits à la société, en faisant monter les flots de leurs ambitienx préceptes, de leurs orgueilleuses maximes sous le nom de philosophie, pour établir leur domination.

Mais il fallait à leur fausse sagesse une sanction; ils la demandèrent à la fragile raison humaine, et, mesurant aux pieds de cette souveraine inconstante et capricieuse tous les dogmes religieux, ils s'enfermèrent dans une superbe indifférence, plus funeste que le fanatisme le plus outré. C'est ce qu'on appelle assez communément des esprits forts.

Comprennent-ils mieux la dignité et l'origine de la science, ces grands penseurs qui font de la pensée la propriété de la matière, et attribuent à sa nature inerte et passive, la puissance active et infinie de l'esprit qui la dirige et la perfectionne.

Quelle est encore la sagesse de ces Diogène nouveaux, qui dans leur orgueil suprême, la lanterne à la main, cherchent un homme, et ne se connaissent pas eux-mêmes.

On rencontre aussi sur cette ligne de philosophes, (ô pauvre esprit humain, que tu es riche en folies!) des enfants du doute qui imposent leurs doctrines; mais, qui ne sait que douter ne peut jamais connaître et enseigner la vérité? toujours douter on ne croit à rien, qu'en soi; le doute est un vide mortel qui conduit a l'athéisme.

Mais peut-on être athée de bonne foi, par conviction? Dieu ne peut s'effacer de son œuvre, de cette partie intégrante de sa divinité qu'on appelle l'âme humaine. De ce sanctuaire s'échappe toujours un cri; Eh mon Dieu! et quelque dégradée que soit une âme, comme un édifice en ruines, elle atteste encore la main de l'achitecte qui l'a élevée; ce grain de sable même, si léger que l'homme brise sous ses pieds, ne s'anéantit point; dans l'ordre de la nature tout se transforme et rien ne périt.

Parlerai-je du panthéisme, de l'éclectisme, autres enfants de l'orgueil philosophique, de tous ces grands pontifes de la raison humaine? en un mot, la durée de leur puissance fait assez justice de leurs folies, de leurs aberrations.

Sans s'étendre davantage sur toutes ces doctrines d'un jour, il suffit de reconnaître que dans les temps les plus reculés, comme de nos jours, aucune n'est parvenue à réformer l'humanité, elles se sont toutes combattues. Sous Aristote, Socrate et Platon, la Grèce était déjà corrompue, et marchait à la servitude; de leur haute sagesse, il ne resta que des théories sur le papier; la science est le seul héritage en pratique de ces hommes célèbres. Sans mission céleste, sans révélation, sans culte, sans principes de foi, sans apostolat, l'homme ne peut régénérer l'espèce humaine: quelle serait la sanction de sa morale? ses faiblesses, ses passions, ses erreurs. Voyez-vous dans les livres des philosophes cet amour inaltérable de la vérité, cette chaîne de principes et de faits qui révèle une source unique, cette constante pureté de mœurs? leurs actes sont-ils toujours en harmonie avec leurs paroles? dans leurs plus sublimes maximes, quel a été leur triomphe moral et souverain? quel est le maître parmi eux qui s'est immolé à son œuvre sans faiblesse et sans ostentation, qui a pardonné à ses ennemis, quand il pouvait les confondre et les pulvériser? cette mort était seule dans les attributs d'un Dieu.

Il est encore permis de demander si la puissance, la bonté de ces docteurs est quelquefois implorée par les matelots au moment de l'orage; où sont les hospices qu'ils ont fondés, les monuments de bienfaisance que l'humanité doit à leur piété et à leurs largesses? ont-ils des temples où les faibles mortels peuvent s'instruire et se recueillir loin des passions du siècle? la vue de l'univers suffit-elle pour les rappeler à leurs devoirs d'hommes? le moribond, à la vue d'un monde qui lui échappe, de l'éternité qui s'avance, réclame-t-il un de ces sages pour liquider sa conscience? enfin, cet homme vénérable qui accompagne sur la fatale charrette le coupable frappé par la justice humaine, est-il sorti une seule fois des rangs de ces savants systématiques? en dernière logique morale, est-ce un livre de philosophie en main qui fait agenouiller la foule devant le supplicié attendant avec résignation et confiance l'arrêt de la justice divine?

C'est aux œuvres qu'on doit juger des doctrines, comme aux pieds de la science on reconnaît les savants; tous les jours, on est témoin des actes de charité qui font de la France l'âme de la chrétienté, de son progrès qui en est la puissance et l'ornement.

Cessez donc tous ces vains bruits de grandes réformes qui retentissent aux oreilles des nations sans changer les cœurs; sagesse stérile, fatras de science annoncé en grande pompe, entachés de vanité puérile, et qui révèlent plus un secret désir de domination que d'amour pour l'humanité.

Voulez-vous étendre la question sur ce terrain de sagesse humaine, interrogez certains bacheliers, grands disciples de grands écrivains, organisateurs fameux de société, demandez-leur ce qu'ils pensent du fondateur du Christianisme, ils vous répondront que Jésus-Christ est tout simplement l'égal de Socrate.

O progrès! O science! O mœurs! on passe dix, douze, quinze ans à feuilleter, à commenter l'histoire sur les bancs de l'école; on en sort tout bourré de grec et de latin, pour ignorer que Jésus Christ depuis le berceau jusqu'à sa mort fut admirable de vertu et d'une morale parfaite, tandis que la jeunesse de Socrate a été très-orageuse; le premier établit l'Apostolat d'une charité universelle, le second exerça à peine quelques actes de bienfaisance individuelle, et fut sans influence même sur ses contemporains; le héros du Christianisme n'a trouvé dans sa nation aucun modèle de sa vie, le sage de la Grèce vivait dans un siècle fécond en grandes vertus; l'un a laissé d'innombrables imitateurs dans tous les temps et chez toutes les nations, on ne voit après l'autre que des peuples dégénérés; celui-ci meurt uniquement pour obéir aux lois de son pays, sacrifiant au dieu du mensonge après une longue profession de foi pour la vérité; celui-là verse jusqu'à la dernière goutte de son sang au milieu du supplice le plus affreux pour son dogme régénérateur, il expie toutes les faiblesses humaines en couronnant les âmes des justes.

Mais les esprits forts préfèrent le fanatisme de leur incrédulité à cette exaltation sublime et vertueuse.

Poursuivons ces grands dictateurs de la sagesse humaine dans leurs derniers retranchements. L'Évangile, ce code parfait de l'humanité, livre inimitable dont aucun écrivain ancien ou nouveau n'a osé faire la censure, revendiquer le titre ou une seule des maximes, et que tous les païens mêmes ont admiré, ne révèle-t-il que les actes et les paroles d'un mortel? il est plus que l'histoire d'un grand homme; elle en a toutes les grandeurs sans en avoir les faiblesses; les quatre Évangélistes ne pouvaient être inspirés que du ciel.

Mais avant la révélation, l'humanité vivait dans le plus profond abaissement; livrées à la morale païenne, les nations étaient courbées sous le joug d'une servitude dégradante, l'esclavage faisait droit comme la liberté, la force était un principe comme un moyen, l'esprit de conquête mettait tout aux pieds du vainqueur. Le Christ naquit, l'espèce humaine fut moralement réhabilitée dans toute sa splendeur primitive; il naquit dans une forme accessible à tous les hommes, proportionnée à toutes leurs faiblesses; il a pratiqué toutes les vertus pour les rendre praticables; comme un être vraiment grand, il s'est abaissé pour nous élever, il est descendu pour nous faire monter.

La nation juive, dans sa loi primitive, atteste les vérités de la loi nouvelle; la terrible et éternelle improbation qui frappe le peuple déicide, la ruine de sa nationalité, sont des témoignages irrécusables de la vie et de la mort du Christ.

Philosophes, toute l'antiquité dépose contre vous; en vain vous colorez vos systèmes du vernis de la science, vous parez vos doctrines de vos protestations d'amour pour les hommes, vous êtes jugés par vous-mêmes! C'est la présence d'un Dieu qui vous embarrasse, sa charité accuse votre égoïsme déguisé; pharisiens nouveaux, l'humilité chrétienne blesse votre orgueil; un désintéressement sincère condamne la fausse pauvreté, et déchire le masque d'une mystérieuse et insatiable ambition. C'est là le secret de vos déclamations contre la religion.

Oui, rien de plus égoïste qu'un philosophe exclusif dans son système; il reste impassible dans son cabinet où il refait le monde par ses chiffres, son équerre et son compas; insensible aux souffrances de l'humanité, il ne voit dans les humains que de vains jouets du sort, à peine dignes de ses regards; il balance, il juge leur destinée en maître souverain et absolu. D'autres, dans leurs penchants, ne s'inspirant que de leurs passions, ont attenté à toutes les vérités, même à celles qu'ils ont découvertes, sapé tous les fondements de la saine morale, affaibli les croyances, déjà si peu profondes, pour réduire tout au sensualisme; ils ont rempli la société de libertins systématiques.

Et comment ces hommes dogmatiques étaient-ils à même de comprendre le sentiment de leur dignité, lorsqu'ils faisaient descendre leur science de sa hauteur pour la mettre à la mode, jusqu'au dernier degré de l'échelle, sans la rendre plus praticable au vulgaire ; ils ont ainsi multiplié les philosophes sans philosophie.

Il est évident, il reste incontestable, que l'esprit philosophique n'a été jusqu'à ce jour qu'une lutte d'ambition, esprit tout de négation contre ses adversaires, tout d'affirmation pour ses systèmes, esprit qui discute sans cesse sans s'arrêter à un principe fixe sur lequel l'humanité puisse se reposer. Or, cet esprit laisse peu de lumières et moins encore de vertu ; esprit qui fatigue le monde de ses querelles et ne moralise aucune nation, esprit qui n'élève les sociétés que sur des ruines.

Mais s'il y a des sectes philosophiques, il existe aussi des sectes religieuses; et pourquoi cette division dans la grande unité chrétienne, unité indivisible de sa nature? répondent-ils.

Ah ! Ah ! vous subtilisez toujours, vous êtes sophistes quand même; quoi ! vous ne voulez pas voir la part que les passions se font dans toute chose; vous ne l'admettez que dans vos doctrines; vous feignez d'ignorer la pureté du dogme chrétien, la sagesse de son autorité; mais la religion n'est pas plus responsable de ses prévaricateurs que la vraie philosophie des mauvais philosophes. Au reste la dissidence des cultes ne change rien au fond de la question, le principe est immuable, Dieu est toujours l'objet principal des croyants, tandis que les diversités négatives en philosophie rapportent tout à elles-mêmes, et l'univers sera chrétien avant qu'il y ait un seul peuple philosophe.

A cette religion dans laquelle vous vous efforcez de ne voir que des abus, Voltaire et J. J. Rousseau ont rendu d'éclatants hommages; mais c'est quand ils s'inspint de leur conscience, qu'ils étaient recueillis dans profonde méditation. Voyez aussi leurs contradics; le premier qualifiait d'infâme le Maître du nde, qu'il eût fallu inventer, disait-il, s'il n'exist pas; le second traitait d'animal dépravé tout homme i médite.

es temps sont enfin venus d'en finir avec ces sages s sagesse, ces docteurs pleins d'une vaine science ; 'est plus permis d'ignorer, après dix-huit siècles, e le Christianisme a régénéré le monde au sein ıme du paganisme; qu'il a surnagé au-dessus de ıtes les révolutions, survécu à tous les empires, ıversé les temps de barbarie, sans rien perdre de ı unité et de sa morale ; il affranchit l'humanité en clairant; la lumière est sortie du Catholicisme; , ce culte porte le sceau de son infaillibilité, il vèle le Dieu de l'univers.

Il se manifeste plus grand encore dans les souffrans et les persécutions ; les plus ardents persécuteurs ce dogme se font ses plus zélés défenseurs, les temes des idoles s'écroulent devant leur adorateurs conrtis; sa faiblesse a fait sa force, l'humilité sa granur; trois siècles de tourments ont affermi son empire glorifié son nom.

Puissance admirable ! douze hommes pauvres, obsırs, ignorants, sans argent, sans armée, sans alınce et sans trône, sont maîtres du monde par la oix, le bois triomphe du fer ; à sa vue, l'or en un omb vil est changé; tout s'incline devant le signe dempteur : monarques, nations reconnaissent que vraie majesté, toute indépendance vient du ciel. ı nature déroge à ses lois ordinaires à la voix des seriteurs ; tout annonce la sagesse et la grandeur d'un Dieu, jusque dans la faiblesse humaine.

Quel est le savant, le philosophe qui a dit à ses disciples : Allez enseigner les nations, tout ce que vous emanderez en mon nom, vous sera accordé; croyez et tout s'accomplira. Tout s'est accompli !

Oui, une sagesse inconnue a surgi de cette doctrine, elle a fait éclore les plus beaux génies ; tout ce que la Grèce et Rome avaient de plus éminent en lumières et en vertu, a illustré les premiers siècles de l'Église. Bossuet, Fénelon, Bourdaloue, Massillon et tant d'autres illustrations dans la foi, ont brillé d'un vif éclat sous le grand roi. Napoléon a ouvert le dix-neuvième siècle par le rétablissement des autels ; l'héritier de son nom est aussi le successeur de sa pensée.

—Mais Socrate avait reconnu l'unité d'un Dieu, Platon a fait un traité sur l'immortalité de l'âme, Aristote pratiquait une morale supérieure aux fausses divinités; ainsi, quatre siècles avant Jésus-Christ, il y avait plus de lumières dans ces trois illustres païens que n'en possèdent la plupart de nos prétendus fameux philosophes. —

Arrière, arrière, hommes sans foi, vous tous qui traitez de fanatisme toutes ces grandeurs de l'esprit et du cœur; ainsi que les grands martyrs dont le Christianisme a honoré la vertu, vous ne pouvez être les organisateurs de la société; esprits pointilleux, cœurs sans élévation, vous ne cherchez qu'à abaisser l'humanité à votre domination.

En dernière analyse, ces grands réformateurs prétendent-ils sérieusement exercer une puissance sur les âmes, en être les souverains arbitres, alors qu'ils cherchent à prouver que l'homme n'émane point de Dieu, mais de leur volonté suprême; et s'ils ont mission de dire à la vertu pauvre, obscure, persécutée : Persévère, tu as un sujet puissant de vivre, un témoin secret de tes actes, un rémunérateur incorruptible; devant lui, monarques et bergers sont égaux, sa justice rend à chacun selon ses œuvres : quel est le philosophe qui oserait dire : Ce juge, c'est moi !

Soyez logiques, avant tout, si vous êtes de vrais savants, dites-nous ce que vous pouvez mettre à la place de ce tribunal sans appel, de cet appui des faibles, de ce consolateur dans toutes les misères, de ce défenseur des opprimés.

Ah ! dans vos désolantes doctrines, vous dites aux malheureux : Délivre-toi de tes jours, tout est maux pour celui que le monde abandonne, tu n'as plus rien à faire sur la terre; sans la richesse et les honneurs, la vie n'est qu'un songe; tu appartiens au néant.

Tels sont ces vers de Voltaire dans le sens le plus exact :

Quand on a tout perdu, et qu'on n'a plus d'espoir,
La vie est un opprobre, et la mort un devoir.

Maxime fausse, détestable et impie, qui conduit au suicide, déshonore l'individu, et porte la désolation dans les familles.

Non : la vie d'un honnête homme n'est jamais un opprobre; quelque pauvre qu'il soit, il est toujours honorable; par cela seul qu'il est homme, il est utile à ses semblables; on trouve de plus malheureux que soi à secourir ; il y a partout des opprimés à défendre, des affligés à consoler. Le récit seul même d'une bonne action réjouit l'homme sensé, il dilate son âme et lui fait sentir sa dignité; il est heureux, dans ses mœurs, de rendre hommage à l'auteur de la nature, la vertu suffit souvent pour l'attacher à la vie.

Dieu est toujours avec l'homme pour l'aider à faire le bien et à supporter les maux ; on n'a jamais vu se suicider celui qui croit, les méchants seuls périssent de leurs mains.

Le Christianisme défend le suicide et le duel, parce que son auteur est le principe de la vie, ce dogme a des forces pour tous les mortels, c'est l'absence de toute croyance qui fait l'homicide ; l'existence est un dépôt sacré qui appartient à la patrie et à l'humanité, il ne doit être rendu que par l'ordre de celui qui l'a confié.

Si Voltaire avait été fidèle aux inspirations du début de sa Henriade :

> Descends du haut des cieux, auguste vérité,
> Répands sur mes écrits la force et la clarté, etc.

il serait peut-être le plus grand écrivain national ; mais, comme on peut le reconnaître, il a varié dans tous ses principes ; tour à tour critique et adulateur des rois, il a prodigué son fiel et vendu son encens ; il dit la vérité aux grands et servit leur ambition.

Appelé à la cour de Catherine II, la célèbre impératrice de Russie lui demanda ce qu'il pensait des troubles qui agitaient la Pologne ; il répondit que tout homme a le droit d'entrer dans une maison en feu.

Ce précepte favorable à l'humanité pour prévenir des ruines, mais qui n'est qu'un sophisme en politique, fut une sentence; les troupes russes s'avancèrent, la nationalité polonaise cessa d'exister!

Le grand Frédéric appela également le grand poète pour fonder l'Académie de Berlin; comme Charlemagne, le Monarque prussien ne rougissait point d'assister comme élève à cette école nationale; mais s'il envoyait souvent son linge à blanchir au génie du favori d'Apollon, il le trouva plus d'une fois docile à ses desseins ambitieux.

Ce qui a popularisé ce grand écivain, c'est moins sa vaste érudition que ses démonstrations sympathiques pour les classes laborieuses dans le siècle des préjugés; ses pointes, ses saillies spirituelles, jusqu'à ses calomnies contre la religion, tout était charme et puissance aux yeux du vulgaire; placer une fleur passait pour un prestige, l'art de sacrifier le cœur à un bon mot avait pris un caractère d'infaillibilité; séduire pour plaire et persuader, faisait souvent le cachet de son talent. C'est dans ce temple du bon goût que se répandit en France la légèreté athénienne. Ce bruit de popularité néanmoins n'étourdit jamais le philosophe de Ferney, et son intérêt personnel, dont il fit le mobile de toutes ses pensées, resta toujours au-dessus des flots d'un peuple capricieux et inconstant; toujours habile, d'un œil il flagellait l'ancien régime, il caressait la cour de l'autre.

Cependant, quelque désolantes que soient les doctrines philosophiques qui exercent encore leur funeste empire sur la société, il n'est pas plus raisonnable de supprimer la philosophie que les mathémaues; si des esprits faux et ambitieux altèrent les rités de la première science, des fripons abusent calcul dans la seconde; ce sont les hommes qu'il ut modifier, conciliez la saine raison avec la véri- ble foi.

Philosophes, soyez logiques avant tout; on ne peut re sérieux dans aucune science, une spécialité quel- nque, sans être en paix, conséquent avec soi-même; valeur extérieure de l'homme doit être un écoule- ent de son mérite intérieur; hors ce principe fonda- ental, tout n'est que charlatanisme; pas de vrai ivant sans conviction. Or, cette philosophie à laquelle ous empruntez toute votre autorité scientifique, la uissance de votre nom, est inséparable de la Divinité; ue dis-je? elle en est une émanation. Source de toute èrité, foyer inépuisable de la vraie lumière, en vain ous vous efforcez de la combattre; votre lutte ne tend i'à démontrer qu'elle parle sans cesse à votre cœur; n image ineffaçable fait votre supplice en combat- nt vos mauvais penchants. Point d'horloge sans hor- ger, tout mécanisme révèle un mécanicien à vos ux; l'Auteur de l'admirable système de la nature est ul sans lumière et sans nom; il en est qui lui font âce de reconnaître son existence, mais ils le relè- tent dans un coin de son œuvre, sans culte et sans loration; ainsi, d'une part on admet les effets frac- onnaires sans cause principale, de l'autre on ne veut i'une cause sans effet; enfin, tous aspirent à s'im- ortaliser sans croire à l'immortalité. Tous ces hom- es s'appellent philosophes.

O grandeur chimérique d'un jour! O gloire trom- euse qui s'éteint dans l'ombre du tombeau! image trop fidèle de l'orgueil humain, jusques à quand règneras-tu?

Prosternez-vous devant cette Divinité qui a pour elle l'unanimité des peuples; en l'absence de ses inspirations vous ne pouvez vous pénétrer de la dignité de votre mission, mission glorieuse qui ne peut émaner de l'homme seul; alors vous nous instruirez autant par votre exemple que par votre savoir. Il est encore des hommes sages parmi vous; l'illustre astronome que la mort vient de ravir au monde savant, n'est pas un modèle à dédaigner; il était modeste parce qu'il croyait, tout pour lui venait d'en haut; la science n'était pas pour son génie la fin mais le moyen, et, les yeux tournés vers le ciel, en mourant, sa belle âme annonçait sa dernière pensée.

Voilà le vrai savant, l'homme digne d'un si grand nom; comme lui, soyez simples dans vos goûts, purs dans vos mœurs, comme lui aussi vous emporterez les regrets de l'univers!

En examinant le néant des fausses doctrines qui ont divisé les esprits et agité le monde durant tant de siècles, on doit aussi remarquer les étranges déclarations de certains orateurs chrétiens ne croyant pas à la durée du Christianisme en France, à la vue même de l'Europe toute chrétienne, et du dogme qui s'universalise tous les jours. Mais les Vandales ne sont plus, l'Arabe musulman est refoulé dans ses déserts, la Turquie se civilisera ou elle sera effacée du rang des nations, l'Asie recule ses bornes de barbarie, l'Amérique tout entière est catholique, d'où viendront les barbares?

Tout prend fin, dites-vous; voilà votre argument,

argument banal et faux dans ses rapports; oui, tout prend fin dans l'œuvre des hommes, mais celle de Dieu est impérissable. Eh! n'a-t-il pas dit: Pierre, je âtirai sur cette pierre, les portes de l'Enfer ne prévaudront jamais; le ciel et la terre passeront, mais mes paroles ne passeront pas. Ces paroles sont-elles vaines, quels sont donc ses ennemis invincibles? Cette France, fille aînée de l'Église pendant quatorze siècles, éclairée par tant de grands hommes qui l'ont arrachée aux orages de l'hérésie, commence t-elle déjà à éteindre la lumière du catholicisme, disparaîtra-t-elle au sein du progrès après avoir vécu triomphante sous les horreurs du moyen-âge? La religion a subi toutes ses épreuves; depuis dix-huit siècles elle franchit intacte les calamités de la politique, de la nature et de la perversité humaine.

O prophétie imprudente et menteuse, qui donnerait raison aux mauvaises doctrines, et fortifierait encore le germe des révolutions, si des hommes plus sages et plns éclairés n'en faisaient justice!

Mais l'esprit de désordre ne doit-il pas ses plus grands succès à l'esprit des gouvernements, des gouvernements infidèles à leur mission; celui de Juillet est un de ceux qui nous en offrent le plus déplorable exemple; aussi M. de Lamartine l'a-t-il qualifié avec justice « le gouvernement du mépris. » Qu'on se rappelle ce roi couronné par les barricades, élevé sur le trône entre deux pavés, annonçant à la France une ère nouvelle; Jemmapes brillait sur ses lèvres; son amour pour une sage liberté sourit dans les discours de la couronne: grandeur, dignité nationale, prospérité, bien-être général, tout paraissait renaître dans le Monarque dont les mains pressaient celles des travailleurs.

Triomphe, illusion d'un jour, le nouveau roi met plus de gloire à régner par le nom que par la sagesse; entouré de parfums, à la vue de l'encens qui brûle sur l'autel de sa puissance, il oublie le pain du malheur avec les plus chers intérêts du pays.

A la vue de ces tendances rétrogrades, des réminiscences se réveillent, les espérances inconstitutionnelles se raniment; alors s'écrie un fonctionnaire placé haut : la légalité nous tue; tout fut dit, et cette charte, qui devait être une vérité, ne tarda pas d'être mise en lambeaux; les fonctions se confondent dans le pouvoir, les abus ne changent que de noms, tout est mis à l'enchère, la foi politique s'altère et s'éteint sur cette échelle hiérarchique.

Ce système avait néanmoins un ennemi puissant à combattre : la probité. Pour dissiper cet orage, une voix accourt du bout de l'horizon, et fait entendre ces mots magiques : Enrichissez-vous! Aussitôt tout est réduit à écu, les barons de la finance succèdent aux grands seigneurs, la morale s'enveloppe de mystères, les consciences élastiques se multiplient, la corruption s'organise, le grand-prêtre dresse ses autels, les amants de la fortune se pressent en foule aux pieds de l'idole nouvelle; devant l'argent, l'honneur n'est plus qu'un mot.

C'est alors que l'immoralité commence à payer patente, le budget se grossit des produits du vice; et le gouvernement ne paraît plus qu'un bureau d'octroi, placé à toutes les avenues de la société pour imposer les passions.

Tout n'est pas consommé ; cette légalité méprisée prend une autre forme pour recevoir un baptême nouveau ; de superbes coursiers, à la faveur de grelots dorés, traînent le char de la corruption jusque dans le sanctuaire législatif, et pénètre même dans les veines du corps électoral : achète mon suffrage, dit l'électeur au candidat, puisque tu vends ton vote. Ainsi, pour la première fois, on vit une armée de fonctionnaires envahir la représentation nationale, voter au pas de course et sans discussion des cents millions pour des entreprises dont ils étaient les actionnaires, s'allouer des indemnités ou une augmentation de traitement, accorder aux grosses compagnies un monopole également funeste aux consommateurs et aux salaires des travailleurs.

L'exemple est contagieux ; l'agiotage devint un grand élément des affaires, le commerce un vaste champ de cupidité où les classes laborieuses ne sont plus que der serfs attachés à la glèbe ; enfants, femmes et vieillards sont mutilés dans les fabriques ; les conditions du prix du travail sont des priviléges de la beauté, la séduction prodigue d'une main ce que l'égoïsme retire de l'autre.

Ce vent corrupteur a soufflé jusqu'au temple du bonheur ; on ne se marie plus pour les mœurs, les plus beaux feux ne sont que fumée ; dans la balance des destinées de la famille, on ne juge pas ce que l'on est, on ne pèse que ce que l'on a ; le cœur ne se donne pas, il se vend ; comme au siècle de Louis XV, la fidélité est ridicule, la vertu un mot de convention. Or, quand l'estime et l'amitié sont bannies du ménage, il ne reste que la discorde et la douleur : progrès qui a passé des lambris dorés dans la médiocrité; la cabane du pauvre est embrasée de cet incendie immoral.

A tant de dégradations, il manquait la plus odieuse, l'hypocrisie. Un semblant de morale s'étend à l'extérieur des faiblesses humaines. Ainsi, le criminel logé dans les palais, s'appelle amélioration; l'agglomération des victimes de l'intempérance, de l'oisiveté et de l'égoïsme, est baptisée dépôt de mendicité: les tours des hospices se ferment; c'est alors que l'on vit le cœur maternel se changer en entrailles de fer, les fautes se convertir en crimes.

C'est en vain que des voix éloquentes, et notamment celle de l'honorable M. de Lamartine, font entendre le langage de l'humanité et de la véritable vertu; l'arrêt était prononcé en haut, le règne de la fraude devait s'étendre à tous les degrés de l'échelle. Partout les chiffres remplacent l'âme, des barrières infranchissables entre le pauvre et le riche se préparent dans les conciliabules de la couronne; la France est suspendue sur une seconde Irlande.

Si l'on trafique à l'intérieur sur tous les principes de justice, de morale et d'humanité, la dignité nationale peut-elle être respectée à l'extérieur? Un ambassadeur français déclare à la tribune que la France doit courber la tête devant la politique de l'Autriche; le drapeau national s'incline à la vue de l'indemnité Pritchard; il rétrograde en présence de la violation des traités de 1815, et disparaît à la question de Syrie. Ainsi, après avoir flotté au vent de la gloire sur les capitales de l'Europe, déployé ses nobles couleurs aux yeux de l'univers, immortalisé ses conquêtes, il est condamné à descendre au rang des puissances secondaires.

Jamais tant d'abaissement n'avait paru sous le soleil de la France, c'est ce qu'un ministre du roi appelait la grande politique.

Un point important, et qui doit également fixer les regards de l'histoire, ce sont les tendances de ce gouvernement à éteindre le cours des lumières dans les classes laborieuses par l'indigence des instituteurs. Depuis douze ans on reconnaissait que leur existence n'était point en harmonie avec la dignité de leurs fonctions; des réclamations sont faites tous les ans à la tribune, par le pays; chaque année des améliorations sont promises, chaque année elles sont ajournées, à la vue même d'un budget toujours croissant. Enfin, le chiffre de 78 millions est atteint pour l'augmentation du traitement des fonctionnaires et des employés de l'Etat, et cette somme supplémentaire laisse encore les moins rétribués dans la même situation.

C'est en vain que M. de Salvandy, ministre de l'instruction publique, proclame l'urgence de cette mesure nationale de moralité, et qu'il propose un projet de loi tendant à assurer 600 fr. par an aux guides de l'enfance du peuple; il s'est rencontré à la chambre une majorité servile, fidèle au système corrupteur, qui reçut le mot d'ordre de s'opposer à cette réforme comme à toutes les précédentes, et il fut résolu que l'ignorance des masses serait un auxiliaire de plus du despotisme, au nom de l'économie.

Il est à propos de faire remarquer que, dans le même temps, le Gouvernement venait de faire la remise de quatre millions de fr. pour les frais de la guerre à l'empereur de Maroc, que ce dernier devait supporter en qualité de prince vaincu.

Faveur recommandable d'un pouvoir ennemi du progrès, qui plaçait un ennemi barbare au-dessus des missionnaires de la civilisation ! C'est alors que le journal officiel de la cour s'est écrié dans son enthousiasme, que la France est assez riche pour payer ses gloires.

O digne persévérance du courtisan d'un gouvernement sans principe et élevé par accident ! la même feuille a déclaré, dans la question d'Orient, que l'empereur de Russie est le souverain qui connaît le mieux ce qui convient à l'Europe. Il faut sans doute être doué d'un génie sublime, du patriotisme le plus ardent, pour se faire l'organe des Cosaques.

Il ne devait plus rien y avoir de saint ni de sacré pour ce système gouvernemental. En effet, la religion ne lui apparaît plus que comme un instrument de sa politique; toute sa piété est de prodiguer le plâtre aux plafonds des temples. Il assimile le ciel à la terre, l'esprit à la matière; la morale n'est plus qu'un mot, et, la bourse à la main, il demande au Christianisme des accommodements avec l'esclavage.

Ainsi, à tous les rayons du pouvoir, le gouvernement de Juillet a menti à son origine, à la nation, à la civilisation. Et, qu'on le remarque bien, les lois de compression se multipliaient en vertu des éléments d'oppression ; il ne fonctionnait plus que par la police, les gendarmes et les bourreaux; les bastions de la capitale succédaient aux cœurs des citoyens; une armée en permanence sur le pied de guerre, était entretenue à grand frais au sein de la paix à tout prix.

De grands crimes commis en haut, des désordres de toute nature s'étendaient sur une large échelle ; l'impunité était un privilége des premiers coupables ; les calamités de la nature s'unissaient aux calamités politiques, tout conspirait contre ce système déplorable et se faisait le précurseur de sa chute.

On ne doit pas oublier, néanmoins, que la France doit au gouvernement de Juillet le plus vaste système de routes que jamais nation ait possédé ; fidèle imitateur de Napoléon, il développa une liberté commerciale inconnue sous les siècles précédents, l'industrie reçut un prodigieux essor ; les sciences, les arts, les lettres trouvèrent faveur et protection ; de grands travaux d'utilité publique furent entrepris, de somptueux monuments achevés. En un mot, toutes les gloires, toutes les prospérités semblaient se donner rendez-vous sur le sol français ; un roi bourgeois assis sur le trône à côté d'une reine vertueuse, d'un fils qui devait être l'espoir de la France. Rien ne paraissait manquer à la grandeur de ce règne, si le monarque eût régné par la justice, la morale et la probité.

Faible prince, ébloui de tant de puissance, il ne crut qu'à la force matérielle, et céda à de funestes conseillers, à un libéralisme qui s'érigea en aristocratie des écus, souvent plus barbare que celle des parchemins. On vit alors la mauvaise foi payant salaire à l'Etat, augmentant ces déficits monstres appelés banqueroutes, qui s'étendirent sur la plus vaste échelle, la fraude était une vertu à l'ordre du jour. Tout a été immolé à quelques enfants de la révolution qui avaient résolu d'égorger leur mère sur le trône de Juillet, jusqu'à cette loi sur l'instruction publique, cette belle, cette mère des lois qui eût suffi, quoique bien imparfaite encore, à immortaliser ce gouvernement, à élever à la hauteur des plus grands hommes d'Etat le ministre qui l'avait élaborée, et qui en devint l'ennemi mortel aux jours de sa plus haute puissance; cette loi n'a été qu'un leurre, qu'une fausse démonstration aux besoins du pays et à l'esprit du temps, donnant tout aux sommités sociales, liberté, richesses et lumières; c'est ainsi que semblable à un édifice qui s'élève en affaiblissant sa base, ce monument d'orgueil s'est écroulé au refus de la plus mince réforme.

Terrible et inévitable destinée d'un roi qui s'est fait chef de parti: avilir pour gouverner a été toute sa politique; les hommes d'Etat font les événements.

Le roi règne et ne gouverne pas, disait son entourage; et c'est dans ce laisser-aller, ce coupable aveuglement, que le sentiment national se mit au service des intérêts particuliers, que la clef-d'or ouvrit le marché des consciences; et comme aux plus mauvais jours de la Grèce et de Rome, la vertu même était mise à l'enchère, la corruption sortait par tous les pores de la société.

Mais, si à une royauté avilie a succédé une autre nature de pouvoir, quelles phases d'améliorations ont marqué sa marche dans l'esprit et les mœurs du pays? La régénération ne s'improvise pas; comme sur le sol, il faut semer pour cueillir; la génération née dans une atmosphère corrompue, le volcan avait jeté sa lave brûlante jusque dans les bas fonds de la société, et les appétits suivent leurs cours: comme le riche, j'ai des sens et je veux jouir, dit celui-ci; je suis exploité et j'exploite aussi, dit celui-là; et l'homme de labeur au salaire limité reste sans frein. Le luxe corrompt les campagnes et dévore les cités, la prostitution est en progrès ; sur cette échelle où les rangs sont confondus, les conditions abâtardies, on ne fait pas la balance des dépenses et des recettes, la mauvaise foi se fait l'auxiliaire des excès.

Intempérance,envie, jalousie, devant ce tribunal où tout bien-être est suspect, les fortunes honorablement acquises sont incriminées; on accuse sans cesse les riches en attendant des richesses; l'orgueil y perce les lambeaux du pauvre, qui, le code démocratique en main, dévore l'instant de dominer; on n'est démocrate qu'au premier échelon.

Ainsi se sont couronnées aux acclamations des réformes, l'ambition, l'égoïsme et la corruption, jusque sous le gouvernement qui doit subordonner la liberté à la sagesse; ces trois propriétaires ont logé les sept péchés capitaux à tous les étages de l'édifice social.

Voilà ce qui nous est resté de ce système appelé conservateur, et que M. de Lamartine a si justement qualifié de *gouvernement borne*, et dont on croyait qu'une troisième révolution fermerait les plaies.

Conséquence plus fatale encore : quand on a été mal gouverné, chacun se croit gouvernement; on se donne pour de grands politiques parce qu'on parle politique. Écoutez, écoutez cette multitude : l'un veut être ministre des finances et n'a jamais réglé les dépenses de sa journée; l'autre, ministre de l'intérieur et laisse dominer la discorde dans son ménage; les plus ignorants s'improvisent législateurs. C'est alors qu'une pression inintelligente et oppressive se fait autour du pouvoir, et pousse le vaisseau de l'Etat sur les flots tumultueux d'une foule ambitieuse et égarée.

Qui de nous n'a pas vu ce dédale en 1848 ? comme des eaux stagnantes agitées par des vents impétueux, des masses d'obscures intelligences et de passions sans frein ont surgi sur la surface de l'édifice social; elles eussent tout submergé si une sagesse suprême n'avait soufflé sur cette mer orageuse le calme et la dignité.

L'envahissement de l'Assemblée constituante, au 15 mai, démontre suffisamment qu'on n'était pas à la hauteur des sages institutions; qu'est-ce que le législateur avait eu le temps de faire en onze jours? Démonstration insensée, anomalie démocratique qui compromettait l'avenir du pays !

Cette éducation politique n'était pas seulement l'œuvre d'une profonde ignorance, mais encore le fait de l'enseignement donné dans les réunions appelées *clubs*, où l'on parlait sans cesse des droits, et jamais des devoirs; la démocratie marchait à sa ruine à l'ombre de la liberté.

Oui, flatter les passions pour gouverner était le grand art, toute la sagesse de ces hommes du jour; le mot *République* faisait tout leur succès. Mais quel homme fut plus grand que M. de Lamartine en 1848 ? il arracha le drapeau national à une honte éternelle; sa voix éloquente a concouru puissamment à faire passer sans naufrage le torrent révolutionnaire suspendu sur un second 93 ; son génie fut toujours à la hauteur de son cœur; son manifeste de ministre des affaires étrangères sera toujours un modèle d'éloquence, un acte de haute sagesse et de véritable grandeur nationale, un des plus beaux titres à la reconnaissance du pays, de l'Europe, et du monde civilisé !

Eh ! cependant, que d'absurdes injustices, de folles incriminations ont pesé sur la tête de cet homme vertueux, resté fidèle à sa mission civilisatrice !

Ah ! si les révolutions font l'histoire du despotisme, elles enregistrent aussi l'ingratitude des peuples envers leurs plus généreux défenseurs ; les temps en sont pleins : le héros de Marathon meurt en prison sous les coups d'une simple et obscure prévention; Aristide est puni de l'exil pour son désintéressement ; Thémistocle banni après avoir sauvé la Grèce à Salamine ; Epaminondas, pour prix de sa victoire sur les Lacédémoniens, est condamné à balayer les rues de Thèbes sa patrie. A Rome, c'est Scipion chargé de triomphes, vainqueur d'Annibal, qui à son retour de Carthage rencontra un vil accusateur de sa gloire, et un peuple assez ingrat pour écouter d'injustes et honteuses accusations; Cicéron lui-même, arrachant les Romains aux fureurs anarchiques de Catilina, fut assassiné impunément ; le prince des orateurs du plus grand empire s'éteint, et sa tombe se ferme dans l'obscurité du silence !

Que disait le père du même Thémistocle à son fils jeune encore, en lui montrant le port de Phalère : tu vois ces navires délaissés parce qu'ils sont vieux; eh bien, c'est ainsi que le peuple traite ceux qui l'ont servi, même après les plus grands services.

Nous avons dit que la vertu d'Aristide avait été l'objet d'une condamnation; quelques circonstances de ce jugement méritent d'être rappelées. Ce grand homme d'une sobriété exemplaire et de mœurs irréprochables,

it administré les finances d'Athènes durant plu-
urs années, il ne laissa pas même pour payer ses funé-
lles ; sa probité faisait ombrage à ses rivaux et à ses
lègues, dont les mains n'étaient pas toujours nettes ;
résolut de s'en venger, le plus éloquent entreprit
le faire bannir. La nation est convoquée en assem-
e générale ; un paysan qui ne connaissait pas Aris-
e et ne savait pas écrire, le pria de signer sa con-
nnation sur le bulletin qu'il lui présenta, et qui
it dans ce temps-là une coquille. Que vous a fait
homme pour le traiter ainsi, lui demanda l'illustre
usé ? Je suis fatigué de l'entendre toujours appeler
uste, répondit le rustre. L'innocent se soumit sans
e mot, en posant la signature demandée.

Ainsi, un peuple qui punissait la vertu, et surtout
vertu de justice, se condamnait lui-même à perdre
s tard sa liberté.

Mais le même peuple avait aussi hué au théâtre le
e Socrate que le poète Aristophane avait mis en scène
ır tourner la sagesse en ridicule, et plus tard il le
sa juger à mort indignement.

Oui, les démocraties sont ingrates, et si nous n'avons
eu la loi de l'ostracisme, le mot *usé* en avait pris
place en 1848. Eh, quel bien les hommes ont-ils le
nps d'opérer, quand ils ne sont que de passage aux
aires ?

La démocratie en France a été plus inintelligente
core : la première République n'a pas produit une
le école ; 1848 n'a pas ajouté un denier au traite-
nt des instituteurs, mais elle a su les compromettre.

En Suisse, en Allemagne, en Prusse, les magistrats
l'enfance sont honorés, honnêtement rétribués ;

ins éclairés, mais plus orgueilleux, nous les pla-
s sans cesse sous la verge de l'opinion publique ;
1848 on disait *plus de classe*, et on laissait à l'état
domesticité les premiers fonctionnaires qui inspirent
hommes le sentiment de leur dignité, on donnait des
înes à ceux qui brisent les fers, la misère à la source
la prospérité; entendez-vous ces cris sortis du peuple:
n'est qu'un maître d'école, *ce n'est que*. A propos,
voilà un qui passe, il est reconnu pour être instruit
moral ; alors pourquoi cette démarche timide, ce
intien embarrassé, ces regards toujours baissés?
! c'est qu'il est sous l'empire d'une situation voisine
l'indigence; l'ingratitude publique sort par toutes
cordes de sa redingote; et qui lui jette la première
rre? celui qui le paie le moins.

La démocratie accuse les corps religieux d'envahir
domaine de l'enseignement. Eh bien! qu'elle imite
r système de solidarité, une faible parcelle de son
perflu suffirait pour rétablir l'équilibre; et l'on peut
e avec raison que si l'enseignement laïque était
pelé à succomber, sa chute serait l'œuvre de la par-
nonie du parti intéressé à le soutenir.

Est-elle logique cette démocratie? à toutes les explo-
ns révolutionnaires ne l'avez-vous pas entendue
crier : la vie à bon marché et gros salaires. De cet
oïsme étrange, système irréalisable, sont toujours
tis l'ignorance et la misère des masses ; système
éalisable, parce qu'il est absurde, absurdité évi-
nte qui a dénaturé l'organisation du travail, et di-
é les esprits.

Oh, combien l'aristocratie est plus habile! d'abord elle
ie mieux en considération et en espèces le fonction-

naire chargé d'inspirer à la jeunesse l'amour de la science et de la vertu; une minorité éclairée sera toujours plus puissante qu'une majorité aveugle, qui marchande son éducation, marchande ses devoirs, sa liberté et ses droits.

La démocratie est-elle plus rationnelle en matière d'administration sur les travaux d'utilité publique, tout faire par l'État. Or, la nation ne serait que le commis du gouvernement. C'est ainsi qu'elle définit le progrès de l'industrie, l'économie financière et la liberté commerciale.

Vous souvient-il de ces jours d'intempérance et d'oisiveté des ateliers nationaux? le drapeau au cabaret flottait sur le camp des travailleurs; et si le gouvernement de Juillet avait préparé la banqueroute, 1848 l'a consommée; sous les deux Républiques, la propriété n'a jamais donné que la moins-value.

Les démocraties sont inconstantes et légères, elles jugent sur les passions du moment, sous l'empire d'une presse passionnée, la violence fait la force, et, semblables aux flots battus par les vents, elles se brisent toujours aux pieds de l'ordre qui leur succède; elles sont impuissantes à régner, inhabiles en tout.

Il est de bons démocrates, mais ils vivent loin de la multitude; amis de l'ordre et des lois sous tous les gouvernements, ils savent distinguer la répression légale de l'oppression; sages et éclairés, ils ne réclament que les améliorations possibles, dans la mesure d'un progrès continu et modéré; la gradation est pour ces hommes de bien la chaîne conservatrice et bienfaisante de l'ordre de la nature; or, sincèrement dévoués au pays, ils servent d'un zèle égal tout pouvoir ont l'esprit est en harmonie avec la sagesse des institions ; ils sont partie intégrante de la régénération.

Sont tous de vrais démocrates, ces travailleurs laboieux, économes et tempérants ; ils n'attendent leur ien-être que de leur intelligence, du travail et de la ioralité ; et, en bons frères, ils laissent les dons de aumône à l'indigence infirme ; calmes et judicieux, s ne jugent point les hommes aux couleurs de l'opiion, et voient dans beaucoup de riches les bienfaiurs de l'humanité ; ils savent que la société est une onne et tendre mère par ses rigueurs et par ses soins, qu'à cette mère commune tous les enfants doivent tribut de leur intelligence, qu'elle est le grand centre e toutes les forces morales et matérielles, qu'en dehors e son sein tout est anarchie, que toute autre société, un mot, ne peut s'élever que sur les ruines de la remière.

Oui, la démocratie est un grand principe ; innée dans humanité, vraie émanation de la dignité humaine, le a pour éléments le triomphe des plus nobles vers, le développement de toutes les intelligences ; mais al comprise, mutilée par le socialisme, traversée ar les passions mauvaises dans sa marche progresive, elle s'est changée en esprit révolutionnaire insatiable de désordres, véritable corps sans âme ; parout des membres pervers, la raison nulle part.

Mais, si l'on demande encore aujourd'hui, si quelque art il est resté quelque trace de siège de ces fameux émocrates dont l'esprit de réforme a retenti si haut ux jours des révolutions, il se rencontre des homnes pour vous répondre : entre la France et l'Angleerre, là sont les vrais républicains ; c'est-à-dire, sur cette terre d'exil d'où sont partis les cris de mort contre le clergé, la magistrature et l'armée, coupables d'avoir élevé sur le trône le sauveur de la France.

Ce sont cependant les mêmes hommes qui ont tant acclamé le suffrage universel, ses prérogatives et sa liberté ; 1848 a commencé par la clémence, comment tant de vertu a-t-elle pu déchoir, la fraternité à la pointe du poignard !

Mais de quoi n'est pas capable l'ambition déçue? les revers sont les meilleurs juges des événements : le masque tombe, l'homme reste.

Non, non, plus d'illusion; s'aveugle qui veut, la lumière se fait sur tout l'horizon révolutionnaire, comme sur l'ordre nouveau; à la même cause toujours les mêmes effets; sans mœurs et sans vertu, toutes les républiques ont accouché d'une royauté; dans l'antiquité, comme aux temps modernes, les monarchies ont réparé les maux de l'anarchie : l'Empire d'Auguste recueillit les débris du Triumvirat; Rome fut baptisée la ville éternelle. Après deux lustres de désorganisation sociale, la France reçoit une nouvelle vie sous la dynastie nouvelle. En 1848, une ombre de démocratie est héritière d'une royauté corrompue, rien ne change que le nom, le torrent des appétits suit son cours, toutes les passions se déchaînent; sans rive et sans abri sur cette mer nouvelle, le pays demande un port de salut au pouvoir nouveau.

Le premier Empire a jeté les fondements de l'éducation populaire, de ce grand acte de nationalité, de force morale, auxiliaire puissant sans lequel le principe religieux ne peut germer dans toute sa puissance a pureté, le catholicisme répandre sa vive lumière s le pays tout entier. Il appartient à l'héritier de ce dateur de la civilisation moderne, de continuer e grandir l'œuvre qui constitue la dignité des na-s, et la véritable force des États.

ue la France le sache bien: l'école primaire laïque serait de nombreuses et très-regrettables lacunes, ar une loi nouvelle le gouvernement actuel n'eût vé la vie morale et matérielle de cette grande ins-tion.

On doit le reconnaître, l'instruction publique onne de nos jours sur une plus grande échelle de ralité, et présente plus de garanties d'ordre pour amille et la paix sociale.

i l'on parcourt les divers ministères, l'on voit éga-ent tous les services à la hauteur des besoins du s et de l'esprit du temps; jamais la paix dans érieur n'a donné solution si prompte et si pacifi-; l'ordre improvisé a commandé la confiance. xactitude, zèle, une constante impartialité, révèlent que jour la haute mission du département de la ice et s'élève progressivement dans la législation velle.

es travaux publics s'ouvrent sur le plus vaste ître, et préparent une carrière immense, infinie travailleurs de toute catégorie, appui moral, rce de sécurité publique.

a discipline, l'art militaire grandissent dans les larges proportions du progrès; un régime alimen-e plus confortable signale des améliorations nota-et inconnues, des réformes de toutes natures; tout once que les défenseurs de la patrie sont l'objet d'une sollicitude toute spéciale et légitime ; cet amour est un héritage dans la dynastie actuelle.

Puissance, grandeur navales inconnues jusqu'à ce jour à la France, tout est digne du nouvel empire, la fière Albion le reconnaît ; son témoignage est même un fleuron de cette gloire nouvelle.

Enfin, union, harmonie pour tous les intérêts moraux et matériels sont les conditions nouvelles d'existence gouvernementale ; économie, probité, exemple dont la génération a grand besoin : tout résume la sagesse et l'unité des pouvoirs.

Ainsi, comme des canaux dont les eaux sont fidèles aux vertus de leur source, toute la hiérarchie s'est transformée en un vaste élément de réformes et d'améliorations ; plus de police tracassière, provocatrice et déguisée ; sous le gouvernement de l'honnêteté tout se fait au grand jour ; c'est une autorité bienveillante et protectrice ; ce n'est pas le désordre pour faire de l'ordre, elle prévient les catastrophes et surveille les accidents de toute nature ; la force armée protége l'ordre moral.

L'empire de la fraude s'écroule de toutes parts ; la corruption, tarie à sa source, s'atténue chaque jour dans son cours ; chaque chose prend son nom et sa place, les fonctions et les emplois se spécialisent et se classent ; le marché des élections est fermé, le mandat du député a recouvré sa mission ; les délibérations du Corps législatif sont affranchies de l'esprit de parti ; une presse passionnée et partiale n'agite plus le pays, les lois s'élaborent dans le calme et la dignité.

Une opinion inconstante et légère a déposé son abnégation dans la morale de publicité et fait abdication sur le monde administratif ; les places sont données aux plus dignes, une volonté sage et ferme les conserve au pouvoir ; les Sully, les Colbert et les Turgot sont en voie de renaissance.

Si nous suivons sur tout l'horizon la pensée du gouvernement, partout justice se fait ; le commerce libre, affranchi des spéculations sur la vie humaine, n'a plus à redouter ce monopole odieux et si funeste aux classes laborieuses ; nos ports sont des greniers d'abondance, les subsistances n'ont plus de frontières, l'égoïsme n'est plus un privilége.

Des institutions de crédit fonctionnent sur une échelle toujours croissante, et donnent aux intérêts généraux un caractère de solidarité inconnu jusqu'à ce jour ; l'agriculture honorée, protégée, le laboureur respire et se liquide, il s'attache aux richesses du sol ; le ver rongeur de l'usure émousse tous les jours sa dent meurtrière ; la propriété gravite et s'élève sur l'échelle de son apogée.

Tout se lie et s'enchaîne ; une infatigable sollicitude s'étend sur tous les travailleurs ; une volonté arbitraire, des exigences barbares ne règlent plus les heures de travail ; partout le champ du colon s'est changé en atelier français, et les forces de l'homme de labeur si chères à l'individu, précieuses à la société, utiles au pays tout entier, rentrent dans le domaine des intérêts généraux : c'est un océan de bienfaits.

Mais, si en présence des calamités de diverses natures, des éventualités au-dessus de toute prévision, tous les travailleurs ne peuvent se livrer à une activité constante et fructueuse, recevoir le noble prix de l'intelligence et du travail, au faîte de l'édifice social règne un pouvoir tutélaire; le cœur magnanime du Monarque et celui de son auguste épouse s'ouvrent à toutes les infortunes: source inépuisable de bienfaits qui jaillit d'autant plus loin qu'elle est plus élevée, et ferme bien des plaies.

Interrogez toutes les pages de notre histoire; aux jours même des plus grandes calamités, on voit cet accord unanime et constant à calmer toutes les souffrances par le travail et les œuvres généreuses. L'aumône n'est plus un patrimoine humiliant, mais un supplément aux efforts de la sagesse humaine; la charité mieux comprise n'a jamais été si féconde, si ingénieuse; les fêtes, les plaisirs du riche répandent d'une main les œuvres de miséricorde; dans l'autre on voit un nouveau Pactole rouler au sein du commerce et de l'industrie; dans le bon vieux temps on était généreux avec empire, aujourd'hui on donne avec reconnaissance; le bienfaiteur est toujours l'obligé.

Non, jamais l'impulsion de la bienfaisance n'a fait battre tant de cœurs; chaque département est une succursale de cet exemple donné au siége de l'Empire. Mais parmi les grands centres de population on doit surtout remarquer l'initiative et les mesures prises par M. le conseiller d'Etat préfet du Rhône pour calmer les souffrances dans cette année calamiteuse; aussi généreux qu'habile administrateur, la voix de ce magistrat fut entendue, et Lyon n'est pas seulement la reine des cités industrielles, mais encore un nouveau siége du génie chrétien, la charité.

Aux dons du cœur s'unissent les richesses de l'esprit à tous les degrés, on ne demande plus d'où viennent les intelligences ; comme sous tous les grands règnes, toutes les grandeurs morales et intellectuelles trouvent honneur et protection; les sciences, les arts, les lettres brillent d'un éclat nouveau; la philosophie commence à marcher avec le Christianisme, la saine raison s'identifie dans la vraie foi; la morale publique rétablit son empire, le vice lève moins la tête, le cabaret rencontre des rigueurs salutaires, la prostitution perd de son intensité.

Garantie et sécurité à tous les degrés, le socialisme perd chaque jour une de ses conquêtes; comme toutes les mauvaises doctrines, il n'est plus qu'un rêve dangereux.

Ce qui domine sur tout, ce qui est plus éminent encore, c'est la religion rendue à sa dignité primitive; elle n'est plus appelée à descendre au service des partis; sa mission, toute de paix et de charité, se consacre à la réforme de l'espèce humaine.

Le gouvernement n'est pas moins pénétré de sa mission à l'extérieur; c'est une politique franche, toute de dignité, de grandeur nationale, n'en déplaise à l'esprit révolutionnaire qui aurait mis l'Europe en feu pour faire dominer son système paré du nom de principe, coloré de toutes les formes de la civilisation, et aussi destructible que la barbarie qu'il prétend combattre et anéantir. Affranchir les peuples avant de poser les bases d'une sage liberté, ce serait substituer l'imagination fébrile des masses au despotisme couronné, servir de nouvelles ambitions, et fonder l'indépendance des Etats sur un terrain fécond en guerres intestines. Non, la question d'Orient n'est pas un nœud gordien; autre temps, autre esprit, autre mœurs; les institutions européennes réclament l'Alexandre de la paix; c'est la politique du dix-neuvième siècle au centre des lumières, et digne du chef d'un grand peuple ; c'est fermer les plaies de la patrie sur le champ de l'ordre et d'une prospérité durable. Ce n'est plus cette entente cordiale du gouvernement de Juillet qui mettait la France à la remorque de la puissance Britannique; c'est l'union glorieuse et libre des deux nations pour la conservation des intérêts européens, l'intégrité des Etats, le respect des nationalités, le maintien de l'équilibre universel. Ce n'est pas la paix à tout prix, mais une pacification prudente et sage, aussi énergique que la guerre, qui oppose la puissance de la raison à une agression injuste, ambitieuse et brutale. Ce sont les insignes de la véritable force, d'autant plus terrible qu'elle est calme dans son droit; c'est la patience armée pour la défense de la civilisation et l'affermissement de la dignité humaine !

Cette politique est la seule que l'honneur bien entendu commande et qui soit à la hauteur du siècle ; politique qui ne suscite aucune susceptibilité guerrière des peuples contre la France, et qui les rallie tous à la même cause, système opposé à celui du premier Empire et qui est dans les circonstances actuelles; politique qui rend à la France la place que le grand homme lui a donnée devant le monde et dans l'histoire ; et l'on peut dire aujourd'hui, avec les vrais amis du pays, que l'Empire dans ses conditions nouvelles est le gouvernement qui divise le moins ; gouverner pour régner, c'est la voie pure, directe et simple de la régénération ; que la France suive son souverain dans l'ère nouvelle !

CHAPITRE III.

De l'ignorance.

L'ère nouvelle étant sérieusement celle de la régénération, à la vue des plaies sociales qui ont frappé nos regards, il importe de s'élever à la cause primitive qui les a formées, élargies, aggravées jusqu'à nos jours ; cette cause, c'est l'ignorance ; oui, cette ignorance, source de tous les maux, dont l'échelle s'est étendue sur toute l'humanité, sur tous les lieux, dans les siècles les plus reculés, et qui règne encore de nos jours au sein de la civilisation.

D'abord, l'état primitif des nations a été une nature sauvage, la barbarie ; et si nous suivons la chaîne des temps, de cette négation de toute dignité, nous les voyons passer des diverses conditions de l'idolâtrie aux transformations du paganisme, dont le culte, leur parut plus moral par l'abondance des divinités ; et c'est encore par l'ignorance des peuples, que les fictions des poètes et les mensonges des historiens firent vivre pendant tant de siècles ces déplorables erreurs.

Parcourez encore certaines contrées du globe, partout les fausses croyances engendrent la dégradation des peuples et affermissent la tyrannie. Voyez même es Indes, la Chine, le Japon, grands empires traersés par l'Europe chrétienne depuis plus d'un siècle, .t vivant toujours à l'ombre de la mort. La lumière u Catholicisme n'a cependant pas fait défaut à ces ıations; mais la puissance des tyrans absorba le vrai progrès, le progrès moral, et ne laissa aux peuples que les apparences de la vertu comme celles de la liberté.

Mais, si le flambeau de la charité chrétienne avait toujours brillé de son pur éclat en France, en Europe, on n'aurait point eu à rougir de tant de sang versé au nom d'un Dieu de miséricorde et de paix; l'ignorance a aiguisé le poignard de la St-Barthélemi. Enfin, pour avoir trop cru, on ne voulait plus rien croire; le fanatisme de l'incrédulité succéda au fanatisme religieux, et ouvrit l'ère du XVIIIe siècle. Alors commença cette lutte acharnée des écrivains contre le principe religieux, haine aveugle qui prit souvent le nom de philosophie pour la défense de l'humanité; discussions passionnées et sans bornes, un peu autorisées, il est vrai, par les abus et les vices du temps, et d'où surgirent néanmoins de grandes vérités réclamées par la marche de l'esprit humain, mais sans fruit pour les masses, dont les lumières du grand siècle qui venait de se fermer à la mort du grand roi, ne purent suffire à dissiper les épaisses ténèbres transmises de générations en générations. Orateurs chrétiens et profanes, sages écrivains de tout ordre, tout s'est brisé devant cette obscurité profonde de la majorité des esprits; les passions s'exhalent, la foudre révolutionnaire gronde, l'échafaud se venge du bûcher, le sang du Christ coule sur le marbre de 93!

Il n'est rien dont l'ignorance n'ait abusé, et l'on abuse toujours d'elle.

C'est dans les temps malheureux d'ignorance que le fer, le feu, le duel étaient substitués à l'action de la justice. Ainsi, en présence du dogme chrétien, les plus sages de la France faisaient abnégation de leur conscience et de la vérité devant la matière qui décidait de la vie et de l'honneur des accusés. C'est ce qu'on appelait le jugement de Dieu. Œuvre digne du moyen-âge qui a traîné ses funestes traces sur les trois quarts de l'ancienne monarchie.

Alors la noblesse rougissait de la science, et l'on rédigeait ces actes d'étrange formule : J'ai déclaré ne savoir signer, attendu ma qualité de gentilhomme. Mais il savait se battre, le blason était toute son étude, et la passion de détruire s'élevait à la hauteur du mépris. Ainsi l'on voyait ces insolents barons ignorants, regorgés d'or et de plaisirs, contempler du haut de leur donjon leurs malheureux vassaux disputant aux ronces et aux épines un brin d'herbe pour nourrir leur famille.

Oui, mépriser était un principe à l'ordre du temps. Le cheval du gentilhomme paissait dans les gras pâturages, prélevait les prémices de la récolte et était mieux logé que le vassal. Cette suprématie donnée à la brute sur l'être raisonnable, ne paraissait point encore suffire à l'orgueil de l'homme à naissance illustre ; s'il rencontrait l'esclave à son passage : retire-toi, lui disait-il, et fais place à mon coursier..

On ne saurait assez le répéter : ces temps où la naissance excluait le mérite, étaient pour la France une chaîne de calamités, et lui fermaient toutes les ources de prospérité ; commerce, agriculture, industrie, tout était sacrifié à ces maîtres impérieux et absolus ; dignités, emplois, fonctions furent pendant plusieurs siècles un patrimoine exclusif des parchemins ; a liberté se vendait, le plus petit bien-être de l'artisan ne pouvait s'acquérir qu'au prix des plus grands sacrifices ; le cultivateur à la glèbe n'était que la bête de somme de son seigneur ; le malheureux, attelé à la charrue ne pouvait disposer, ni de son cœur ni de sa main pour contracter une alliance, si au préalable il n'avait l'agrément de son maître, dont le pouvoir s'étendait également sur toutes les possessions morales et matérielles de ses esclaves ; tout était droit, excepté le droit.

Sans doute, tout devait être en harmonie avec ce régime barbare et corrupteur ; ainsi, l'éducation de la femme fut toujours soumise depuis son enfance à cette servitude dégradante ; et c'est la rareté de sa vertu, comme l'obscurité de son intelligence, qui firent douter si elle avait une âme. Doute désolant, qui suffirait pour caractériser tous les maux de l'ignorance, et donner la mesure des actes de barbarie et de corruption les plus funestes à la société.

Le siècle de fer couronna toutes les œuvres du moyen-âge, et nous présente le spectacle le plus odieux, comme le plus sanglant qu'ait jamais produit la nature humaine ; le fils ne connaissait plus son père, le père était sans entrailles pour son fils ; affections de famille, liens de parenté, partages de patrimoine, tout se traitait à la pointe de l'épée. La religion même fut impuissante sur ces âmes féroces ; c'est alors que le clergé établit la trêve de Dieu, qui défendait de se battre certains nombre de jours; trève qui eût calmé les plus cruels habitants des forêts, et qui ne fit qu'accroître la soif du sang de ces êtres portant le nom d'homme!

Ce siècle fut aussi le règne de toutes les superstitions; la science était un crime, tout progrès un sortilége; de cette ignorance naquirent les préjugés les plus absurdes, tous les abus qui conduisirent l'ancienne monarchie à sa ruine; les priviléges y puisèrent leur obstination invincible à s'opposer à toute réforme, et reçurent sous le règne fangeux de Louis XV le dernier sceau de la corruption et de l'iniquité.

Nous l'avons déjà vu, 89 fut lent à fermer les plaies de la France; que dis-je? ces principes si mal compris en ouvrirent d'autres; l'ignorance des campagnes principalement fit une longue opposition au développement des institutions. Oui, l'ignorance a survécu au régime condamné, et les anciennes erreurs conservèrent toute leur puissance; de même que le seigneur ignorant procédait alors exclusivement dans toute administration, encore de nos jours les habitants de la campagne nomment les plus riches et non les plus capables pour administrer la commune; aussi il n'est pas rare de rencontrer des Maires, ne sachant même ni lire, ni écrire, qui laissent aux gendarmes et aux gardes champêtres l'initiative d'interpréter le sens et la raison des procès-verbaux, ainsi que de juger de l'esprit de la loi; d'autres n'apposent au bas des actes qu'une griffe inintelligible. Je ne m'étendrai pas sur toutes les correspondances inconvenantes avec l'autorité supérieure, et dont ces derniers Magistrats eurent plus d'une fois le motif de se plaindre. Il serait également trop long d'énumérer toutes les inexactitudes commises dans la rédaction des actes de l'Etat civil, leur haute gravité, ainsi que la négligence dans l'enregistrement de ces actes.

Les souffrances de l'administration ne s'étendent pas sur une moins grande échelle au sein des conseils municipaux; ce sont les délibérations en patois, langage souvent inintelligible pour la solution des questions : questions résolues plus d'une fois d'avance au cabaret sous l'empire de l'esprit de coterie. Le Bulletin des lois n'est pas même souvent placé sous les yeux du conseil; il dort en paix dans la poche du Magistrat qui l'a reçu, et dont les intérêts personnels occupent toujours le premier rang. D'autres, au contraire, pleins de zèle pour le pays, pénétrés de la dignité de leur mission, ne rencontrent dans la majorité des membres du conseil qu'incapacité, égoïsme ou indifférence, ce qui donne la clef du petit nombre d'améliorations dans les communes, du *statu quo* dans bien d'autres.

Une autre source de maux, c'est l'immense majorité des indigents qui ne fréquentent point les écoles. Or, ces êtres déjà disgraciés de la fortune, privés des habitudes d'ordre et de travail, dans leur profonde ignorance ne respirent que haine contre la société; leur moindre danger est de former dans la commune un centre de vagabondage, une pépinière en permanence de mendicité.

On tolère aussi dans un grand nombre de communes des maisons clandestines où l'on donne asile à des hommes valides qui étalent, le jour en public, des maladies, des infirmités factices, et donnent la nuit à la débauche. L'on doit ajouter à toutes ces considérations qu'il n'y a pas une seule commune sans cabaret, mais il en existe sans école. Il doit être permis de citer un exemple sur plus d'un mille, que dans une commune d'environ 900 âmes, située dans le département de la Loire, éloignée d'une lieue de toute grande route, onze débitants vivent de leur état, tandis que l'école est en vacance durant neuf mois de l'année.

Suivez les fêtes baladoires, vous en verrez plus d'une accompagnée de rixes sanglantes, de désordres sérieux qui réclament la juste sévérité des lois.

Et ces innocents animaux immolés au saint de la fête, souffrant un long martyre pour satisfaire la curiosité publique, offrent-ils un spectacle humain et religieux? Digne tradition des Gaulois, de leurs jeux cruels et de leur haine pour les Romains.

Ces luttes à outrance des conscrits le jour de leur tirage au sort, héritières des vieilles haines qui ont pris naissance dans la féodalité, et dont l'esprit de division subsiste encore entre communes, sont-elles à la hauteur du siècle, prédisposent-elles aux améliorations? Tout dans ces localités fait opposition au plus faible progrès moral et matériel. Aussi, c'est dans ces campagnes où l'ignorance est toute puissante que se déploient le plus de passions mauvaises, où se commettent le plus de délits de toute nature, de crimes odieux; là, le libertinage règne avec moins de pudeur, la débauche y rassemble ses instruments les plus grossiers; interrogez les dossiers des justice-de-paix, des divers tribunaux, vous reconnaîtrez que les procès sont plus communs, plus ruineux, les conciliations plus rares, plus difficiles, dans les contrées où la lumière a le moins pénétré.

Les voyez-vous, ces candides plaideurs prodiguer la fleur de leur gibier, la crême de leurs fruits, la plus pure de leur farine, pour la défense d'une cause dont ils déclinent mal la sagesse et l'équité.

Mais en vérité, connaissent-ils le droit, mot vague et élastique, esclave des passions; ce mot, souvent sans idée, mal défini même par la jurisprudence, et que la cupidité enveloppe de nuages, de détours sans fin, n'a jamais été pour l'ignorant, pour l'ignorant orgueilleux surtout, qu'un titre banal et obscur. Aussi, ce sont les communes les plus chargées d'hypothèques; les transactions y sont moins lucides; prodigues en promesses, en protestations de probité, la concience et l'honneur peuvent ils avoir fixé sur ces lèvres exercées à la chicane un domicile en permanence.

Insensés! vous vous plaignez encore des hommes de loi; sachez donc qu'on ne vit au palais que de votre ignorance, de votre égoïsme, de votre mauvaise foi.

C'est dans ces contrées, également désertes d'intelligence, que l'on rencontre le moins d'énergie, une absence totale des principes d'agriculture; et rien n'est plus commun que d'y voir des agriculteurs posséder trois fois plus de terres qu'ils n'en cultivent, et négliger même d'affermer celles qu'ils abandonnent, et qui n'attendent que des labeurs pour être fécondes. Or, ce ne sont pas toujours les bras qui manquent à la terre, car ces communes renferment les plus nombreuses familles, dont une grande quantité ne possède pas un pouce de terrain, se trouve souvent sans asile, impropre à toute industrie, et en qui une stupide ignorance paralyse tout; de là, aussi, sortent toutes les émigrations vagabondes et menaçantes.

Une des causes qui grèvent le plus les propriétés rurales, c'est l'orgueil du cultivateur dans l'accroissement de son domaine ; il achète des terres avant d'avoir payé celles qu'il avait déjà en possession ; il entasse, il grandit au dessus de la mesure de ses forces; comme un conquérant, il expose, il perd son empire pour l'enrichir d'une province, et il ne lui reste au terme de quelques années que des larmes et des sueurs. Ce qui hâte surtout sa ruine, ce sont les sommes qu'il emprunte à un taux supérieur au revenu de ses terres et dont les intérêts ne sont jamais mentionnés dans l'acte d'emprunt; le billet souscrit par l'emprunteur ne porte que le capital ; et l'on a toujours reconnu, calcul exact, que l'argent prêté s'élevait à 10, 12 pour cent, jamais moins de 7, 8, pour faire l'acquisition de terrain produisant un maximum de 3 pour cent. Ajoutez à cet énorme déficit qui s'accroît tous les ans par de nouveaux intérêts, tous les frais d'acquisition qui sont toujours à la charge de l'acquéreur, soit par obligation ou autre forme; ses démarches, ses dépenses de voyage, tous les préliminaires de la cupidité, viennent encore accroître un fardeau déjà trop lourd.

Non, mille fois non, le cultivateur ne sait pas compter ; il croit qu'entasser c'est s'enrichir, qu'il suffit d'entreprendre pour réaliser, et voit toujours trop tard que toute division lucrative doit avoir le dividende plus fort que le diviseur.

Son aveugle ambition étend ses éléments de ruines même sur l'échelle commerciale et industrielle; il pense être appelé aux affaires parce qu'il veut gagner de l'argent ; il achète, il vend, il fabrique sans connaître la matière, la place où il expose ses produits ;

il livre cette surabondance, souvent mal confectionnée, aux prix les plus inférieurs pour faire face à ses engagements; par ces inhabiles combinaisons il déprécie l'article, fait mourir à leur naissance des industries appelées à une carrière longue et florissante. Ainsi, beaucoup quittent la charrue pour le comptoir, et tel, qui eût été un excellent cultivateur, n'a su être qu'un médiocre négociant. Ce n'est pas tout, mettez les succès dans la balance, vous trouverez dans l'un des bassins l'amour des plaisirs et des dettes, l'autre renferme vingt patrimoines dissipés pour une fortune acquise.

Il reste donc évident, que celui qui possède le plus de terre n'est pas réellement le plus riche; il augmente ses embarras, ses charges gratuitement, et qu'aux conditions d'emprunt, il n'est jamais que le propriétaire apparent de ses biens, et toujours le fermier de fait de ses créanciers.

Nous ne devons jamais perdre de vue une des causes principales qui ont dirigé vers les cités tant de bras indispensables à la culture du sol, ce n'est pas seulement le bien-être apparent, l'éclat d'un jour de luxe, mais encore les injustes préventions, le mépris absurde qui pesaient sur la condition de laboureur. Il jugea le siècle à son tour, et il crut que l'honneur était dans l'argent.

Il n'est donc pas vrai que la ville gâte la campagne; ô vous qui croyez à la simplicité naïve et pure de l'homme des champs, qui ne lui donnez que l'ignorance en partage, comme si Dieu avait fait une rature à son cerveau, suivez-le dans les cités, vous reconnaîtrez d'abord ses croyances superficielles, vous le verrez chanceler devant le sarcasme de l'atelier, rougir et s'éteindre aux cris des sophismes de l'impiété.

Illettré, en l'absence de toute notion, sans connaissance du monde, le villageois ne demande point le contact de la bonne compagnie, pas même les pre- iers éléments d'une éducation pratique qui l'affranchisse des vices les plus grossiers et dominants; son esprit respire dans une autre atmosphère, ses appétits se développent sans frein, ses jours de repos se changent en laborieux plaisirs; s'étourdir pour se plaire devient pour lui un régime, les cafés sont plus calmes que les cabarets.

Voyez-en les dix-huit vingtièmes qui ont deux ans de ville: ils connaissent tous les jeux, aucun lieu clandestin ne leur est inconnu; profonds dégustateurs de toutes les boissons, boire leur paraît le premier des arts. C'est plus qu'un délassement des travaux de la semaine ou de la journée; toute une carrière de libertinage se déploie dans ses replis les plus cachés, ses plus sombres noirceurs, avec tous ses caractères de perversité. Comme à chaque nation, il lui faut une langue spéciale de la nature de ses principes, des termes techniques, dont la richesse et la pureté empruntées au désordre sont appropriées à chaque vice, à la dénomination de chaque chose, et qui rendent cet antre ténébreux étranger à la bonne société. Ce cours d'étude a un charme attrayant pour nos disciples villageois qui ne connaissent, ne veulent pratiquer que le patois, leur langage primitif; ces mots tortueux et durs flattent infiniment la finesse de leurs oreilles, et dominent toutes leurs conversations à tous les étages de leur édifice moral et intellectuel. Y a-t-il du vrai français? Fi donc! c'est trop *aristo*, c'est la langue des mystères. Dans ce centre commun où tous les faux systèmes, les mauvaises doctrines ont des instruments toujours prêts à tout coup de main, se recrutent toutes les sociétés secrètes qui s'appellent démocratie.

Combien en a-t-on vu après de longues années de travaux et de temps prospères, acheter un coin de terre ou élever à la ville un asile même bien modeste pour reposer leur tête blanchie et leurs forces épuisées? Vains efforts de la sagesse des conseils, des principes d'économie qui les environnent, de la vue des misères qui leur parlent assez haut! à la moindre crise commerciale, le Mont-de-Piété est leur trésorier, en attendant qu'ils soient à la charge de la société.

La jeune bergère est-elle réservée à un destin plus honnête et plus heureux? Privée aussi d'un enseignement solide et d'une piété éclairée, à l'abri des orages du monde, la vanité exerce sur elle tout son empire au premier aspect de ses attraits séducteurs. Ecoutez ses vœux, voyez-la tourner ses regards vers les cités; riche d'illusion, son orgueil aveugle et imprévoyant abandonne la fleur des champs pour la rose artificielle; elle sacrifie le vrai au faux, et immole sans réflexion la paix durable et pure de la chaumière au bonheur d'un jour et apparent du salon.

Suivez-la dans ce monde nouveau; esclave des modes, aussitôt elle quitte le livre de messe pour prendre le roman. Croyez-vous que dans cette galante carrière, elle interroge sérieusement la grammaire, pour soutenir les frais de la conversation, ou pour améliorer son avenir devant sa situation fugitive, pour suppléer, en un mot, à son éducation primitive? Erreur, puérilité pour elle; à ses yeux, la langue n'est pas le code des colifichets; quand on ne cherche qu'à plaire sans se faire estimer, l'esprit n'a pas besoin de culture; son cœur léger et toujours flottant ne demande rien à la raison, et sous une armée de rubans échelonnée sur sur sa taille étudiée, sous son châle boiteux, vous entendez toujours retentir les mots rustiques employés à la garde des troupeaux.

Venez, venez aussi reconnaître au théâtre cette novice au front candide, cet ange du hameau; vous pensez peut-être qu'elle est touchée du noble dévouement d'un enfant envers ses parents malheureux. Erreur encore; si l'amour filial avait trouvé place dans son cœur, elle n'aurait pas abandonné sa bonne et vieille mère, délaissé un vieillard qui compte ses années par ses cheveux blancs, et courbé sous le poids des travaux pendant toutes les intempéries des saisons pour soutenir sa faible existence. Vous espérez, sans doute, la voir au moins sourire à un bon mot, à une saillie spirituelle; c'est de l'hébreu. Cependant elle rit aux éclats, ses rires sont même fréquents. Détrompez-vous également, c'est une habitude qu'elle croit agréable en société. Mais enfin, vous lui accorderez de comprendre lorsque le vice est puni et la vertu récompensée. Oui, si la morale était mieux développée au village. Allons, allons, vous êtes juste, vous ne pouvez lui refuser une oreille fine et délicate pour les doux et nobles accords d'Apollon, elle est femme. Je suis loin de discuter ces dons précieux dont la nature se plaît à favoriser plus généralement le beau sexe; mais des organes qui réclament pour leur perfection l'exercice et la main des Muses, ne peuvent être sensibles aux accents d'Orphée, s'ils ne sont affranchis, dans leurs jeunes années, des chants criards qui se font entendre d'un vallon à l'autre, et dont le langage est en rapport avec la dureté de la mélodie. N'oubliez pas les longues oreilles données à un roi en punition de ce qu'il préféra l'instrument du dieu Pan à la lyre d'Apollon, et dont les roseaux firent entendre les regrets et les gémissements à tout l'univers. Les campagnes abondent en majestés de ce genre. Où est donc définitivement le charme pour cette fillette, sur une scène aussi variée en sentiments et en passions? C'est tout simplement dans l'éclat factice tracé par l'artiste pour servir le prestige du génie de l'écrivain; elle ne voit que des costumes dans les personnages; elle demande même des illusions aux indiscrétions des coulisses, et ne rapporte dans ses foyers, pour fruit de tant de leçons, que les impressions de la mémoire des yeux.

Sans doute, la pauvre fille n'a pas à ses côtés une mère pour l'instruire et l'éclairer sur le vrai et le faux des hommes et des choses; orpheline d'expérience et de lumière, au milieu des plaisirs, elle prête l'oreille à tous les discours qui lui sont adressés; dans sa complaisance, des billets se glissent dans ses mains.

Après ces premiers pas, ne lui parlez plus des danses innocentes sur la coudrette; ce vallon fleuri qui arrêtait jadis ses regards est trop simple maintenant; un verger surchargé de fruits lui paraît monotone et grossièrement matériel, et le côteau riant, embelli de grappes vermeilles n'est plus qu'un spectacle digne du vulgaire. Toutes les richesses de la nature, en un mot, sont à ses yeux tristes et décolorées en présence des merveilles qui enchaînent ses nouveaux goûts, les œuvres de Dieu sont inférieures à celles des hommes.

Elle travaille toujours cependant, sa vie semble n'avoir rien perdu de son origine active; mais les dangers se multipliant autour de sa jeunesse, sans guide et sans principe, tantôt ce sont des promesses de mariage qu'un encens adulateur dément, tantôt c'est une réduction de salaire, qui arrachent ce qui lui reste d'innocence et de vertu. L'amour, enfin, a tiré sa dernière flèche, et la jeune fille arrive à son dernier acte de foi; trompée, séduite, elle apprend à tromper, à séduire; tous les degrés de l'échelle sont franchis, et cette innocente qui baissait les yeux devant le plus timide garçon du village, est devenue habile à protester de sa virginité en multipliant ses amants.

Ainsi s'aggravent les victimes de la débauche et s'alimente la prostitution; l'ignorance dénature tout, elle ne prend que les vices de la civilisation.

Est-ce la carrière ordinairement ouverte aux jeunes personnes nées à la ville? Non; à peine le pied hors du berceau, elles passent sous la direction et l'autorité d'une institutrice sage et éclairée, dont la piété sincère, profonde et solide, ne se borne point aux formes du sentiment religieux, à de simples pratiques de dévotion; elle développe la vertu de religion sur une échelle progressive de l'esprit et du cœur; connaissant le monde, sans en suivre les maximes, elle n'enseigne point à le maudire, mais à lui pardonner, à en éviter les dangers sans s'en exclure; indulgente sans être faible, ses élèves apprennent d'elle la vraie charité, et savent distinguer l'hypocrisie de la vertu, par des habitudes d'ordre, d'économie et de travail, elle prépare de bonnes ménagères, des épouses vertueuses, des mères dévouées à leur famille. L'éducation, pour être utile et salutaire, doit toujours s'élever à la hauteur du siècle pour le modifier et le grandir.

Oui, le siége de la corruption est dans les villes, mais ses abîmes ne s'ouvrent qu'à l'ignorant mal famé; les passions mauvaises lui demandent un élément de leur nature; l'orgueil et l'oisiveté en font le centre de leurs opérations, les situations tranchées du vice et de la vertu.

Examinons sur une plus grande échelle si les émigrations de la campagne sont justifiées. Voyez les admirateurs de la belle nature s'arracher des bras d'un sommeil paisible et profond, quelquefois enveloppés de superbes damas, pour aller contempler sur le haut d'une montagne le magnifique lever du soleil, astre rayonnant dans toute sa splendeur sur l'horizon, que l'œil stupide ne considère souvent que comme une lampe allumée suspendue au plancher mousseux d'une étable.

Mais, c'est la ville en foule qui s'élance et se précipite sur les pas du printemps, empressement qui accuse la lenteur des frimas; tous les cœurs s'ouvrent à cette nouvelle vie, le chant des oiseaux est une renaissance, la végétation appelle nos regards et nos oreilles; chaque fleur devient une pensée, toute plante annonce une vertu; l'esprit s'évertue à chercher des emblêmes, il n'est point de fiction sans vérité. La science demande à la terre tous ses trésors : ici c'est un vrai savant qui médite en silence et dans un profond recueillement les œuvres de la sagesse divine; là, un docteur explore les rochers, interroge l'humide forêt pour calmer les souffrances des humains, etc. Vous apercevez, je pense, la gaîté de ces groupes nombreux folâtrant, variant leurs danses et leurs chants sur la verte prairie; toutes les idées trouvent leur place à ciel ouvert, les esprits les mieux pensants paient toujours un tribut d'admiration dans ce temple de l'univers.

Mais en est-il qui reste insensible à la vue de ces épis dorés, se balançant mollement au souffle du zéphir, formant sur leurs plaines inclinées les ondulations d'une mer légèrement agitée, noble et légitime espoir du laboureur, substance du premier ordre, à laquelle la vie matérielle de l'homme est subordonnée.

On voit accourir avec non moins d'ardeur l'opulence du sein des cités, déposant aux portes de la ville le rang et l'étiquette, pour s'associer à la grosse joie champêtre et danser avec le pâtre. On considère plus loin des familles entières au bord d'un ruisseau, respirant la fraîcheur, savourant à longs traits une eau limpide qui s'allie par sa vertu hygiénique au jus du dieu de la treille, dans un frugal repas que l'appétit assaisonne mieux que les plus célèbres disciples de Momus.

O prodige du spectacle de la nature! Quand Flore et Pomone unissent leurs charmes et leurs bienfaits, tout l'Olympe descend sur la terre pour partager avec les faibles mortels le nectar et l'ambroisie.

Habitants des campagnes, quel est votre aveuglement! en possession des biens les plus précieux, vous demandez à la ville la misère et les maladies.

Non, ce n'est pas la ville qui gâte la campagne,

mais c'est l'ignorance qui se place aux égoûts de la corruption, et si les cités ont des vices à tous les degrés, elles ont aussi l'échelle de toutes les vertus.

Hommes des champs, cessez de vous faire illusion sur les plaisirs et les faveurs de la fortune; attachez-vous au sol qui vous a vus naître, cultivez-le avec intelligence et activité; la terre est une bonne mère, elle ne demande que des labeurs pour produire, elle ménage et multiplie les forces du cultivateur intelligent. Ainsi vous peuplerez plus rarement les hôpitaux, vous ne tendrez plus la main aux bureaux de bienfaisance, mais vous répandrez vous-mêmes les bonnes œuvres, vous cesserez d'être les esclaves des libertins; et, propriétaires par la tempérance, la probité et le travail, vous ne direz plus que la propriété est un vol.

Restez, restez sous le toit paternel; à votre tour, vous goûterez les douceurs de la paternité dans la paix du ménage : paix durable et pure, loin du tourbillon d'un monde séducteur et d'un luxe qui dévore le nécessaire. Vous oublierez vos fatigues, vos sueurs sécheront dans les bras d'une épouse tendre et fidèle; plus rarement on verra au village des mères en pleurs arracher au cabaret ce qui reste des travaux d'une semaine ou de la journée, pour apaiser la faim d'innocentes créatures et pour jeter quelques lambeaux sur des corps à demi-nus. Bons pères, bons époux, portant sans cesse des regards pleins de sollicitude sur tout ce qui vous est cher, vous vous endormirez du sommeil du juste, et chaque matin vous saluerez en chantant l'aurore d'un beau jour.

Vivez honnêtes gens à l'ombre de votre clocher, conservez la foi de vos pères, respectez toujours vos pasteurs; avec un peu moins d'ambition, vous aurez plus de réalité, et le calme de l'esprit protégera le cœur contre l'orage des passions.

Sans doute la ville a ses charmes, et des charmes infinis, mais sans danger pour une éducation prévoyante; les lumières en dissipent les fausses lueurs, les idées plus pures font des sciences et des arts le temple du bon goût; tout est en harmonie dans les esprits sages et éclairés, les conditions se comprennent et restent dans leur sphère; tout est honnête, dans une âme bien née, l'art de plaire n'est point une perfidie; où la politesse du cœur domine, l'honneur est sans péril; on est humain et généreux avec simplicité et modestie, tout ce qui est vraiment grand dans l'humanité constitue sa vie sociale.

L'instruction sert aussi dans les cités plus largement la religion, voyez les temples toujours pleins aux offices divins, la bourgeoisie y assiste en majorité; là, l'opinion est sans empire, le respect humain sans pouvoir; aucun chant de cabaret ne se fait entendre aux environs du saint lieu, des groupes indiscrets n'occupent jamais le parvis; beaucoup plus de charité, aussi, pour les classes souffrantes; enfin, à tous les rayons de cette existence qui se modifie sans cesse, l'amour paternel semble resserrer plus étroitement le sentiment filial, l'égoïsme impose moins de sacrifices à la famille.

Savez-vous comment on procède souvent au village : un enfant et une vache sont malades, le vétérinaire a le premier pas sur le docteur; si l'on contracte une alliance où la fortune domine l'esprit, ce n'est pas le cultivateur le plus intelligent, mais celui qui possède le plus de terres qui occupe le premier rang, on compte les vertus et les idées par les têtes de bétail ; plus d'une fois, le plus inférieur tablier de cuisine a fait tomber la balance dans l'acte de mariage.

C'est encore la ville qui reçoit la plus grande part des flots émigrants que les campagnes en friche envoient surtout dans les années de disette ; de la ville émanent toutes les améliorations agricoles, commerciales et industrielles.

Remarquez bien que le cultivateur ne veut hasarder l'accroissement de son bien-être à aucune condition ; il vit stupidement dans ses habitudes enracinées, les préjugés de ses ancêtres font loi ; et, fidèle à ses souvenirs, il préfère suivre la chance d'un mauvais procès que de faire le plus léger sacrifice pour l'amélioration de ses terres.

Il est un grand nombre de communes où des propriétaires possèdent plus de cent journaux (1) d'excellent terrain dont la plus grande partie n'est pas cultivée, et qui achètent le grain pour leur usage de toute l'année. N'est-il pas déplorable qu'en présence de si vastes domaines on soit soumis au plus mauvais régime alimentaire ? dans beaucoup de localités c'est à peine si un méchant morceau de viande ose paraître sur la table aux plus grandes solennités, tandis que par un travail actif et intelligent, les laboureurs féconderaient encore d'immenses prairies, et un nombreux bétail leur assurerait une nourriture abondante et substantielle ; aug-

---

(1) Un journal est une mesure plus grande que la bicherée, et donne en moyenne trois cents gerbes de blé.

mentant leurs revenus, ils ajouteraient aux ressources de l'Etat dont la répartition protectrice tomberait en pluie d'or sur la France entière.

Que serait devenu le pays, cette année si rigoureuse, si la prévoyance toute paternelle du gouvernement n'eût ouvert les portes à des subsistances supplémentaires? des désordres eussent dégénéré en guerres civiles, même en présence de la guerre extérieure, et au sein de la civilisation la France serait tombée dans l'état de barbarie.

Ce système de souffrances était digne du bon vieux temps, où il suffisait de fournir au luxe et à la sensualité des grands; la cour dansait et le peuple n'avait pas de pain; comme sous tous les gouvernements qui dégénèrent, la corruption s'appuyait sur le mépris; ce règne de grandeurs factices a rempli les trois quarts de la monarchie, où la pompe d'un jour de la maîtresse d'un roi aurait habillé pendant toute leur vie tous les manants d'une province.

On ne saurait assez le répéter, l'ignorance et la misère des classes laborieuses faisaient toute la force des classes privilégiées; aussi chaque jour, 89 montait d'un degré.

M. Turgot, ministre de Louis XVI, pour prévenir cette grande révolution avait préparé un plan d'éducation populaire; il considérait que la moralité des masses est la première base des réformes, qu'aucune amélioration n'est possible en l'absence des lumières. Il fit voir son œuvre à un grand seigneur qui s'écria: c'est juste, utile, beau, admirable, mais si le peuple est éclairé, la cour est perdue. L'alarme est répandue dans le camp, on s'intrigue, on crie, on menace; le frère du roi est nommé chef de la conjuration ; enfin, le grand homme d'Etat est disgracié, et sa pensée régénératrice est ensevelie dans la poussière des bureaux.

Après tant d'abaissement et de calamités, les habitants de la campagne furent-ils plus dévoués au progrès? A la promulgation de la loi sur l'instruction primaire du 28 juin 1833, le gouvernement fut obligé d'imposer d'office les instituteurs aux neuf dixièmes des communes, et de sévir avec rigueur pour leur assurer le plus modeste local. Une persévérante sévérité devint également indispensable pour l'exécution de la loi sur les chemins vicinaux. Ainsi, toujours l'habitant des campagnes s'est opposé aux améliorations dont il avait le plus grand besoin.

Il est donc évident que le pire de l'ignorant est de persévérer dans l'ignorance; plus le bienfait est grand, plus il pèse sur son âme ; plus l'homme est ingrat, plus il est grand aussi d'être généreux, de l'éclairer sur ses véritables intérêts et sur ses devoirs.

Ce qui est plus frappant encore, c'est qu'après vingt ans d'exercice de cette loi sur l'instruction primaire, de ses bienfaits reconnus, même par ses adversaires, un grand nombre de communes ne profitent point ou que peu de ses bénéfices; telle est l'apathie de ces habitants, que la jeunesse ne fréquente les écoles que trois mois par an tout au plus, que deux années sont le terme moyen d'instruction religieuse pour faire la première communion; ce grand acte consommé, les enfants ferment le catéchisme, ce code sacré des devoirs de l'homme, ainsi que tous les autres livres; or, les études finissent quand la raison et le jugement commencent.

Non, ce n'est pas dans cet espace de temps, dans un âge aussi tendre, qu'on peut préparer de fermes et sincères chrétiens, que les croyances sont à l'épreuve des sophismes de l'incrédulité ; c'est ouvrir la porte aux passions quand il faut la fermer. Et c'est cette ignorance, qu'on appelle simplicité de mœurs, qui donne le plus souvent le triste spectacle de l'intempérance dans les cités, chaîne de sagesse qui se brise subitement devant une liberté sans frein.

Remarquez-le bien, c'est aussi dans ces localités que le socialisme a fait les plus grands progrès ; la démagogie y recrute encore sa plus nombreuse milice, la mauvaise presse ne leur demande jamais en vain un libre accès, les vices s'y multiplient avec les mauvais livres.

Ainsi, de deux choses l'une : établissez des barrières infranchissables entre la ville et la campagne, ou élargissez le cercle religieux, augmentez les éléments de cette éducation qui fait de l'instruction un véritable bienfait.

En vain vous utiliserez les bras, s'ils ne sont régis par l'intelligence et la morale; le meilleur des hommes ne sera jamais qu'un diamant brut.

Jetez un regard sur le midi de la France, dans les contrées où l'on prêche en patois, et vous reconnaîtrez le faible empire que l'Evangile exerce sur les mœurs; les préjugés y sont tout puissants, aucune amélioration n'y pénétrera de longtemps si le langage n'y reçoit point de modification.

Voyez aussi certaines provinces de l'ouest : il faut plusieurs mois aux conscrits pour comprendre, même bien imparfaitement, le commandement en français ;

là, aussi, par l'ignorance, la somme des maux est en harmonie sur l'échelle des souffrances.

Laboureurs, éclairez-vous, ce sont les ronces de votre esprit qui font celles de vos champs; apprenez la langue nationale, elle vous rendra les améliorations faciles et fécondes, par elle vous vous identifierez avec les sciences nécessaires à votre art; tout est écrit en français, les actes qui constatent vos droits sur les registres de l'Etat civil, les ventes, les acquisitions, la législation tout entière; par cette langue on plaide, la justice se rend. Mais, que dis-je? l'Ecriture sainte, traduite en cette langue, sera pour vous toute intelligible; assez instruits pour comprendre, la morale divine vous apparaîtra dans tout son éclat et avec la puissance de sa vérité. Vous comprendrez mieux aussi les prescriptions des lois humaines, l'ordre social ne sera pas pour vous un vain mot; vous saurez qu'il faut à toute nation un chef, qu'il ne peut exister de gouvernement sans loi. Alors vous entrerez dans un autre ordre de faits; vous serez moins victimes du charlatanisme, surtout des charlatans politiques, perturbateurs hypocrites et perpétuels du repos des nations; l'amour du vrai et du beau deviendra votre patrimoine; l'attrait des bons livres, l'aversion des mauvais, se trancheront dans votre esprit et dans votre cœur, comme la vérité et l'erreur, le vice et la vertu.

La langue française est écrite depuis trois siècles dans les codes, n'est-il pas déplorable qu'elle ne soit pas encore nationalisée, rendue familière à toutes les communes? Tout homme est né pour penser, tous les hommes doivent être en possession des instruments de la parole.

Par la connaissance de la langue, vous établirez des relations plus intimes avec vos voisins, les contrées environnantes, le pays tout entier; vous étendrez vos relations d'affaires que vous faciliteront les chemins de fer qui vont envelopper la France dans leur vaste réseau; par cette voie, l'agriculture doit recevoir un essor inconnu qui multipliera à l'infini la richesse publique. Oui, par cette belle langue que vous tournez en ridicule dans votre village, que vous dédaignez, que vous rougissez même de parler dans votre famille, vous serez plus aptes à défendre vos droits, qui n'en seront que plus respectés; cette langue, dis-je encore, tous les étrangers la recherchent, elle s'universalise tous les jours; par son intelligence, vous apporterez un puissant concours aux honorables savants, à tous les hommes éminents qui consacrent leurs veilles à votre bien-être, au bonheur de la France; en un mot, favorable à tous les intérêts moraux et matériels, elle est pour tous les Français un des plus puissants éléments de grandeur et d'unité nationale.

Toutefois, ne nous faisons pas illusion, ne sortons pas d'un extrême pour entrer dans un autre également absurde et dangereux. Si l'esprit du laboureur a droit à la lumière comme son âme à l'immortalité, il ne doit en recevoir que la somme nécessaire à sa vocation; qu'il suive donc l'ordre de la nature, la nature a aussi pour lui ses limites et ses prescriptions. Or, la société ne lui demande pas un poète, un orateur, un philosophe, un astronome, un mathématicien; elle demande qu'il sorte de l'ornière où il s'est abruti, abîme voisin de la corruption, pour devenir un homme intelligent, sage et éclairé, marchant toujours à l'ombre d'un progrès odéré et continu dans l'intérêt général. Seulement, oint d'exclusion, rien d'absolu; de quelque part jue surgissent les talents supérieurs et les beaux géies, qu'ils trouvent tous leur place au soleil de la ivilisation.

Voyez encore combien l'ignorance est funeste aux ultivateurs eux-mêmes; ils sont forcés de subir l'augentation des subsistances qui viennent de l'étran-er, tandis que leurs mains n'auraient qu'à les cueillir ur leur sol, et ils recevraient une partie du numéraire ui sort du pays dans les années de crise des céréales. e numéraire, étant reversible sur la France, donnerait une plus grande activité aux affaires, aux travaux d'utilité publique et relèverait les valeurs.

Logique qui frapperait tous les yeux, si tous les yeux pouvaient voir, ou s'il y avait moins d'aveugles volontaires; la propriété continuerait son ascension dans cet ordre d'idées, si cet ordre se généralisait.

Cependant, évitons encore ici un extrême: le trop grand morcellement conduirait la propriété au néant, de même que le système d'exclusion qui lui est opposé établit éternellement deux classes tranchées, celle de l'opulence et celle de la misère. Ces deux voies sont les avant-coureurs des révolutions, des sources toujours vivantes d'anarchie.

Il importe donc que le cultivateur connaisse mieux sa véritable situation, et la part active et constante qu'il doit prendre à la prospérité de la France, qui est aussi la sienne.

Il est cependant une grande distinction à faire de l'esprit des habitants de la campagne et de la culture selon les localités, tout est relatif; cette distinction, l'équité, l'intérêt public la commandent ; elle se rapporte aux améliorations les plus urgentes, à la civilisation tout entière. Les contrées les plus riches sont celles où le progrès a fait plus d'un pas ; là aussi, plus d'activité parce qu'il y a plus d'intelligence ; les écoles y sont plus florissantes ; la politesse, l'aménité pour les étrangers, une plus grande humanité les distinguent ; on y rencontre, il faut le reconnaître, plus d'ordre, de décence et de respect dans les fêtes patronales, dans tous les divertissements publics ; ces communes nourrissent toutes leurs pauvres ; il importe de le déclarer, ce sont celles qui environnent les villes, sauf quelques rares exceptions. Nouvelle preuve, que ce n'est pas la ville qui gâte la campagne, mais que l'ignorance est plus prompte à recevoir l'impression des vices.

Dans l'antiquité, comme dans les temps modernes, sous les règnes les plus oppresseurs, les habitants des villes ont toujours été les plus opprimés ; c'est des villes qu'ont surgi toutes les révolutions qui affranchirent les nations. En France, l'affranchissement des communes commença à Paris par la nomination des échevins, cet exemple a été suivi par les cités les plus éclairées. Comme nous l'avons déjà reconnu, la révolution de 89 aurait eu moins de crimes à déplorer si les factions ne se fussent appuyées sur l'ignorance du peuple ; cette révolution était en germe depuis Clovis ; elle s'accomplit par les intelligences d'élite, ces intelligences étaient en majorité surtout dans les trois ordres qui représentaient la nation, et Paris fut toujours à la France ce que la tête est au corps. Là, aussi, siégent et siégeront toujours les plus beaux génies, les talents les plus transcendants, Paris ne cessera jamais d'être le centre des sciences et des beaux arts, la capitale de la politesse française, politesse qui deviendra européenne, et peut-être universelle.

Remarquez la Jacquerie, cette révolution fut uniquement l'œuvre des paysans, et non-seulement elle a été accompagnée même à son origine des plus effroyables désordres, les plus coupables excès furent toute l'habileté qu'on y déploya, mais encore elle a fini comme elle a commencé, par la servitude. M. Romieu appelle ces hommes *des hommes de néant*, dans son livre intitulé le *Spectre rouge;* hommes de néant, c'est le mot, tant l'ignorance dégrade l'homme; tout dégénère dans la nuit de l'esprit, l'ignorance est en majorité dans les bagnes et les hôpitaux.

Le règne de Charlemagne et celui de Louis XIV furent dans l'ancienne monarchie les siècles qui brillèrent du plus vif éclat; ce dernier, surtout, laissa à la France un héritage éternel de gloire, de grands hommes et de lumières. Si les Grecs et les Romains étaient les plus éclairés des anciennes nations, ils furent aussi les plus libres. Dix mille Athéniens vainquirent à Marathon cent dix mille Perses qui venaient pour les asservir; Marathon, Salamine et Platée sont des sublimes trophées de patriotisme, de science et de courage. Un peuple civilisé ne compte ses ennemis qu'après la victoire!

Athènes fut la capitale de l'ancienne civilisation, dans cette ville se formèrent les plus illustres personnages des premiers siècles de l'Église; de cette cité, sortirent les plus grands orateurs, les plus sublimes poètes, les plus célèbres philosophes dont l'antiquité s'est glorifiée ; elle était la patrie des beaux génies en tout genre ; Rome moderne, l'Italie entière sont encore dépositaires et héritières des chefs-d'œuvre de leurs ancêtres.

Mais, c'est dans la Grèce libre et éclairée que le Christianisme a fait ses premières, ses plus précieuses conquêtes ; la Grèce dégénérée fut soumise aux Barbares, et vécut quatre siècles sous le joug ottoman ! Enfin, si la liberté a pris naissance dans la lumière, la civilisation ne peut s'étendre et s'affermir sans la morale et la religion.

Si tous les siècles font entendre leurs voix sur les bienfaits des lumières, il est donné à l'ère nouvelle d'en répandre la source sur tous les enfants de la France, de réunir dans son sein tous les rayons civilisateurs, où tout Français, chacun dans sa sphère, sous la protection d'un Prince sage et éclairé, puisse vivre en paix du fruit de ses travaux. On n'est pas en droit de dire qu'une nation est civilisée tant qu'il pèse sur elle des ombres de barbarie ; ainsi que l'astre du jour qui répand sur tous les corps sa lumière, la lumière de l'esprit doit pénétrer partout où respire une âme humaine.

Comme tous les arts utiles, l'agriculture est enfin remise en honneur. Habitants des campagnes, soyez bien persuadés que l'Empereur, comme l'immortel fondateur de sa dynastie, fidèle aux grands principes de 89 que vos pères ont proclamés, n'admet point de classes privilégiées ; grand par lui-même, il veut tout grandir ; il demande à l'humble chaumière comme au palais du grand des hommes dignes de servir la France ; élu de la nation, il rend à tout Français sa dignité d'homme, il a lu sur le front de tous le divin privilége de la pensée ; il respecte vos mains calleuses, symboles du travail, source inépuisable de bien-être pour la société tout entière, et il n'attend pas moins de votre sagesse et de votre intelligence un utile concours au développement des institutions pour accomplir l'œuvre de la régénération ; votre ignorance serait une injure faite à son génie et à son cœur.

Non, vous n'êtes plus ces hommes de néant que l'ancien régime avait condamnés à un éternel servage, et qu'on ne distinguait au milieu du bétail qu'à leur tête levée vers le ciel ; ce joug odieux a disparu. Vous avez pris part à toutes les révolutions d'affranchissement, vous ne pouvez en fermer l'ère, jouir pacifiquement de leurs fruits, améliorer votre condition que dans un sage progrès.

Laboureurs, considérez les choses dans leur principe : ce n'est point votre art que l'on méprise, mais la main inintelligente qui le cultive. L'agriculture fut honorée par tous les grands hommes, dans tous les temps. Cecrops, sorti de l'Egypte, douze siècles avant Jésus-Christ, enseigna aux Athéniens à cultiver la terre, et Athènes devint la plus riche cité de la Grèce. Numa Pompilius, second roi de Rome, fit voir à sa patrie sa richesse dans le sillon, et l'empire romain prospéra.

En France, sous tous les bons gouvernements, l'agriculture fut protégée. Que disait le grand Sully ? que les terres bien cultivées sont les mamelles de la France ; ce qui fit dire à son auguste souverain que tous les dimanches le paysan pourrait mettre la poule au pot. Depuis deux siècles et plus, le pays n'aurait-il pas dû faire un grand pas, si depuis ce règne paternel tous les souverains avaient été les pères du peuple? Aujourd'hui, une nouvelle sollicitude s'étend sur une plus grande échelle; le grand Monarque qui nous gouverne demande une régénération entière dans le système alimentaire de tous les travailleurs; ce système doit commencer, pour être fécond, par l'ouvrier qui féconde le sol. Le Prince a compris sa mission; cultivateurs, c'est à vous de remplir la vôtre; chaque jour, il réalise des espérances et promet de nouveaux bienfaits; sans cesse vous devez acquérir les éléments de cette prospérité dont vous êtes les premiers artisans. Patience, patience : il y a beaucoup de maux à effacer, de fautes à éteindre, de faux systèmes à détruire, de bons principes à édifier pour fonder le nouvel édifice social; les améliorations sont comme les fruits de la terre, elles ont leur saison, mais leur maturité est dans la sagesse du pays.

Il importe également de considérer dans l'agriculture les bons rapports qui doivent exister entre le maître et le fermier, rapports qui sont du domaine public ainsi que dans l'intérêt des parties; plus justes et plus humains, ils perdront ce caractère irascible qui donne à la commune et au pays le scandale de leurs querelles, un exemple d'égoïsme, à la justice le fruit de leurs sueurs.

Que l'on se pénètre aussi que ce ne sont pas les plus grands empires qui rendent les peuples heureux et leur donnent le plus de bien-être; le Monarque vraiment habile et grand est celui qui fait le plus produire d'éléments de prospérité et les rend reversibles sur le pays tout entier; il respecte les frontières et les traités, ne cherche jamais à troubler le repos des puissances voisines par le bruit de son nom ; son ambition est dans le bonheur commun. Ainsi, la richesse du propriétaire ne se mesure point sur l'étendue de ses terres, mais sur leurs bons produits ; leur valeur intrinsèque est principalement dans les labeurs ; et, comme un bon souverain, il reste dans ses bornes, il travaille pacifiquement et solidement pour les siens ; il ne doit donner une plus grande étendue à son domaine que de ses propres capitaux ; comme le négociant prudent, il doit avoir des sommes en réserve pour les éventualités ; qu'il fasse toujours la balance des revenus de ses terres et des intérêts qu'il a à payer, des impôts, de toutes les charges qui pèsent sur sa propriété ; alors il ne verra jamais, sinon rarement, les expropriations en faire l'inventaire.

Plus que dans toute autre carrière, le laboureur ne doit rien entreprendre au-dessus de ses forces ; une mauvaise année suffit pour détruire toutes ses espérances ; il devient plus malheureux que l'artisan des villes qui chôme quelques mois.

Le gouvernement actuel a parfaitement compris cette situation en établissant *la banque de crédit foncier*, mais cette institution réparatrice ne serait qu'un bienfait de courte durée, si elle ne rencontrait pas dans celui qu'elle protége un meilleur système d'administration ; le cultivateur liquidé ressemblerait au pécheur qui se confesse et ne se corrige pas, il meurt dans l'impénitence.

Pas de salut sans conversion ; que le laboureur veille sur ses intérêts avec une intelligence nouvelle et une infatigable activité ; qu'il prenne pour base de ses revenus ordinaires la plus médiocre de ses récoltes.

S'il souscrit encore des billets à ordre ou des promesses, qu'il s'assure au préalable de leur contenu et des intérêts ; puérilité, détails insignifiants, m'objectera-t-on. Erreur de votre part, ai-je le droit de répondre; car il s'est rencontré des hommes dont la simplicité a été jusqu'à apposer leur seing sur ces actes avant qu'aucune condition n'y fût stipulée, et les laissant dans cet état à la discrétion des prêteurs.

O partisans de l'obscurantisme venez contempler les fils de vos œuvres; comptez vos victimes!

Avant d'entrer en procès il est prudent d'examiner la nature de sa cause, d'être de bonne foi, de consulter la raison du droit. Mais nous avons dit que le droit vit dans un vague indéfini; il est cependant aussi vieux que le temps ; le mot est fréquent dans toutes les langues, quand sera-t-il en lumière? En attendant il serait bon de reconnaître qu'il est inséparable de l'équité, que son émanation ne saurait avoir d'autre cause, que là est la ligne droite du droit, que toute justice vient d'en haut. Dieu a tout créé et rien perfectionné, dit-on. Il reste précisément incontestable de cette définition que la perfection est née de la création ; l'Être des êtres en faisant l'homme à son image, l'a doué de tous les moyens de se perfectionner dans l'ordre de sa nature, c'est la raison du libre arbitre; sortir de ce principe, c'est faire l'homme son propre dieu au milieu de ses penchants, et l'abandonner à toutes ses passions.

Mais les plus belles maximes de la sagesse, les plus sublimes exemples de vertu sont dans le Christianisme. Qui oserait affirmer la main sur la concience, que le Christ n'est qu'un homme? où a-t-il trouvé de parfaits modèles, et des imitateurs sans faiblesses? Or, faire l'homme indépendant de toute autre puissance que de la sienne, le subordonner à ses seules volontés, le reconnaître l'unique juge de ses actes, c'est l'affranchir d'un absolutisme pour le rendre l'esclave d'un autre. Voyez ce que sont les hommes sans croyance, d'où vient le frein; faites un retour sur vous-mêmes et soyez de bonne foi, l'orgueil seul peut arrêter cet aveu; où tendrait alors la morale? au néant. Or, la raison la plus simple nous démontre que le droit est issu d'une puissance supérieure à celle de l'homme pour se communiquer à l'humanité tout entière.

Ainsi, que le laboureur plaide pour un passage, une borne ou pour toute autre cause, avant tout qu'il examine sans passion la véracité des actes qui constatent l'état des choses, et il reconnaîtra le droit; la justice n'a qu'une manière d'être, et sera d'abord rendue; il évitera les lenteurs d'un procès qui force souvent la justice à ne laisser que les écailles de l'huître aux plaideurs; un mauvais accommodement est presque toujours préférable à un bon procès.

Tout est relatif ici bas, pour le cultivateur comme pour toutes les puissances de la terre; ce ne sont pas les plus grands empires qui rendent les peuples heureux, le véritable bien-être ne se mesure pas sur l'étendue du domaine; l'erreur du souverain et celle du propriétaire seraient identiques dans cette hypothèse. Le Monarque vraiment habile et grand est celui qui consacre sa politique au développement de la prospérité de ses Etats, s'applique à rendre une exacte justice, compte les hommes dans leur intelligence et dans leurs vertus, et non par des chiffres. Ainsi doit être le système de tout père de famille : travailler pacifiquement, solidement au bonheur de ses enfants, son nom fera moins de bruit que celui du conquérant, mais il vivra éternellement dans la reconnaissance du pays.

Que le cultivateur se pénètre donc bien de ces véritables éléments de prospérité: s'attacher à la culture de ses terres, à leur donner toute la valeur que permettent leur nature et le climat, avant d'en acquérir de nouvelles ; qu'il n'agrandisse son domaine que de ses propres capitaux; en outre, comme le négociant prudent, qu'il conserve des valeurs en réserve pour les éventualités ; il est même plus avantageux pour lui de vendre quelques fractions de sa propriété pour conserver le reste liquide; il aura bientôt rempli le vide par le travail, l'ordre et l'économie.

Oui, que l'étude du sol, en un mot, que tout ce qui se rattache à l'agriculture remplisse tout ce qu'il peut y avoir d'intelligence, d'activité et de lumières dans le laboureur; sa spécialité est aussi vaste qu'honorable.

Nous avons reconnu que le laboureur, depuis le commencement de la monarchie, a été la classe de travailleurs la plus disgraciée; elle fut aussi la plus exploitée; ignorante, méprisée sur son sol, pouvait-elle se respecter devant une société qui la ravalait? et dans un progrès inverse, les esprits cultivés choisissant la fleur des idées ne laissaient que le fond du vase à l'ignorance.

L'homme éclairé a des convictions et respecte même celles de ses adversaires, l'ignorant n'admet que les siennes; esclave de sa première pensée, il préfère se briser dans son obscurité que d'en franchir les bar-

ˑs pour se modifier. Voyez l'Espagne, elle tourne ıis plus d'un demi siècle dans son orbite, elle ne s'identifier avec l'esprit des institutions appelées égénérer; en proie à l'esprit de parti, elle est tous ours à son point de départ.

e savant cherche et doute, l'ignorant sait tout, oileau. L'ignorant sait tout! Critique fine et par- . Or, l'ignorance a épousé l'orgueil, et de cette n naquirent les autres péchés capitaux.

ans énumérer ici tous les peuples plongés dans la ˀitude par l'absence des lumières, jetons seule- t un coup d'œil en passant sur la Turquie; c'est ue depuis douze siècles l'ignorance traîne toutes traces de la barbarie dans ses succès comme dans revers; les nations subjuguées par Mahomet, reconnurent Dieu que dans le triomphe des pas- ıs et à la pointe de l'épée; l'empire de ce conqué- t s'étendit sur la cendre des livres saints! et c'est ore cette intolérance politique et religieuse qui t aujourd'hui l'Europe en feu.

ɪn présence de si grands événements, d'événements ːisifs pour la civilisation, pour la prospérité et l'indé- ıdance des peuples, le salut de la patrie réclame ıion la plus intime entre tous les Français: union élève toutes les classes de la société à la connais- ce, à la hauteur des besoins et de l'esprit du siècle, s troubler l'ordre des conditions, sans altérer la ère de chaque individu, et qui inspire à chacun entiment de sa dignité comme chrétien et comme mbre de la grande nation.

ˈultivateurs, on ne saurait trop vous le répéter, ıs avez contribué par vos suffrages au rétablissement le l'Empire, vous lui devez tout votre appui; bien des spérances se sont déjà réalisées, de nouveaux bienaits sont promis; plus l'Elu de la nation règnera, plus a France grandira.

Mais votre concours, pour être efficace, n'est pas eulement dans votre activité, votre intelligence agriole, il est encore dans la sagesse de l'administration le la commune; tout étant relatif, tout est en harmoiie, commune, canton, arrondissement, département; haque circonscription est à la France entière ce que a fraction est à l'unité. Ainsi, chaque fonctionnaire de a localité doit être l'organe fidèle du pouvoir souveain; nommez des administrateurs sages et éclairés, l y a partout des hommes bien pensants; choisissez oujours les plus dignes, et le premier magistrat remlissant toujours dignement son mandat, la tâche de aire le bien sera sans cesse autour de lui noble et acile.

Oh! combien la mission de maire est grande et belle! 'ère de ses administrés, la sagesse du législateur doit tre pour lui l'objet d'une haute et constante sollicitude; il doit donner à la sagesse des actes du souverain a publicité la plus large, le faire aimer; préparer, naintenir le calme, l'union des esprits; resserrer ous les liens sociaux de la commune.

Les bienfaits de son administration sont sans bornes: ormer des sociétés de secours mutuels dans sa localité; réveiller, surexciter les sentiments généreux, ce erait non seulement dans chaque commune un grand icte d'humanité et digne des sympathies du pays, mais encore une puissante garantie d'ordre pour la France entière.

Pour donner la plus grande largeur aux voies de sûreté, point d'inconnu dont les antécédents ne soient bien constatés ne devrait établir domicile dans le village; ces règlements de police sont rarement exécutés dans les campagnes. Occuper tous les bras valides, veiller au soulagement de toutes les misères, des véritables infirmités, ce serait compléter les mesures d'ordre dans les attributions de l'autorité locale; alors on ne verrait plus s'organiser des centres de vagabondage, moins encore se former ces armées qui tiennent garnison dans les antres des rochers, au sein des forêts, pour se ranger en bataille au passage des diligences, se diriger en tirailleurs sur les voyageurs isolés. L'échelle est infinie. Dans tous les départements, chacun livré à une profession utile ne voyagerait que pour le service du pays, et les villes affranchies d'une foule de chevaliers d'industrie, d'êtres malfaisants de toute nature, posséderaient en pleine sécurité les fruits de leurs travaux; une plus grande probité développerait toute prospérité justement acquise et honorable.

Le moins que possible de maisons de débauche dans la commune, la morale et la religion partout respectées, l'innocence et la vertu auraient moins d'ennemis à combattre, et laisseraient peu de proie aux centres de population qui sont aussi ceux de tous les vices.

Des bornes en tout: sans supprimer le luxe, une honnête parure prendrait la place des excès de la coquetterie qui conduit presque toujours au libertinage; le bon goût, compagnon de l'ordre, doit régner partout, il paie au commerce un tribut légitime dans la mesure et les convenances des conditions.

Une bibliothèque dans chaque commune est indispensable pour fortifier les mœurs et donner un heureux essor aux intelligences, spécialement dans les intérêts agricoles; bien des maux seraient prévenus, un stimulant salutaire s'établirait pour les bonnes lectures, le choix des bons livres écarterait les faux systèmes; les mauvaises doctrines perdraient leur puissance dans les cités comme au village. Alors on dira plus rarement : la ville gâte la campagne.

Encore une fois, la vraie Californie est dans vos terres; là, point d'expatriations lointaines, aucune mer à franchir; les peuples sauvages, les nations barbares sont loin de vos possessions et ne peuvent troubler votre prospérité. Habitants des campagnes, vos plus grands ennemis sont votre ignorance et vos passions. Réglez-vous, attachez-vous à votre sol et vous irez plus rarement demander à l'artisan des cités le morceau de pain que vous êtes appelés à lui préparer; la restitution à l'agriculture des bras qui lui sont indispensables, diminuerait dans les grands centres de population un superflu de forces souvent funeste à l'ordre et au bien-être du pays. Ainsi l'on verrait sensiblement s'affaiblir les misères publiques, les dépôts de mendicité présenteraient de larges lacunes, beaucoup de prisons seraient en vacance; les hôpitaux entendraient moins de gémissements; moins de délits, moins de crimes, de désordres et de répressions, moins de force armée, moins aussi de charges sur les contribuables.

L'amélioration intellectuelle, morale et matérielle des habitants de la campagne est donc un des plus grands principes d'ordre social, un grand élément, un élément indispensable à la régénération.

Non, l'accès des villes ne peut et ne doit pas être fermé à l'homme des champs, mais qu'il y apporte des spécialités utiles, une morale bien éprouvée ; les bons guides, les sages conseils ne lui manqueront pas, d'honorables succès couronnent toujours de louables efforts.

Également paisible et honoré dans sa chaumière, il sera sans cesse un membre vivant dans le grand concert européen du monde civilisé ; il ne redoutera plus la corvée, ses labeurs seront à la fois pour lui un bienfait et un service de bien public ; il craindra moins encore le châtiment odieux qui a retenti dans les chambres prussiennes, scandalisé l'Europe, et inspiré une si vive indignation à tous les hommes sensés ; alors, pénétré de sa dignité, chaque soir de retour à son foyer, portant avec joie le poids de sa journée, il dira à tous ceux qui lui sont chers : le paysan français a une patrie, il est reconnu homme de toute la société ; le 2 Décembre lui a rendu les droits qu'il avait conquis sous le premier Empire.

CHAPITRE IV.

De l'enseignement.

Si l'ignorance est la nuit de l'esprit, l'instruction n est le jour; et ce flambeau, posé à l'entrée de la vie our éclairer l'homme sur son origine, sur sa carrière et ur sa destinée future, élève à côté de la mission du rêtre un second sacerdoce, celui du précepteur de a jeunesse.

C'est à vous que je m'adresse, à vous, premiers magisrats de l'enfance, législateurs primitifs de l'humanité; vous, apôtres de la pensée, fonctionnaires inamovibles le la civilisation, mandataires de la patrie pour lui lonner des défenseurs généreux, sages et éclairés: pénétrez-vous bien de votre mission: le plus grand des rts, c'est celui de faire des hommes; voilà les champs obles et féconds que vous avez à parcourir et à cultier; ne laissez rien dans l'ombre, expliquez le véritable sprit des choses; Dieu a tout fait pour le bien.

On s'est longtemps mépris sur le véritable but de instruction de la jeunesse; généralement on n'a considéré une classe d'élèves qu'au point de vue d'une esèce d'atelier où l'on apprend à lire, à écrire, à calculer, niquement pour exercer un art, un métier, occuper ne place, se tirer d'affaire dans le commerce, dit-on. Erreur fatale, qui a fait de la lumière un instrument le corruption. Assez d'égoïsme, assez de cupidité, assez d'ambition; une école est le premier sanctuaire de la vertu, c'est là que la liberté se règle, l'égalité se mesure, et que l'homme doit presser sur ses lèvres innocentes les mamelles de la fraternité. Vous confiez l'innocence de l'enfant: demandez une adolescence vertueuse; choisissez de dignes maîtres, ils accompliront vos vœux; considérez-les, ils vous respecteront; les talents et la sagesse ne se pèsent pas.

Dans l'école s'élaborent et se développent les saintes lois de la famille; là, commence la société et germent les premières forces et la puissance de l'Etat; l'ordre et l'obéissance avant tout.

Dépositaires des plus tendres années de l'homme, vous ne sauriez avoir trop de sagesse et de lumières; vous devez réunir à la tendresse de la mère la fermeté d'un bon père. Respectez l'enfance: un rien peut ternir cette tendre fleur, greffez avec délicatesse, taillez et ne brisez pas; la vertu et le vice sont dans la même tige et vivent de la même sève. Vous devez vous faire un code moral pour connaître et diriger les vertus les plus opposées. Par exemple: la générosité doit être un attribut du riche, elle ne tarderait pas de devenir une ruine pour le pauvre, et l'économie qui est pour ce dernier une source honnête de meilleure existence, ne serait plus dans le premier qu'une sorte d'avarice qui pèserait sur le pays et l'humanité, *et vice versa* dans l'ordre des perfections humaines.

L'homme est un être perfectible, il a la puissance de se régénérer, parce qu'il peut dégénérer; c'est une nature élastique, quand elle est inculte, mais la vertu est son plus beau privilége sans distinction de naissance et de fortune.

La première pensée de quiconque se consacre à l'enseignement est de bien se pénétrer du dépôt sacré qui lui est confié; le bonheur de la famille, le repos de la société, l'espoir de la patrie, tout est entre ses mains;son abnégation doit être pure et sans bornes; ce n'est pas le martyre, mais c'est un dévouement sincère et continu. Ne pas confondre le zèle avec la colère est pour ce fonctionnaire généreux un discernement de tous les jours, dans tout le cours de ses fonctions. Toute gradation doit commencer dans l'enseignement, quel que soit le génie de l'élève ; or, cherchez plus à instruire qu'à briller,et ne jetez rien au hasard et avec profusion dans ce vase étroit et obscur; passant du connu à l'inconnu,tout se développe sans déchirement et sans dégoût.

Plus de bon sens que d'esprit; l'esprit se déploie toujours assez entre des mains sages et fécondes; c'est souvent pour vouloir trop en montrer qu'on se fait haïr, et l'on manque son but. Oui, l'esprit est toujours prêt à s'admirer ; ce qui doit faire distinguer trois sortes d'esprit : l'esprit juste, l'esprit brillant et l'esprit faux ; modifiez sans cesse le dernier, tempérez le second, et rapportez tout au premier; surtout, jamais de l'esprit aux dépens du cœur, plus d'un beau talent défend les plus mauvaises causes ; c'est l'esprit faux qui a donné les faux systèmes, et attaché la philosophie à son char; il est le père du socialisme, comme les passions mauvaises enfantent les mauvaises doctrines.

Pour faire de bons esprits,formez de bons jugements, des jugements sains : faculté trop peu connue, qui nous rend les premiers juges de nos actes; tribunal primitif de notre carrière, qui prévient beaucoup de ruines et fortifie la conscience.

Réglez aussi avec grand soin l'imagination, ce volcan des passions, qui détermine souvent les penchants, qui exige des tableaux doux et tempérés, des images pures, nobles et touchantes; l'art de diriger cette faculté n'est pas d'éteindre son feu, mais de poser à temps des barrières à l'embrasement de l'édifice.

Il était d'usage dans le bon vieux temps d'entretenir l'enfance, la jeunesse du peuple, de contes bleus, de fantômes, de spectres sanglants, impressions funestes qui exerçaient une longue influence sur la vie; mensonges, impostures qui faussèrent souvent les croyances et contribuèrent à l'incrédulité.

Pensez-vous que le spectacle de l'échafaud arrête la violence des passions et annule, ou même modifie la pente au crime? Erreur fatale, qui endurcit l'homme enclin au mal; la vertu si belle, si bonne de sa nature, n'apas besoin de terribles émotions pour se faire aimer; l'exemple du châtiment ne peut être salutaire qu'à l'homme qui serait tenté de l'abandonner; plus il y aura de progrès moral, moins on verra la multitude au pied de l'instrument du supplice; jamais les horreurs, quelles qu'elles soient, n'inspireront l'amour du beau.

Il est dans la nature de l'homme une autre faculté dont la mission est de retracer les souvenirs, mais qui ne peut ni concevoir, ni raisonner, qu'on meuble cependant, et qu'on interroge comme un siége de la pensée. Je serais un grand homme, dit un jour un grand sot, si j'avais bonne mémoire. Digne accusation de la bizarrerie humaine, toujours contente de son esprit.

Comparez deux voyageurs qui ont vu les mêmes

objets; l'un, surabondant et sans ordre dans ses idées, laisse tout dans l'obscurité ; l'autre, observateur judicieux, sobre et clair dans ses narrations, donne de l'intérêt aux plus petites choses.

La mémoire n'est que le dépôt de l'esprit, mais dépôt précieux qui doit être enrichi, dès l'âge le plus tendre, de vérités utiles, de termes convenables, de mots heureux, d'idées saines et justes, de principes instructifs, de maximes édifiantes, et qui doit toujours être fécondé. Mais, comme l'esprit, la mémoire vit aussi de liberté; une surcharge de matériaux obstrue même ses voies de communication avec les autres facultés. C'est là un vice commun dans un grand nombre d'établissements d'éducation, système étourdissant qui fait tourner longtemps la jeunesse sur des mots avant d'en avoir la substance et donne la prétention de savoir beaucoup ; que dis-je? elle n'a pas même appris à apprendre, et c'est ce dont elle a un grand besoin dans le monde. La mémoire est un musée toujours vivant et variable, où tout doit néanmoins se classer pour y reconnaître la nature des propriétés de chaque chose.

Il y a quelque chose de plus noble et de plus grand encore dans la nature humaine, c'est le cœur : âme les sympathies, là est l'homme ; siége des grandes pensées, la mémoire du cœur procède à toutes les idées généreuses, à faire germer toutes les vertus; là doivent se graver les principes religieux ; hors de ce sanctuaire, les croyances s'effacent, s'altèrent ou se dénaturent. Examinez tout jeune homme qui a terminé son éducation religieuse en faisant sa première communion, et qui s'est éloigné de ses parents depuis quelques années, vous ne retrouvez à son retour aucune trace de sa vocation de chrétien. Mais que dis-je? les parents eux-mêmes lui en font-ils remplir les devoirs, sous leurs propres yeux, le lendemain de ce grand jour que le grand capitaine de nos temps modernes a considéré comme le plus beau de sa vie; beaucoup ont l'habitude de dire: nous sommes débarrassés.

Touché de ce progrès, de tous les maux qu'il renferme, le Souverain dit dans son discours de Bordeaux: Je fais aussi un appel à la foi, le Christianisme est si peu connu.

Résumant toutes les facultés de l'homme, on doit reconnaître que si l'esprit est le foyer qui l'éclaire, en l'absence des qualités du cœur sa lumière le dessèche et le dégrade; et que, dans son obscurité, le cœur seul peut faire fausse route, même dans ses meilleures inspirations; l'instruction et l'éducation sont inséparables dans la régénération.

Nous avons vu l'être intellectuel et moral, nous devons encore le considérer dans sa nature matérielle, tout doit être en harmonie pour rendre l'homme heureux. Ici, c'est la santé qui réclame aussi ses droits; la santé, bien précieux sans lequel l'homme n'en possède aucun, doit être également l'objet d'une sollicitude toute spéciale.

Il importe donc de reconnaître dans l'homme deux natures de forces, force morale et force physique, forces intimes et inséparables; chacune exerçant une influence directe sur l'autre, elles doivent se développer simultanément et se donner un mutuel appui; mais ne forcez rien, une surabondance serait également funeste à toutes les deux. De toute étude, ne prenez que la fleur; que pas une idée confiée à la mémoire ne soit féconde aussi pour l'esprit; en tout le trop plein arrête le mouvement, et sans mouvement pas de perfection. Ne logez pas non plus la science dans un squelette, toute instruction prématurée est dangereuse. Un jour, le grand Frédéric, roi de Prusse, fit appeler un jeune homme dont les connaissances étaient une exception rare à son âge; le monarque l'interrogea, et, satisfait de ses réponses, il lui demanda s'il connaissait le droit. —Non, Sire, lui répondit l'enfant de douze ans. — Eh bien, mon ami, vous ne connaissez rien encore. Après deux ans de cours de cette science, l'adolescent rendit compte de ses éclatants progrès à son souverain. A quinze ans, il emporta dans la tombe ses travaux et ses succès.

N'imposez jamais votre jugement à vos élèves, mais faites-le servir à développer celui qui leur est propre; vous devez moins encore en faire les esclaves de votre opinion, aucun n'est fait à votre mesure; une éducation toute taillée se perd ou se dénature. Tout doit être en rapport, identique, pour être durable et progressif; toute pensée doit découler de sa sève comme un fruit de son arbre; nourrissez-la sans cesse d'aliments homogènes, sains et purs; corrigez et policez la nature, c'est le chef-d'œuvre de l'art, le vrai talent d'instruire; c'est votre mission morale et intellectuelle.

Dans vos modifications, suivez toujours l'ordre de la nature, on ne transgresse jamais en vain ses lois, c'est en dehors de ses prescriptions qu'on l'accuse des maux qu'on lui fait. Il n'est rien dans l'ordre moral comme dans l'ordre matériel qui ne soit utile; tout homme apporte quelques attributions de sa divine origine; dans l'homme, comme dans le sol, c'est le fonds qui manque le moins; et s'il y a des natures ingrates, elles ne le sont généralement qu'en apparence. Comme des métaux précieux couverts de couches d'argile, le cœur et l'esprit de l'homme n'attendent qu'une main habile pour donner leurs trésors. Du plus terrible des enfants, Fénelon fit un prince accompli, et il eût assuré cinquante ans de bonheur à la France si son généreux et illustre disciple fût monté sur le trône de ses pères.

Tout a sa force et son progrès comme ses bornes; ainsi ne confondez pas l'activité, même la plus prodigieuse, avec la précipitation. Représentez-vous une armée qui marche au pas de course à l'ennemi : si ses pas manquent de mesure et de précision, elle arrive tout hors d'haleine, et si elle n'est pas vaincue, elle n'obtient qu'une victoire incomplète.

Voyez le feu, si fécond dans son emploi, si vous ajoutez un degré superflu de chaleur, il détruit; quelqu'utile que soit l'abondance des eaux d'un fleuve, la sécurité du sol et l'aspect florissant de ses rives réclament des digues. Usez avec raison, gouvernez avec sagesse, tout est bienfait; tout est funeste quand on est dirigé par la passion. Saint Paul connaissait bien la nature de l'homme et celle des choses, quand il disait : Soyez sages même avec sobriété. En effet, toute vertu peut dégénérer en vice, comme tout vice habilement détourné de sa nature devient une vertu; ainsi, l'on a raison de dire que le mal est toujours à côté du bien.

Que dans de justes limites, chacun se développe

lans sa sphère; alors la connaissance de soi-même, :ette barrière de l'orgueil, laissera les hommes et les :hoses à leur place.

Oui, la connaissance de soi-même est peut-être la)lus rare de toutes; elle classe nos forces dans le nonde des idées, elle les dépense sur l'échelle so- :iale dans la mesure du bonheur général.

Porter l'homme à se connaître, c'est le rendre juste t humain; si telle avait été l'éducation de la jeunesse, errait-on tant d'égoïsme et de corruption, aurions-nous ant à gémir sur les fausses doctrines, sur le socia- isme lui-même, qui n'est autre chose, en principe, u'une exploitation masquée de l'homme par l'homme, u'une liberté illimitée, source permanente et per- étuelle d'anarchie, et qui détruit la liberté même.

Préparez la jeunesse à se connaître, c'est lui épar- ner bien des maux; meilleur juge de ses actes et de eux des autres, sa présomption s'affaiblit, se mo- ifie et se change en noble émulation; et l'orgueil, : plus cruel tyran des hommes, perdrait son abso- utisme.

Faites encore voir à la jeunesse pour la rendre plus umble et plus modérée, la poussière des tombeaux, et océan des grandeurs anéanties; et relevant la di- nité de l'homme par l'immortalité de son âme, vous : tiendrez en présence de son origine; alors il ne sera aisonneur que pour devenir raisonnable, et se méfiant ıême de sa propre raison, raison individuelle, tou- ›urs voisine des passions, il interrogera souvent une urce plus pure pour se pénétrer du vrai sentiment e son droit. Enfin, multipliez les hommes justes; t la justice, cette loi éternelle indépendante de la volonté, de l'opinion humaine, se multipliera sur une échelle infinie; objet de discussions indéfinissables, ce grand problème sera moins insoluble.

Mais l'amour de la justice est inséparable de l'amour de la vérité. La vérité, sœur de la morale et de la religion, fille du ciel, a quitté sa céleste patrie pour éclairer la terre, et, suivie de son cortége de sciences, elle dit aux hommes : pas de sagesse sans lumières, pas de véritables lumières sans vertu; et c'est la science séparée de la religion et de la morale qui a donné la fausse philosophie. La science est le moyen et non la fin, elle est salutaire quand la fin justifie les moyens. Or, soyez sérieux dans l'enseignement des sciences; ôtez-leur cette petite gloriole qui énivre d'un sot orgueil, et fait rétrograder la raison sur la route même du progrès; l'esprit qui s'éclaire, doit grandir le cœur!

Pour développer la dignité de l'homme sur l'échelle des sciences, déployez par gradation à la jeunesse le vaste et magnifique système de la nature, la sagesse, l'ordre, l'harmonie de ses lois; et, remplissant son âme de reconnaissance, d'admiration et d'amour en éclairant son esprit, elle comprendra facilement que si un chef est indispensable à la famille, il faut un maître à l'univers, que tout se lie et s'enchaîne dans la création.

Faites-lui observer les contrastes de ce tableau, si varié dans ses produits et immuable dans son principe. Par exemple, comparez la beauté du chêne et son fruit à la vigne renfermant le plus délicieux des liquides dans l'arbuste le moins apparent, le plus obscur, et vous arriverez à conclure, de ce parallèle, qu'il ne faut pas toujours juger sur l'extérieur les hommes et les choses.

Il n'est pas moins remarquable que si le chêne est le symbole de la force dans l'ordre des végétaux, il est aussi l'emblême de l'orgueil; et que, sans cesse exposé à la violence des vents, il finit par être renversé, comme ces grands potentats qui, abusant de leur puissance, tombent frappés par la justice divine. uel enseignement!

Considérez également ces rameaux verts, chargés de fruits, c'est l'image des hommes intelligents, économes et laborieux; l'arbre mort est le type de la paresse et de l'intempérance; fléau de la société, le paresseux doit en être retranché comme les branches sèches et dépouillées qui couvrent le sol.

On estime le jardinier qui sévit avec une const nte vigueur, contre toute plante inutile et nuisible, aussitôt qu'elle vient à germer; c'est une leçon à suivre dans la famille et dans l'école, le cœur de l'homme est le premier jardin du monde.

Toute végétation productive et salutaire reçoit des rayons de l'astre du jour pour vivre de sa nature; out homme a le droit de se chauffer au soleil de l'intelligence pour remplir sa destinée et élever sa mission.

Ne perdez pas de vue ces eaux envahissantes, elles ont à la fois le miroir fidèle d'un conquérant inensé, et d'un peuple qui abuse de sa liberté; tous les eux vont se briser sur l'écueil des révolutions; ce ableau dévastateur accuse et l'aveuglement du desotisme dans le premier, et l'ignorance du second.

Jetez aussi un regard sur ces fleuves aux cours rapides, c'est un point de vue de la vie des humains; leurs bords fertiles et fleuris sont les bienfaits de notre intelligence et de nos vertus, leurs rivages déserts sont les œuvres de la barbarie.

Ce grand océan, dépositaire fragile de tant de richesses et de puissance, nous offre à son tour, dans sa plaine liquide, le champ lugubre qui donne le dernier mot de notre existence, où l'on ne voit plus ni trône, ni château, ni écu, et ne laisse que les œuvres à traduire devant le tribunal suprême.

Et ces hauteurs appelées montagnes, dominant l'horizon, vastes et profonds réservoirs, qui, par leur vigoureuse végétation, attestent la présence des eaux, des sources inépuisables pour toutes les contrées qui les avoisinent, et ne réclament que les travaux d'hommes sages et éclairés pour distribuer leurs bienfaits.

Les montagnes marquent encore la gradation de l'atmosphère; la raréfaction aux sommités et les couches d'air épaisses au pied du mont, donnent avec exactitude la part de l'élément indispensable à tous les êtres vivants et inanimés.

Les métaux précieux, déposés dans les entrailles de la terre pour ne dérober aucun rayon de la lumière du jour et de sa puissance de chaleur aux autres corps qui ne peuvent vivre dans les lieux sombres, métaux que le commerce exploite pour la prospérité publique, annoncent également une sagesse prévoyante et supérieure.

La régularité des saisons, l'immense diversité des climats qui fait celle des productions, rapprochant les peuples par les besoins et resserrant leurs relations, sont dans la matière une œuvre même de sympathies universelles.

Il reste un autre règne, pour lequel les deux autres furent appelés primitivement dans l'ordre de la création, les êtres animés. Voyons, en passant, les espèces animales habitant les déserts et les forêts, qui, malgré leur force et leur cruauté, ne sortent de leurs sombres demeures que pour être la proie ou les esclaves de l'homme; et ce chien fidèle qui partage avec ardeur les fatigues de son maître, qui le défend au péril de sa vie; sentinelle vigilante la nuit comme le jour, il veille avec intelligence à la garde des troupeaux, et donne dans tout le cours de sa carrière les témoignages d'une amitié incorruptible; enfin, le chat son voisin, souvent convive de la même table, ne quittant jamais le logis, parce qu'il est appelé à combattre les ennemis intérieurs, ne démontre-t-il pas à son tour qu'il remplit une mission? ainsi de suite de tous les animaux. L'homme, nommé roi de la nature, doit s'élever sans cesse à la hauteur de la sienne.

Enseignez à vos élèves à lire dans ce grand livre universel, ils sauront que Dieu est le premier mot de la science, que sans l'Être divin aucune créature ne peut exister, vivre et grandir; Maître souverain, nous lui devons nos premiers hommages. Descendons à tout ce qui est équitable dans l'ordre humain, et nous reconnaîtrons que le véritable droit est aussi dans les devoirs; sans cela il n'est qu'un instrument élastique des passions des hommes plus ou moins coloré par le talent.

Ainsi, l'homme, supérieur à tous les êtres créés, a une vocation supérieure, dont la source est éternelle dans l'Auteur souverain; là est sa grandeur primitive et finale. Insistez sur ce que Dieu n'est pas la nature, comme le croient tant d'esprits faux, mais que le mot *nature* n'est que l'expression de l'ensemble de ses œuvres.

Pour inspirer à vos élèves une noble émulation dans l'amour du travail, démontrez que tout travaille dans l'univers. Honte à celui qui jouit et ne produit rien; le riche même doit à la société le tribut de ses lumières et de sa raison, sa fortune est une mission, honorer l'humanité par des bienfaits.

Le travail est la condition naturelle de l'homme, ce n'est point en vain qu'il est doué d'organes et de facultés; le travail est un grand moraliste, l'oisiveté un vol.

Insistez surtout auprès des disgraciés de la fortune pour l'accomplissement de la loi du travail, loi éternelle aussi, sans laquelle la société ne pourrait exister; qu'ils se pénètrent bien que leurs souffrances ne sont pas un droit contre la propriété, et qu'ils s'armeraient eux-mêmes contre leurs possessions futures; qu'il existe des lois protectrices pour le pauvre comme pour le riche. Au reste, le bonheur est relatif; tel est heureux du salaire de son travail, un million ne suffit pas à un autre; les passions sont insatiables, la vertu se contente de peu. Examinez de quel côté il y a le plus de suicides.

Le travail n'est pas seulement une garantie pour le travailleur contre les atteintes de la misère, il est encore un rempart pour les victimes des caprices de la fortune.

Est ce par la richesse que l'histoire écrit ses plus belles pages, qu'elle juge les peuples et les rois? quel écrivain a jamais mis sa plume au service d'un Crésus pour se faire exclusivement son panégyriste ?

Dans leurs plus beaux siècles, les Grecs et les Romains honoraient la pauvreté vertueuse; la patrie reconnaissante adopta les enfants d'Aristide, tandis que Callias, son parent, un des plus riches d'Athènes, était peu considéré.

Et ce Consul romain assis près de son foyer, faisant cuire des lentilles, et recevant sans autres formalités les ambassadeurs des Samnites qui lui apportaient des propositions de paix appuyées sur de riches présents. A aucun prix, leur dit l'illustre Magistrat, je n'accepterai des conditions si elles ne sont honorables pour ma patrie; je suis assez riche des services que je lui rends, emportez vos richesses; j'aime mieux commander à ceux qui ont de l'or que d'en avoir.

Traitez le riche et le pauvre sur le pied de l'égalité chrétienne; inspirez au premier la commisération pour les classes souffrantes, au second la patience et la résignation, à tous les deux un constant amour pour leurs semblables.

Jetez, enfin, un regard plein de sollicitude sur cette pauvre société dévorée par la lèpre de l'égoïsme, tourmentée par un intérêt personnel plus grand même que l'amour de la liberté. Voyez ces classes laborieuses dont la majorité est sans prévoyance, privée de toute pensée pour le lendemain, immolant santé, avenir, considération, bonne foi même, aux plaisirs. De vous elles doivent recevoir les premiers principes conservateurs qui sont la première garantie de leur bien-être et de leur dignité. Peignez les maux de l'intempérance avec de vives couleurs ; tous les vices ieux qui dégradent l'homme, le font ennemi de -même et le rendent malheureux.

De vous sortent aussi les législateurs, les magistrats, fonctionnaires de toute dignité; or, faites des hom-ɔs sages, il y aura de sages lois; la justice, fondement toutes les vertus, doit commencer son règne dans cole.

eillez aux sentiments de jalousie qui naissent pour ısi dire avec l'homme; prévenez les haines, éteignez ; premières étincelles de vengeance, apportez en ut un esprit de conciliation; soyez toujours justes us-mêmes envers tous, que votre discipline soit essen-ɔllement morale, car vous parlez à des hommes libres; ; générations attendent ce noble héritage des con-ıêtes de la pensée.

Ces conquêtes, nous les trouvons déjà en partie dans s vastes champs de l'histoire; et comme il y a une lidarité dans l'humanité tout entière, nous devons ıssi nous inspirer de tout ce qu'il y a d'équitable, de ;néreux et de grand dans nos ancêtres, pour augmen-r nos richesses morales et les transmettre à nos des-ɔndants. La fragilité humaine ne saurait trop s'appro-sionner de lumières, d'expérience et de sagesse; s leçons des nations sont un stimulant pour celles ui leur succèdent. Télémaque fut une école pour le uc de Bourgogne, et l'Histoire Universelle du grand ossuet eut une grande part dans l'éducation du Dau-hin. La morale et la religion n'ont donc rien à per-re dans l'étude des anciens; or, il reste incontesta-le que les études classiques sont étrangères à la cor-ıption du siècle, et que l'impiété recrute la plupapt e ses prosélytes dans l'ignorance; les fables mêmes ınt une morale éternelle. La main du maître fait out.

Amassez, amassez le plus d'éléments réformateurs ɔour préparer les générations; le monde est plein l'enseignements, présentez toujours dans l'histoire le ôté moral. Par exemple, quand Léonidas se voua à a mort avec trois cents Spartiates, il avait un point de ue plus élevé qu'un acte d'héroïsme tel qu'on le ıge ordinairement; c'était la moralité du courage, e son influence dans la nation grecque, et de idée éminente qu'il donnerait à l'ennemi du vérita- le patriotisme, du patriotisme d'un peuple libre; son ttente ne fut point trompée. Xercès demanda à Dema- ate, roi de Sparte et réfugié en Perse, s'il y avait ans son pays beaucoup de soldats semblables à ces rois cents braves. — La Grèce entière est animée des ıêmes sentiments et défend les mêmes intérêts, ré- ondit le souverain exilé. — Dans ce cas mon armée st perdue, reprit le puissant roi de Perse. L'événe- ıent justifia ces sinistres paroles; un million et demi 'esclaves succombèrent devant trois cent mille hom- ıes libres; la défaite des Thermopyles fut une victoire ıorale.

L'histoire de France n'est pas moins riche en faits ıémorables; elle est plus grande encore au point de vue hrétien; entre autres, sur des milliers de héros, le célè- ıre chevalier Bayard aussi pieux que brave, demandait tourner sa face à l'ennemi, non dans un orgueil im- ıuissant à braver le vainqueur, mais pour rendre à a patrie les restes d'une vie magnanime qui ne s'est ımais démentie et pour donner à l'armée un exemple ɥu'elle eût suivi si elle eût été bien commandée. Il y a dans ce dévouement une grandeur d'âme qu'on ne saurait trop admirer.

Les plus beaux génies militaires donnent aux pages de notre histoire un caractère d'universalité, et n'ont pas moins d'importance dans leur vie privée. M. de Turenne était un jour appuyé sur une croisée de ses appartements, couvert d'une veste ronde; un de ses domestiques crut reconnaître un garçon de cuisine et lui appliqua une forte claque, mais reconnaissant aussitôt son erreur, il se précipita aux genoux de son maître, qui, portant une de ses mains sur la partie offensée, releva de l'autre l'imprudent serviteur, en lui disant avec douceur : quand même ce serait Pierre, il ne fallait pas frapper si fort.

Dans tous les corps de la société on rencontre de ces actes sublimes en dehors des fonctions publiques. Ici, c'est un des plus vénérables ministres de la religion. M. de Fénelon se promenant à la campagne, le bréviaire à la main, rencontra une jeune fille tout en pleurs. — Qu'avez-vous ma chère enfant? — Ah! Monsieur le Curé, je me suis endormie, et ma vache s'est égarée. — Ayez confiance en Dieu, lui dit le grand Prélat, et aussitôt il se met en quête; en moins d'une demi heure il ramène par la corde l'animal fugitif. — Oh! de grâce, dites-moi de quelle paroisse vous êtes le Pasteur. — Je suis l'Archevêque de Cambray, puisque vous voulez que je me nomme, répond l'humble bienfaiteur, et il se déroba promptement à la reconnaissance de la bergère.

Un lâche courtisan s'empressa d'annoncer à l'empereur Trajan qu'on venait de donner un soufflet à sa statue; aussitôt le prince romain porta la main à sa joue, et déclara qu'il ne sentait aucun mal.

Henry IV fut plus grand encore, entendant un jour des hommes du peuple parler très-mal contre lui, il se contenta de leur adresser des paroles pleines de bienveillance et se retira.

Une ville de Belgique offrit trois cent mille francs à M. de Turenne pour l'engager à en détourner le passage de son armée; le général désintéressé répondit qu'il ne pouvait en conscience accepter cette somme, attendu que son intention préalable était de suivre une autre route.

Tous les grands hommes sont généreux; que vos élèves se pénètrent bien de la vertu de générosité, elle est toujours le caractère d'un cœur noble et grand.

Combien d'hommes, inspirés par le sentiment d'une fausse dignité, auraient cru dégénérer dans ces actes? mais les grandes âmes voient partout du bien à faire, et donnent aux actions qui paraissent les plus obscures de l'éclat et de la grandeur.

Il est incontestable que le Christianisme a donné et donnera toujours un nombre infiniment plus grand de personnages illustres que le paganisme; mais nous devons vivre en communauté avec tous les nobles talents, tous les beaux génies et toutes les vertus. Partout de bons exemples à suivre, d'utiles leçons à recevoir, des malheurs à éviter; on doit toujours relever l'effet moral de la vie humaine à quelque temps qu'il appartienne; quelle que soit la source d'où il émane, il a toujours sa valeur. Démontrez que nulle part la vertu est punie et le vice récompensé; partout la Divinité reçoit des hommages; tous les peuples lui élèvent des autels; or, l'impiété n'est pas naturelle, elle est au cœur de l'homme, comme un terrain fangeux aux débordements des eaux qui l'ont dénaturé.

N'oubliez jamais de présenter l'abus de la force comme indigne d'une âme honnête et se détruisant lui-même par ses excès ; montrez que le mépris des lois conduit infailliblement à l'anarchie ; que de toutes parts, en un mot, la puissance morale affermit les empires et régénère les peuples ; sous un régénérateur tout doit se résumer.

La science de l'histoire est donc éminemment nationale, elle est inhérente à l'homme et au chrétien.

Ce n'est pas toujours néanmoins à l'étendue du savoir qu'il faut juger les hommes ; un savant sans mœurs n'est qu'un bel arbre sans fruit.

Vous rendrez sans peine la jeunesse studieuse en la faisant modeste ; elle reconnaîtra qu'il manque toujours plus à l'homme qu'il ne possède ; vous-mêmes n'affectez jamais la science ; comme le soleil, répandez la lumière sans bruit.

Consacrez la science à l'utilité publique, à la prospérité générale, au bonheur de l'humanité ; la gloire viendra après.

Un des plus beaux, des plus utiles fruits de la science, est encore d'apprendre à bien se juger soi-même, et notre jugement sera toujours plus équitable et plus sûr pour autrui ; en jugeant les hommes par leurs actes, c'est s'épargner bien des déceptions.

Unissez tout, et comme les grandes choses font les grands hommes, le ciel n'en est point avare sous les grands princes.

Hâtez le bien, toutefois, sans le précipiter ; il est permis de le rappeler, ne faites pas la jeunesse esclave des préceptes, des maximes et des faits; les hommes doivent être plus qu'imitateurs, chaque esprit a son fonds et produit son œuvre; toute culture supérieure à sa sphère, serait le désordre dans l'ordre. Agiter les esprits sans les éclairer est une perturbation, toute perturbation produit un vide, tout vide peut devenir un abîme. Ici encore, suivez les lois de la nature; comme dans l'ordre matériel, dans le monde des idées tout étant plein avec règle et précision, tout peut se mouvoir avec sagesse.

Ce ne sont donc pas les masses de devoirs qui éclairent et moralisent le plus la jeunesse, mais leur classement, le zèle et l'art d'enseigner, et surtout se faire comprendre, se comprendre soi-même le premier.

Par de bonnes méthodes on peut beaucoup abréger les études, surtout pour les classes laborieuses; l'économie du temps est pour elles chose précieuse. Les familles doivent également retrancher les sciences inutiles à leur carrière; par exemple, le grec et le latin sont superflus au commerce, à l'industrie, aux affaires; toutes les spécialités sont avares de leur temps. Au reste, il n'est pas rare de voir des jeunes gens qui n'ont pu finir leurs études, ne savoir écrire correctement ni en français, ni en latin.

Sachez moins, mais perfectionnez-vous dans ce que vous savez; l'esprit ne peut vivre longtemps sans danger dans un crépuscule continuel, comme le jour il a besoin de son midi; étant à sa place lui-même, il saura mieux placer les choses.

Il est un principe sans lequel toute science ne parerait l'homme que d'un simulacre de dignité, c'est celui d'enseigner à l'homme dans sa première jeunesse à faire le bien pour le bien, que la vanité est une compagne dangereuse de la sagesse; elle fait plus d'une fois le supplice de l'artiste, et donne d'amères inquiétudes aux savants orgueilleux.

Ce principe de justice et d'humanité est si pur qu'il défend aux hommes de se faire un jeu des souffrances même des animaux; comme nous, ils ont des sens et le sentiment de leur douleur; mettez seulement le bout du pied sur le moindre reptile, et considérez par sa résistance combien il tient à la vie; jugez aussi combien sont méchants ceux qui tourmentent sans nécessité les animaux domestiques. Voyez ce brutal conducteur qui rend ses chevaux responsables de sa maladresse : ses paroles sont toujours en rapport avec ses actes, et, aussi peu soucieux des intérêts de son maître que de la vie des voyageurs, il laisse ces victimes de sa cruauté habituelle se morfondre à la porte d'un cabaret.

Caligula fut un jour surpris dans son cabinet, lorsqu'on le croyait occupé à des questions d'Etat, à enfiler des mouches; plus tard il devint un des plus cruels empereurs romains.

Oui, la dureté du cœur a ses degrés comme la bonté, en tout c'est l'œuvre de la première éducation; or, vous ne pouvez faire les hommes justes et humains si la bonté ne s'étend sur tous les êtres vivants; détruire les animaux nuisibles est un droit, mais il faut respecter ceux que le Créateur a départis pour notre service.

Inspirez de bonne heure à l'homme l'horreur du sang, l'enfant a le cœur bon, c'est le premier attribut de l'innocence; appitoyez-le sur le sort du malheureux, il peut tomber lui-même dans le malheur ; la charité fera ses premières délices. L'amour pour ses semblables est le plus beau présent que vous puissiez faire à l'humanité ; amour pour amour est le premier code de l'espèce humaine Aimez donc vous-mêmes vos élèves, l'exemple est le premier maître. Arrivez à vos fins par tous les moyens ; prévenez toute lutte corporelle, lutte qui n'aurait pas pour objet un salutaire exercice ; arrêtez l'antagonisme à sa naissance. Armé de ces préceptes, vous ne verrez jamais l'homme s'embusquer dans une forêt ou derrière un mur, attendre le poignard à la main un passant ou un adversaire. Que dis-je? Montrez-leur le Christ pardonnant à ses ennemis ! ! !

Malheureusement pour notre siècle, le moyen-âge lui a légué des restes de ses préjugés ; un des plus absurdes et des plus cruels est celui qui fait du duel une loi d'honneur, loi qui ne sait faire honorer que le plus adroit et non le plus honnête homme. Démontrez donc que le véritable honneur est toujours juste et humain, et que ce grand principe de la vie sociale n'est point au bout de l'épée, mais dans la cause légitime qu'il défend.

Oui, le duel est un déplorable héritage de ces temps d'ignorance, car, l'usage n'en n'était point connu antérieurement ; les Grecs et les Romains, quoique braves et guerriers, ne se sont néanmoins jamais proposé de cartel. La vie de l'homme est d'un trop grand prix pour l'immoler à un sot orgueil, à un amour propre mal entendu, ou à une folle passion. Faire couler le sang du juste est toujours un crime ; ainsi toute guerre entreprise uniquement pour agrandissement de territoire, n'est qu'un brigandage coloré ; la gloire appartient tout entière au défenseur de l'opprimé.

Le duel est une tache dans la civilisation.

Observateurs judicieux, vous remarquez sans doute que l'enfant considère aussi le bien et le mal, et que son cœur avant d'être formé est imitateur ; il est bon avec les bons, méchant avec les méchants : les premières impressions sont la clef de la vie.

Comme en toute organisation administrative, tous les éléments de l'école se rattachent à l'élément principal qui les met tous en œuvre à l'ombre d'une loi commune, l'obéissance. Oui, l'obéissance est la première loi sociale ; les plus grands capitaines ont appris à obéir avant de commander.

C'est cette loi qui prépare l'enfant pour la famille, plus spécialement encore que toutes les sciences. C'est ici le digne objet, le centre de toute votre sollicitude; l'homme commence à vivre pour les auteurs de ses jours; dans ces saintes lois il concentre ses premières, ses plus chères affections.

Malheur à l'enfant qui oublie les flancs qui l'ont porté, le sein qui l'a nourri; méprisé, justement odieux aux hommes, il ne peut trouver grâce devant la justice divine.

Quoique traître à sa patrie, Coriolan ne put résister aux larmes de sa mère, et les prières de Véturie sauvèrent Rome du pillage et de la mort.

Dans la famille réside également la puissance, et avec plus d'onction encore, par l'harmonie du commandement ; comme le maître, le père fait tout respecter en se respectant lui-même, et l'on voit rarement dans cet intérieur où tout se fait avec ordre et soumission, ni ces luttes intestines qui pèsent plus tard sur la société, ni ces combats d'amour-propre dans la distribution des emplois domestiques. Une rivalité noble et généreuse ne laisse rien à faire, toutes les heures de la journée sont pleines et fécondes; aussi, partout la salubrité révèle la santé et la fraîcheur, le bon goût y sait unir l'élégance à l'économie; tout est à sa place sans effort et sans murmure; chacun est heureux de l'amitié de tous, et sous l'empire d'une autorité qui sait se faire chérir sans faiblesse, chacun trouve le calme de l'esprit et la garantie de la paix du cœur.

Qui peut raconter les joies du foyer, les voluptés de ces cœurs groupés sous l'influence communicative des douceurs de la paternité; les signes, les regards, ces grandes puissances de l'âme, ont des entraînements indéfinissables, une éloquence muette plus puissante que tous les discours. Et ce baiser brûlant que la mère imprime sur le front de son enfant, où elle fait découler tous les trésors de son âme; les bras entrelacés de toute la famille dans une étroite union, sont autant de rameaux productifs vivant de la même sève, s'animant au soleil dont les rayons ne sauraient rencontrer d'atmosphère orageuse; ce spectacle, c'est le ciel sur la terre, le feu sacré de toutes les poésies.

Faites donc tout pour la famille; par elle la société commence, l'Etat reçoit tous les services qu'il est en droit d'attendre pour sa force, sa prospérité et sa grandeur.

Mais si le jeune homme est héritier de tous les sentiments de communauté de famille, il en épouse aussi l'honneur et les susceptibilités;son amour-propre n'est point à dédaigner; l'amour-propre, ce grand mobile des actions humaines ! Voici un fait notoire qui s'est passé il y a peu d'années dans une ville industrielle, dotée d'un collége en prospérité. Un professeur se plaignait très-amèrement à un de ses élèves de sa négligence à faire ses devoirs, et dans un mouvement trop irréfléchi il lui reprocha de n'être apte qu'à porter des pièces sous le bras. Le jeune homme indigné lui répondit qu'il était fier de la profession de son père, et que celle de fabricant est aussi honorable qu'une autre. — Vous n'êtes tous que des hommes matériels, vous ne cherchez qu'à gagner de l'argent; moi, je travaille pour la gloire, riposta le Cicéron au petit pied. — Dans ce cas chacun cherche à acquérir ce qui lui manque, répliqua le spirituel disciple, et il quitta l'établissement pour toujours.

Est-il logique d'entourer l'humanité de toutes les grandeurs morales et matérielles, sans interroger la nature de l'homme, et définir sa véritable mission? L'homme par la noblesse de ses facultés, par la propriété de la pensée, par la parole qui en est toujours le signe infaillible, et par la beauté de ses organes, est incontestablement le roi de la nature, ainsi que nous l'avons dit ; toute autre place serait indigne de lui, le ferait déchoir de tout, et l'effacerait même du tableau des êtres. Quel est alors le vrai, l'auguste caractère de sa royauté? L'immortalité de l'âme ! Or, il existe une nature supérieure à la sienne, source de toute perfection et qui lui a donné l'être : la Divinité. La philosophie l'a reconnue, et ne pouvait la méconnaître sans se nier elle-même ; elle admet, fidèle à son principe, tous les attributs de cette souveraineté suprême; en contester un seul, ce serait tous les annuler; et l'âme humaine ne pouvant s'aspirer que de cette substance divine, il reste incontestable, même par la raison philosophique, qu'il ne peut y avoir de Dieu sans culte, de culte sans autel, d'autel sans ministre; c'est la religion, loi suprême de tous les êtres moraux, loi éternelle qui en caractérise l'origine et en couronne la fin. Ainsi, sans religion pas de repos dans la famille, pas de société possible, pas de sécurité dans les Etats; qui ne reconnaît pas les lois divines, ne respecte pas les lois humaines, on n'est contenu que par la force matérielle.

Ce n'est pas ce qui a été démontré largement dans la plupart des établissements d'éducation, d'instruction publique; dans d'autres ce principe était nul, des professeurs soi-disant célèbres soutenaient que la religion n'est qu'une invention humaine, que le Christianisme doit cesser d'exister dans trois siècles. Mais à cela tous les siècles répondent que tous les grands hommes ont reconnu que la religion est le fondement de tous les devoirs, essentiellement, incomparativement depuis la naissance du Christ, et que le Christianisme n'a pour ennemi que l'ignorance et les passions. Or, l'éducation a besoin d'une régénération.

Beaucoup d'établissements ont rempli dignement leur mission; néanmoins un grand nombre n'ont point répondu à leur vocation, plusieurs même étaient entachés de socialisme; et, les mauvaises doctrines dominant sur un vaste horizon, introduisant le scepticisme dans la société par la fausse philosophie, ne succédèrent l'ignorance que pour changer la forme de la dégrada-ion humaine.

Ignorance et fausse philosophie, tout doit disparaître ans l'ère nouvelle; solidaire du passé, elle en paie les ettes, et commence une responsabilité pour l'avenir.

Ouvriers de la régénération, à tous les degrés de enseignement s'ouvre une mission nouvelle, en har-ıonie avec l'esprit et les besoins nouveaux ; la science aisonnée par la puissance et la sagesse divine, donne l'âme humaine tout son développement, et assure on puissant concours à l'intelligence.

Les établissements d'éducation les plus rapprochés e la famille semblent aussi se prêter plus efficace-ment à une légitime surveillance ; jamais le cœur d'un étranger ne peut suppléer à celui d'un père.

Mais comment qualifier ces parents qui demandent à connaître les antécédents d'un serviteur destiné nême au plus bas service de la maison, tandis qu'ils restent impassibles sur le passé et le présent du fonc-ionnaire auquel ils confient ce qu'ils ont de plus cher; ın second père peut devenir le premier trésor de la naison paternelle, la consolation, l'appui des vieux jours du chef de famille.

Combien sont plus coupables encore ceux qui croient out faire pour leurs enfants, lorsqu'à l'exemple des animaux, ils ne leur donnent que la nourriture matérielle, et comptent pour rien le pain de l'âme et de l'intelligence qui doit marcher parallèlement avec celui du corps.

C'est dans ce vide immense que fermentent des désordres fréquents, et que naissent les plus ardents, es plus dangereux éléments des volcans révolutionnaires, creusés par les maux du temps, comme nous l'avons déjà reconnu, et qu'on ne saurait assez reproduire. Ainsi, la régénération dans l'éducation aura le double objet de régénérer la famille et de passer dans la société tout entière.

Il importe dans l'accomplissement de cet ordre de faits, en présence des efforts du scepticisme qui dénature tout, de rétablir et de reconnaître définitivement la force et la clarté de ces principes; qu'au dessus de toute opinion, de toute puissance humaine règnent les lois antérieures et éternelles, lois morales qui régissent les sociétés, lois d'où émane la vérité; la vérité, c'est Dieu; la vérité étant une de son essence, ne peut avoir d'autre origine que l'Être immuable, infini, éternellement semblable à lui-même. De cette puissance suprême l'homme a reçu sa raison et la faculté de raisonner; ainsi il raisonne sous la puissance immédiate d'un être supérieur à sa nature; de là découle son droit, droit physique, droit individuel, qui se généralise sur l'humanité entière, droit intellectuel et moral.

Mais le droit ne doit pas exister, dit-on, c'est un mot vide de sens, et qui ne prouve rien. Étrange aberration! tous les mots d'une langue n'ont-ils pas une signification exprimant la nature des choses; dans le génie de chaque langue ils sont tous l'image d'une idée, d'une pensée, d'une action; ils sont tous un signe de convention pour tous les êtres animés et inanimés contenus dans l'univers. Que mettrez-vous donc textuellement à la place du mot droit? civilisation, a-t-on déjà répondu. Substitution très-ingénieuse; mais est-elle plus explicite et plus juste? Par exemple, des parties se présentent devant un tribunal quelconque, chacune dira-t-elle pour exprimer ses droits : voilà ma civilisation ? Et le juge, rendant son arrêt, fera-t il entendre ces paroles à la partie condamnée : vous êtes moins civilisé que votre adversaire, sur le degré de civilisation qui diffère entre vous je fonde mon jugement. Il aurait raison, car la justice s'engagerait sur ce point dans un vague infini. Mais le mot droit a une application si étendue qu'on ne peut le supprimer sans produire une révolution dont les conséquences seraient incalculables, le chaos succèderait à la lumière. Trouvez donc un seul homme de loi qui adopte ce renversement des idées et des mots, vous-mêmes vous ne confieriez pas une cause à un légiste qui manquerait de clarté et de précision dans son langage.

Il y aurait dans cette transformation de mots une licence dont les passions abuseraient souvent pour affaiblir la vérité et altérer, dénaturer même les idées les plus saines.

Mais ces passions, dont on ne tient aucun compte, assiégent sans cesse le cœur de l'homme, et peuvent obscurcir les esprits les plus éclairés ; eh bien, supprimez-les, et tout homme pourra se suffire par sa seule raison. Cela ne peut se faire, sans doute, parce que les passions sont inhérentes à la nature de l'homme, leur empire est à l'épreuve de la sagesse humaine dont toute la puissance est de les modifier dans certaines limites et non de les détruire ; il reste donc évident que pour sauvegarder l'humanité, il faut, au-dessus de cette atmosphère orageuse, des lois sages et souveraines, indépendantes de toute faiblesse, de toute vicissitude.

S'il existait des lois universelles, immuables pour régir les sociétés, dit-on, on ne ferait pas depuis dix huit cents ans des recherches infructueuses.

Mais peut-on ignorer que de tout temps il y eut des hommes sages qui ont reconnu ces lois, et que si elles n'ont pas été observées dans l'ordre des sociétés, c'est par le plus ou moins de sagesse, de lumières et d'équité de ceux qui les ont régies; que dis-je? l'abus de la force a déterminé toutes les lois morales qu'ils ont imposées.

La loi donnée sur le mont Sinaï par Moïse n'était pas l'œuvre d'en bas, aucune force intellectuelle humaine ne l'avait éclairée de sa raison. Quand le Christ dota l'humanité de sa loi divine, il n'a rien emprunté à l'espèce humaine, et si cette loi a trop faiblement encore modifié le régime des sociétés, c'est le fait des hommes qui ne lui ont pas été fidèles et non celui de son absence. Ainsi, que l'on se rapproche le plus de l'essence de cette loi, qu'elle s'identifie en quelque sorte dans l'esprit de notre société et dans les sciences, et les hommes seront plus justes et plus humains.

Mais on ne veut ni religion, ni famille, ni propriété, ni conscience; ce mépris constitue évidemment l'orgueil du scepticisme, et démontre son aveuglement volontaire.

Eh bien, partisans de la liberté illimitée, qui ne voulez voir le bonheur de l'humanité que dans le développement intellectuel de tous les hommes, et qui repoussez toute institution civile et religieuse, demandez que l'autorité suspende durant quelques jours l'action des lois, et vous verrez le désordre, le pillage et le meurtre succéder à l'ordre ; vous verrez des hommes éclairés, des esprits même bien cultivés, mais n'obéissant qu'à la voix de leurs passions, assurés de l'impunité, calculant, dirigeant le crime, et ne faisant régner que la liberté du mal.

Sans doute que par le contact constant et pacifique des facultés, les hommes se policent, s'améliorent moralement et matériellement; qu'ils fassent surgir sur toute leur existence l'excellence de leur nature, là serait la perfection des sociétés, et l'homme ne commanderait plus à l'homme ; mais le bien et le mal moral étant inséparables de sa nature, des lois supérieures et secondaires sont indispensables à l'ordre des sociétés.

Comment les nations se sont-elles organisées? par l'union de toutes les forces individuelles. Les hommes dispersés sur la surface du globe, reconnaissant l'impuissance, le vide, le malaise de leur isolement, que dis-je? l'absence de toute prospérité, celle des douceurs de la vie, ont demandé à s'unir en corps : c'est l'origine des sociétés. Si des pouvoirs tyranniques sous une forme ou un prétexte quelconque ont failli à leur mission, si l'ignorance a conduit les hommes à l'abrutissement et à la servitude, leur dégradation n'a suspendu que pour un temps l'action des lois universelles, éternelles, immuables, dont l'existence reparaît à la régénération en manifestant leur puissance et leur bonté souveraines.

Tout se consumera toujours en vains efforts contre les principes religieux ; toute atteinte portée au principe de l'autorité civile ne pourra jamais conduire qu'à l'anarchie ; toute souveraineté individuelle en dehors de la loi commune, ne saura constituer qu'une échelle de despotisme des intelligences supérieures sur les intelligences inférieures sous la seule puissance de la raison de l'homme, et l'on ne dépensera qu'en pure perte de l'esprit et des talents à côté de la question.

Le bien et le mal moral étant des propriétés de la nature de l'homme, nous devons reconnaître, en présence même des faits constants, que l'enfant vit sous la protection de ses parents; la société, sous l'empire des lois qui protégent les bons contre les méchants; tous réclament la même supériorité du bien sur la puissance du mal; des nations se placent sous la sauvegarde de nations plus puissantes, et toutes combattent en invoquant Dieu pour la défense de la patrie et des lois.

Pères de famille, la religion est donc un frein salutaire et souverain; la faire régner, c'est fortifier, affermir votre autorité morale, assurer la sécurité de tous.

Tous les pères de famille comprennent-ils l'empire de la religion? On entend dire souvent: la religion n'est utile qu'aux enfants. — Et pourquoi? — Parce qu'elle leur inspire de la crainte. — Eh bien, la question est facile à résoudre; s'il faut une ligne de défense aux ruisseaux, il est indispensable d'opposer des digues formidables aux rivières; les passions grandissent et se multiplient avec les années. La religion a des barrières contre tous les crimes et pour tous les âges.

Cette minime et fausse opinion sur la loi la plus sublime, prouve qu'elle n'a été enseignée que superficiellement, particulièrement dans les classes laborieuses, et que la jeunesse ne tarde pas à s'en affranchir pour briser tout frein. Aussi, entendez-vous la partie la plus ignorante, fraction débordée, calomnier tout ce qui s'oppose à ses désordres et en médire sans réserve et avec acharnement. Les croyances sans racine sont les premiers germes de l'incrédulité ainsi que de la débauche.

Nous l'avons déjà dit, le trésor précieux de l'âme humaine n'est confié qu'à la mémoire; et, examinez-le bien, c'est l'instruction religieuse à laquelle on a consacré le moins de temps. Pour être logique dans l'enseignement, à chaque corps sa spécialité : au clergé la religion, à l'Université la science; ces deux sacerdoces réclament la classification la plus nette, la plus précise; chaque autorité scientifique a son onction et sa puissance, et toujours le professeur laïque doit être l'auxiliaire du Pasteur. L'école, pour être fructueuse, impose un dévouement absolu de temps comme de facultés.

Ces mesures, déjà, reçoivent un commencement d'exécution; le gouvernement dans sa sagesse donne le plus actif concours à ce progrès qui fait de bons fils, de bons pères, de bons magistrats, de bons citoyens en un mot à toutes les classes de la société; c'est au pays, maintenant, à comprendre et à remplir sa mission.

Un bon système d'éducation est encore un problème à résoudre pour un grand nombre de familles. Les arts et surtout les arts d'agrément sont-ils utiles? se demandent-elles. Ces questions sont agitées depuis plus d'un siècle, et J. J. Rousseau en soutenait la négation à l'Académie, par ses paradoxes. Mais il faut aussi considérer que le grand écrivain parlait sous l'impression de l'effroyable corruption de son siècle, et fixait le progrès aux plus étroites limites; voyant la société si malade, il redoutait une aggravation à ses maux dans ce qui lui paraissait un superflu à l'esprit et au cœur de l'homme. Il se déclara avec chaleur contre les théâtres, et faisait, pour ainsi dire, de l'opposition à tout, tant le souffle était funeste dans les hautes régions de la société, tant les passions fermentaient au moindre contact du plaisir qui foulait aux pieds toute morale dans cette déplorable génération.

Tout a changé; le plomb vil même se modifie, s'épure; tout prend un caractère moral sous un gouvernement qui respecte les mœurs, et tend chaque jour à leur donner un salutaire développement.

Parmi les arts d'agrément, la musique doit jouir d'un privilége tout spécial et s'étendre à l'infini; sœur de la poésie, comme elle, son charme parle haut à l'imagination, elle l'adoucit et la remplit d'une douceur suave, elle annoblit la pensée et enflamme les courages; elle nourrit la piété et exalte l'âme dans les cieux, elle est un triomphe pour les solennités. La musique demande son premier tribunal à l'oreille, elle fortifie et perfectionne les organes, elle épure les goûts et le langage, elle rend moins accessibles les cabarets; un ivrogne ne sera jamais bon musicien. La musique fait plus encore; branche des mathématiques, elle donne des idées justes et rectifie souvent le jugement. Ce n'est pas, sans doute, cette musique que Boileau reprochait à Lully, ne réchauffant qu'une morale lubrique; elle doit être aujourd'hui elle-même une véritable puissance de moralité.

N'est-il pas regrettable qu'il n'y ait pas dans toutes

les communes, une école élémentaire de chant, et que les chantres ne soient pas salariés; par un règlement on écarterait les voix discordantes, ces chants criards qui semblent provoquer la chute de la voûte des temples et troublent l'âme des fidèles.

On admire dans les saints lieux les chefs-d'œuvre du ciseau disputant au pinceau les honneurs de la terre et des cieux; le marbre est glorieux de sa flexibilité qui rivalise les ornements du tissu; mais ces hommages muets et glacés, que sont-ils en présence de cet art dont l'harmonie ébranle toutes les puissances de l'âme et parle à tous les cœurs? et, cependant, il vit dans une espèce d'indigence au milieu de ses confrères en prospérité.

Sous un empire chrétien comme la France, tout doit être en rapport; l'harmonie est une souveraineté. Il y aura, sans doute, toujours des Midas; mais on verrait progressivement diminuer cette multitude qui abandonne si légèrement le sol qui retentit des harmonies d'Apollon pour se transporter sur le champ de bataille des porte-faix, ou pour écouter le dialogue éloquent des furies qui trafiquent sur la vie des habitants des eaux.

La musique est un principe d'ordre social.

Mais elle a besoin d'un auxiliaire puissant, que dis-je? d'une troisième sœur, la lecture. L'art de bien lire est la première clef des sciences; par cet art la parole est plus facile, l'esprit plus prompt à saisir; il féconde la pensée et hâte le jugement; il captive la famille au foyer, élève et nourrit les sentiments nobles et généreux; une bonne prononciation, un accent pur donnent à l'orateur un plus grand ascendant sur l'auditoire; ils favorisent l'intelligence et la majesté des Ecritures.

Rien de plus commun, cependant, que d'entendre dire, et principalement à un grand nombre des habitants de la campagne : je ne sais pas lire, je ne lis que pour me faire souffrir, j'ignore même souvent si je prie Dieu, j'ai été si mal commencé; mes parents moins intelligents encore que moi ne m'envoyaient que trois mois par an en classe, et on ne lisait jamais dans la famille; l'habitude du patois gâte le bon français; la lecture n'a aucun attrait pour moi, tout livre m'ennuie; je ne sais que jouer et boire. En effet, la première préoccupation du jeune villageois à la ville est d'apprendre à danser, sa bibliothèque est au cabaret.

Les bons principes de lecture ont encore l'immense avantage d'abréger de moitié l'étude de l'orthographe et d'améliorer infiniment celle de la langue française.

Déliez dès l'âge le plus tendre la langue de l'enfant; ses organes plus flexibles, son langage plus libre, exerceront une influence salutaire sur son intelligence, sur ses facultés morales, sur sa vie entière.

C'est dans les temps où le peuple ne savait ni lire, ni écrire, que la France eut le plus à souffrir des guerres civiles; sous le siècle de fer, il n'y avait pas une seule bibliothèque, les armes remplaçaient les livres. Les peuples sauvages ne lisent pas; le peuple russe, le peuple turc ne savent pas lire; Mahomet avait défendu tout autre livre que l'Alcoran.

On ne peut maudire les bibliothèques sans bénir la poudre.

Hâtez, hâtez le développement de cet art précieux par les meilleures méthodes, et que le choix des bons vres soit à la fois scientifique, moral et religieux.

Il est incontestable pour toutes les classes de la ɔciété, que toute éducation doit être sérieuse, et u'elle ne peut accomplir son œuvre, si elle ne comıence par les sciences positives, sciences indispenıbles au bien-être de l'individu et de la société.

Mais il n'est point de vertus sociales, pas de civisation possible sans la politesse. Le respect comıence par l'honnêteté. Voyez ce jeune enfant qui ne eçoit rien sans l'accompagner d'un « je vous remercie, » ce remercîment est le premier signe qui istingue l'homme de la brute; et, poli, respectueux nvers ses parents, il étend sa politesse et son respect ur tout le monde; cette fleur d'honnêteté ajoute haque jour un rayon d'esprit à sa vie; chacune de es expressions est une expansion du progrès du œur.

Vous ne surprenez jamais cet enfant à écouter aux ›ortes, à épier furtivement les conversations; il se ›ermet encore moins d'adresser des questions indisrètes, et ne répond que quand la parole lui est dressée directement; ainsi toujours calme et modeste, ontent de lui-même et des autres, il fait dans tous eux qui l'environnent l'étude de son bonheur préent et de celui qui l'attend plus tard sur un plus vaste héâtre.

Mais les parents eux-mêmes doivent au moins toûours se respecter en présence de leurs enfants, ne eur parler qu'avec douceur et bonté; une sage sévéité ne peut suppléer qu'à une persuasion sans fruit; et exemple ferait de l'obéissance une loi d'amour.

Par la politesse, vous rendez l'enfant accessible aux

ıauvres comme aux riches; vous étendez en lui les entiments d'humanité, et vous l'affranchissez des ermes impropres dont on frémit souvent en entenlant certaines classes de la société.

Nous avons reconnu que le nord de la France se listingue par un progrès très-sensible; là, aussi, a politesse suit les lumières; il n'est pas un étranger [ui ne rencontre dans un enfant un accueil favorable, ın empressement marqué pour lui servir d'indicaeur; ces premières sympathies sont un premier gage l'union des peuples, les prémices d'une civilisation [ui grandit avec les années.

La politesse paraît avoir été jusqu'à ce jour un priilége de la France, privilége exclusif qui fait distin-uer le Français parmi toutes les nations.

La politesse fut un apanage des têtes couronnées. Charlemagne recevait avec une égale bienveillance le ›euple, la noblesse et les étrangers; l'aménité comnença à renaître sous François Ier; Henri IV était 'homme le plus courtois de tout son royaume; la :our de Louis XIV fut réputée pour être la plus polie le l'Europe.

Mais appelée par la marche de l'esprit humain à ntrer plus largement dans l'ère nouvelle, déployant es ailes à l'école de Brienne, la politesse égala toujours génie du grand capitaine. L'héritier de tant de graneur, saluant la France entière à son passage solenel, Napoléon III offrait dans cette grâce indicible ui le suivait sur les marches du trône l'image la plus raie, la plus touchante de ses hautes sympathies pour utes les classes de la société, de son amour pour us les Français.

La politesse prévient souvent des conflits, des luttes et des procès; elle révèle une modération indispensable dans toute discussion; tout esprit qui se possède est maître de ses idées, c'est un des éléments de l'art de persuader.

Que dis-je? la politesse a pénétré de nos jours dans la force armée, et chaque jour on voit les héros de l'ordre accroître les éléments de paix et de sécurité.

La politesse peut même exercer son empire sur plus d'un cœur coupable: entre autres exemples de cette vérité, il en est un qui doit nous frapper: une bande de malfaiteurs s'étant introduite la nuit dans le château de Montaigne, célèbre philosophe du XVIe siècle, le sage comprit d'abord l'unique ressource de sa position; il invita immédiatement ces hommes à figures rébarbatives à se mettre à table, il servit lui-même ses nouveaux convives avec une largesse, un entrain, une générosité qui les toucha sensiblement. A la fin du repas, le chef s'adressa à sa troupe, et lui dit: Camarades, nous devons respecter cette maison, nous en sortirons comme nous y sommes entrés. — Vous avez raison, capitaine, s'écria le plus grand nombre; on ne saurait avoir le courage de faire du mal à qui ne fait que du bien, et surtout avec autant de grâce et de bonhomie.

Qu'on s'efforce donc d'étendre dans l'enseignement comme dans l'éducation de famille, cette brillante qualité extérieure sur toute l'échelle sociale, qualité qui a d'ailleurs sa source dans le cœur; inséparable de tout acte de justice et d'humanité, la politesse sera un grand élément de régénération.

On s'étonne, néanmoins, à la vue du progrès, de

la marche lente et tardive de l'enseignement public dans un grand nombre de contrées. Mais il suffit, pour se rendre compte de cet état anormal, de reconnaître qu'en 89 on trouvait à peine dans chaque commune un homme qui sût lire et écrire, et que l'esprit de parti paralyse sans cesse dans ces localités l'essor de l'éducation populaire ; là, aussi, les améliorations morales et matérielles sont dans un état presque de négation entière.

Au milieu du *stâtu quo* de l'ignorance qui est le grand instrument des hommes rétrogrades, il importe de constater les efforts de l'Université fondée en 1808; fondation qui révèle la profondeur et l'élévation du génie de son fondateur.

De cette grande institution sortirent une foule innombrable d'esprits distingués, de talents supérieurs, d'illustrations immortelles appartenant à toutes les classes de la société ; les sciences, les arts, les lettres reçurent un nouvel éclat ; le commerce, l'industrie lui doivent leurs principales merveilles, la prospérité publique une extension, une durée dont on ne trouve l'exemple qu'au XIXe siècle.

De ce nouveau foyer de lumières les nouvelles institutions jaillirent plus grandes, plus équitables et plus fécondes ; ainsi l'on ne vit plus la France changer de législation à chaque règne, ou rester immobile dans l'ornière ; ni les prévarications ni les malheurs de la patrie ne purent en arrêter la marche ascendante, l'esprit humain déploya sous ce drapeau toute sa nature de progrès.

L'Université, toujours logique dans ses œuvres, donne depuis son origine des éléments toujours nouveaux de simplification, de perfectionnement; en tout elle unit la théorie à la pratique; chaque année scolaire élève le niveau des études.

Mais il fallait à ce corps enseignant un principe de vie qui ne pût ni dégénérer, ni mourir; il fallait faire des hommes pour avoir des hommes dans toutes les classes de la société, et les écoles normales sortirent de cet axiome sublime et profond.

L'Université, enfin, est le berceau de la nouvelle France dans tous ses développements de droit, d'obéissance et de respect pour la législation nouvelle; la loi laïque, cette grande expression extérieure de la Providence, grandit et se fortifie à l'ombre de cet enseignement.

Grâce à ce progrès réel, à côté de ce grand élément civil s'élève un autre élément indispensable à la dignité humaine, le progrès religieux dans une plus grande somme de lumières et de vérité, de zèle et d'amour, stimulants précieux et féconds qui renferment tous les caractères de la civilisation, et seront toujours la plus haute garantie, la perpétuité du monde civilisé.

Mais après avoir jeté un regard sur l'éducation de l'homme, il est indispensable et urgent de reconnaître qu'il n'est pas seul dans l'humanité; l'Être souverain dans son essence créatrice et divine ne pouvait laisser son œuvre imparfaite dans l'ordre physique et dans l'ordre moral; il fit du genre humain deux moitiés égales en dignité; de cette identité naquit l'union légitime de l'homme et de la femme.

Ce n'est donc point en vain que la femme est douée de facultés, facultés nobles comme celles de l'homme, pour penser, raisonner et agir librement; or, pour elle aussi, le don de la parole se rattache infailliblement au don de la pensée : solution claire et incontestable sur l'éducation de la femme, cette éducation doit s'élever à la hauteur de sa nature et de ses attributions.

Ce problème est sans doute résolu depuis longtemps, et s'il est resté sans application sur une si large échelle, il faut en accuser l'ignorance et les préjugés des temps.

M. de Fénelon a écrit sur la nécessité de cette éducation; sa voix ne fut pas entendue, les hautes régions dominaient souverainement, le peuple était compté pour rien. J.-J. Rousseau n'écrivit pas avec moins d'éloquence sur cette matière, on fut également sourd à sa parole. Quel écrivain a mieux compris le cœur de la femme, apprécié son service intérieur, son esprit pénétrant et subtil? Un siècle s'est écoulé depuis que le philosophe de Genève signalait de honteux désordres, la société s'est-elle sensiblement améliorée? On flétrit avec raison cette période du moyen-âge où l'on doutait si la femme a une âme; est-elle mieux respectée de nos jours? Dans ces temps malheureux elle était avilie par excès d'ignorance; au sein des lumières, elle est exploitée par le luxe et la misère.

Suivez, suivez le cours de cette démoralisation; comptez, si vous le pouvez, le nombre des victimes, et vous reconnaîtrez si vos barrières ont été élevées à la hauteur des flots de la corruption.

Aussi absurde qu'injuste, on impose à la femme des devoirs, et on lui refuse les moyens de les remplir; on attend d'elle la vertu, elle est entourée de piéges et de séduction; élevée à la vanité pour plaire et se faire aimer, elle assimile le vice à la vertu; ainsi l'homme se fait l'ennemi de celle à qui il demande le bonheur.

Il ne s'agit pas ici d'un traité sur l'éducation de la femme; je n'en ai ni le temps, ni l'espace dans ce volume; le temps presse; il importe de constater, pour le moment, le désordre social où elle est condamnée à vivre, et dont on s'efforce de la faire un des principaux instruments.

Remarquez bien que partout où les femmes sont ignorantes, elles sont esclaves, et les nations restent dans la barbarie; or, l'ignorance de la femme n'est pas seulement un vol fait à l'humanité, mais encore un sacrilége.

Dans une société bien organisée, l'éducation doit s'étendre, rayonner sur tout l'horizon social; appelés par les lois divines et humaines à s'unir, l'homme et la femme doivent avant tout se comprendre et s'estimer dans un esprit de réciprocité. L'homme commence sur le sein de la mère, mission sublime qui se définit d'elle-même et appelle toute la sollicitude et la sagesse du législateur. La religion doit occuper une large place dans le cœur de la femme, Jésus-Christ est le cœur de l'humanité.

Sachons, néanmoins, distinguer cet esprit religieux qui est l'âme des devoirs, de cette dévotion tracassière, amère, haineuse, esclave des formes, qui condamne tout ce qui n'est pas elle; toujours préoccupée des défauts d'autrui, elle se donne pour règle de conduite.

C'est en effet dans la fausse dévotion qu'on rencontre le plus d'intempérance de langue ; elle affiche de fausses vertus qu'elle impose comme loi de l'Évangile. Combien de mères négligent les soins de leur famille, dans l'ignorance d'une véritable piété ! Clément XIV, pape, a dit quelque part, que cette austérité apparente, ces démonstrations dévotes qui ne sont pas soutenues par les actes, jettent sur la religion la dérision et le mépris.

La femme vraiment pieuse s'inspire de la charité pour faire le bien, elle ne respire qu'amour pour le prochain ; et sobre de blâme, avare de faux jugements, elle voit souvent des vertus où l'hypocrisie se plaît à chercher et à voir des vices.

Oh, combien la charité chrétienne est sublime ! quelle puissance elle exécute sur le cœur de la femme ! C'est elle qui fait ces héroïnes des hospices, qui leur donne ce dévouement, les pénètre de cette abnégation qui leur fait abandonner les commodités, les douceurs de la vie sociale, et qui impose le sacrifice des vanités du monde au service de l'humanité souffrante.

Honneur, gloire, vénération à ces bienfaitrices, que la religion seule a le secret d'inspirer, d'armer de cette force qui trouve la récompense dans le mépris des plaisirs et des biens d'ici-bas !

Dans ces asiles saints et sacrés ne se borne point la bienfaisance ; on voit des femmes du monde surmonter les dégoûts, vaincre les répugnances, braver les injures pour pénétrer dans un galetas, arriver au grabat du vieillard, interroger tous les lieux infects, accomplir partout de bonnes œuvres, et répondre à l'ingratitude par de nouveaux bienfaits ; ces bienfaits sont le miroir des belles âmes.

Mais à côté d'un cœur tendre placez la lumière; l'aveugle tendresse des mères est souvent un obstacle à l'éducation des enfants. Plus une mère est faible, plus l'enfant est impérieux et exigeant ; cette faiblesse donne l'essor aux mauvais penchants que l'homme apporte en naissant, et arrête le germe de toutes les vertus ; l'enfant sera toujours ce qu'on l'a fait.

Premier dépositaire, gardienne assidue des biens de la famille, l'amour du travail, l'ordre et l'économie doivent être les principaux éléments de l'éducation de la femme; ni esprit, ni science, ni talent ne sauraient suppléer à ces vertus domestiques qui sont les véritables trésors des familles. Une maison d'ordre est le trône de la femme ; sa bonté, sa patience et sa douceur fondent un empire sans bornes ; jusqu'aux passions mauvaises, tout dépose les armes aux pieds de cette reine des vertus.

On s'est attaché dans les maisons d'éducation à former les filles des familles riches à ces qualités solides sans lesquelles toutes les fortunes s'écroulent; la fille de l'ouvrier en a été seule exclue, de cette exclusion naquirent souvent la misère et la corruption.

L'enseignement dans les campagnes n'a pas été moins déplorable; la fille du cultivateur ne recevait aussi qu'une légère superficie du sentiment religieux, de ce principe conservateur des mœurs; privée d'une instruction élémentaire indispensable à toutes les conditions, étrangère aux plus simples notions de la vie sociale, ignorant même les moindres travaux de l'aiguille, en un mot, sans état, c'est dans cet équipage d'ignorance qu'elle demande aux cités son bien-être, son avenir et son bonheur.

Ce n'est donc pas sans dessein, ni pour faire un roman que j'ai donné dans le chapitre troisième quelques détails sur la dégénération de la villageoise à la ville, mais c'est pour démontrer avec une certaine exactitude et convaincre que le vice est toujours plus près voisin de l'ignorance que le savoir; ce sont plus encore que des démonstrations, nous sommes tous les jours témoins de ces faits.

Quoique la femme ait droit comme l'homme au talent, l'étude des sciences n'est pas positivement sa spécialité; sa vie modeste, ses travaux intérieurs inhérents à sa nature, et plus encore sa qualité de mère, lui ferment cette haute carrière. Représentez vous cette femme tranchant du bel esprit, tenant salon tout le jour pour faire une brillante réception aux artistes et aux savants; on estimera sans doute sa vaste érudition, mais ses créanciers ne tarderont pas à lui apporter la balance du crédit et du débit de sa maison.

Les femmes savantes ne sont pas ridicules par cette qualification, mais par le trop de prétention qu'elles apportent à la science; elles sortent de leur sphère en sacrifiant leurs plus chers intérêts.

Néanmoins, ainsi que je le démontrerai au chapitre cinq, la femme est appelée aux affaires; elle succède, elle devient tutrice. Or, des notions diverses, des connaissances relatives à toutes ces situations, même à des éventualités qui paraissent étrangères à son sexe, lui sont indispensables; comme l'homme elle a des droits, l'égoïsme à combattre, l'iniquité à repousser; ses droits sont inséparables de ses devoirs. Elle a besoin, aussi, de s'affranchir des idées fausses, des mauvaises doctrines qui l'environnent, de s'armer de courage et de résolution contre les revers, de conserver sa dignité dans le malheur.

Les combats les plus redoutables de la femme sont la résistance à opposer au mépris, à l'injustice des hommes; plus ils sont imparfaits, plus elle a besoin de force; ses plus cruels ennemis ne sont pas dans sa faiblesse. La femme forte ne ressemble en rien à l'homme puissant, elle le modifie même dans ses passions par sa sagesse, par sa patience et sa douceur : victoire digne des plus grands héros.

Un homme vivait en concubinage jusque sous le toit conjugal, et la concubine était servie par la femme légitime; ce joug humiliant et cruel, (disons mieux: il n'a pas de nom), fut supporté avec une résignation admirable, résignation de la honte. La vertu triomphe enfin du vice; un jour le mari, honteux de ses désordres en présence de sa victime, se prosterne aux pieds de son épouse et lui dit: femme adorable, j'ai méconnu trop long-temps les charmes, la légitimité de ton empire; pardonne-moi, c'est moi maintenant qui suis le plus châtié de mes coupables égarements ! Tout fut dit, et le traité de paix resta inviolable.

Il y a sans doute très-peu d'exemples de cette nature, car une femme dédaignée surtout dans ses droits les plus chers et les plus sacrés pardonne difficilement; mais cet exemple démontre sur une échelle de proportion l'influence de l'éducation de la femme.

Le besoin de cette influence se fait sentir plus fréquemment encore dans les classes ouvrières, elle est la seconde clef de leur bien-être.

On ne saurait assez comprendre tout ce qu'il y a de fin, de délié dans l'esprit de la femme, de noble dans son cœur. Comme à l'homme, donnez-lui des instruments pour faire le bien, elle sera ce qu'elle doit être ; cet art dont la nature l'a douée pour se défendre de la force, ne dégénèrera pas en perfidie, il sera un bienfait.

Que ces instruments soient également répartis sur l'éducation des habitants de la campagne, et vous verrez de toutes parts les sources de la prostitution se resserrer sur leurs rives et s'amoindrir dans leur profondeur.

A tous les points de vue l'influence de la femme est incontestable ; elle ne fait pas la loi, mais elle est le cœur de la famille pour faire obéir dans la mesure de ses attributions et de sa puissance ; par sa tendre et infatigable sollicitude elle en resserre tous les liens, c'est le premier canal de l'amour divin.

Sa prévoyance s'étend à l'infini: voyez-la au salon, à la cuisine, à table; le nombre et la qualité des convives ne sauraient l'embarrasser ; elle voit tout sans paraître ne rien voir, et celui qui mange avec plaisir et ce qui manque au goût d'un autre. L'homme veille et observe matériellement les convenances, la femme prévient; comme lui, elle réunit dans sa conversation l'utile et l'agréable; modeste, pénétrante et sage, après avoir partagé les couronnes de la soirée, elle met sur le compte de son mari tous les honneurs de la fête.

Selon que vous ferez la femme, la société sera : c'est-à-dire, elle sera une société organisée selon les sages lois de la nature, une société indéfiniment progressive par la morale et l'intelligence, une société véritable base de la civilisation, dont le progrès est inséparable de la mission de la femme, et nous avons reconnu que le principe de cette mission est dans son cœur, ligne droite à suivre sous peine de dégénération.

Dans l'antiquité comme dans les temps modernes quel législateur s'est pénétré de cette vérité fondamentale de l'ordre social? Toujours l'esprit et le cœur de la femme ont été façonnés, pliés, subordonnés d'une manière plus ou moins absolue à l'esprit, aux mœurs de la nation qu'on se proposait de former. Plus ou moins barbares ou civilisées, jamais deux nations n'ont possédé entre elles l'esprit d'unité, elles furent toutes préparées à l'esprit de conquêtes ou d'immobilité absolue; aucune ne saurait nous servir d'exemple de civilisation au dix-neuvième siècle.

Lycurgue, pour garantir le peuple Spartiate de toute corruption, de tout contact avec les autres nations voisines, donna à sa patrie des lois d'une rigueur que la nature et la morale même condamnent, lois qui imposaient les plus grands sacrifices au cœur maternel. En voici un exemple frappant: Donnez-moi des nouvelles de la bataille, dit une femme de Sparte à un de ses ilotes. — Vos cinq fils sont morts, répond ce dernier. — Vil esclave, t'ai-je demandé cela! nous avons remporté la victoire. Allons en rendre grâce aux dieux, s'écria la mère avec enthousiasme.

Eh bien, on reconnaît dans ce trait une bonne citoyenne, mais on n'y voit point de mère; et l'esclave ne suivait-il pas mieux les lois de la nature que la prétendue femme libre? Ne prouve-t-il pas que tous les hommes naissent libres et par le cœur et par l'esprit, et que la servitude est un état de dégénération de la nature humaine, imposé par les lois des hommes?

Passons à la république d'Athènes. Les femmes athéniennes étaient diamétralement opposées de goût, de genre de vie etde mœurs avec les femmes de Sparte ; elles avaient toute la légèreté de leur nation.

Les dames romaines paraissaient plus respectables dans les temps où le peuple romain avait des censeurs de ses mœurs ; aussi l'on vit naître avec éclat les Régulus, les Cincinnatus, les Torquatus, les Scipion l'Africain, les Camille, et tant d'autres grands capitaines, aussi purs de mœurs qu'intrépides défenseurs de la patrie ; mais Rome commençait ses conquêtes et n'avait pas d'autre esprit. Les sciences et les arts étaient bannis de l'empire romain, et la nation romaine resta à demi barbare durant quelques siècles, pour passer à un état d'effroyable corruption jusqu'à la chute de l'empire.

Si nous parcourons la monarchie française, partout nous voyons également les femmes à la hauteur des siècles ; Frédegonde et Brunehaut étaient des modèles de barbarie, quoique habiles dans l'art de gouverner. Mais, comme tous les temps, le moyen-âge eut ses exceptions, et la reine Blanche donna saint Louis à la France. Sous François Ier, commença le règne de la politesse et du bon goût ; les dames parurent avec éclat à la cour, tout paraissait digne de la renaissance. Madame de Sévigné ne pouvait naître que sous les grandeurs de Louis XIV ; Madame de Staël faisait l'entrée triomphale du beau sexe au dix-neuvième siècle.

C'est dans ce siècle que tout se popularise devant le système de l'égalité, c'est-à-dire de l'égalité de justice, la seule possible et dans l'ordre de la nature. Aussi, la femme a reconquis ses droits; le développement de son intelligence et de toutes les qualités du cœur en sont les prémices.

Tout doit grandir dans la civilisation émanée de la lumière du Catholicisme; le progrès moral et le progrès intellectuel s'identifient, ils sont inséparables de leur nature sous l'empire du Christianisme dans sa toute puissance; c'est le flambeau sans privilége.

Sous le règne de l'unité des institutions, on ne dira plus: l'esprit et les mœurs des nations sont inhérents aux climats. Erreur grave et profonde! Tout se modifie et dégénère relativement; l'Afrique était civilisée au IVe siècle, l'aigle du grand Augustin planait sur ces contrées brûlantes; l'empire de Bysance florissait sous l'antique Grèce, mais la loi du sabre a tranché partout les questions civiles et religieuses.

Ainsi, la nation française remplissant une mission dont aucune autre n'avait pris l'initiative, s'inspirant des vertus des anciens sans en accepter les vices, l'influence de la femme passant de la famille à la société tout entière, l'instruction ne sera plus exclusive; ce sera l'éducation de la France; alors il y aura justice à donner à la femme une part de responsabilité, sans elle pas de régénération possible.

Oui, tout aura changé de face, jusqu'à la courtoisie; ce ne seront plus des chevaliers dans les tournois, déposant aux pieds de la beauté les victimes de leur courage, et demandant à l'être le plus sentimental le prix du sang comme un gage d'amour; les dames du XIXe siècle ne couronneront que la valeur accompagnée d'un esprit de justice et de sentiments d'humanité.

Nous devons considérer que c'est à tous les points de vue de l'ère nouvelle, que notre auguste Souveraine a consacré à l'amélioration morale et matérielle des orphelines de la fortune, les six cent mille francs dont le conseil municipal de la ville de Paris s'est empressé de faire hommage à Sa Majesté l'Impératrice des Français, pour célébrer la solennité de son illustre union; patronage de bonnes œuvres, unique en France, et qui prouve que la femme est digne de s'associer à tout ce qu'il y a de grand dans l'humanité!

CHAPITRE V.

Du Commerce.

Nous venons de reconnaître au chapitre précédent que de l'Université est sortie une grande lumière ; que ce vaste foyer de progrès a déployé sur toute la France les forces vives du travail, véritables principes d'ordre social proclamés par l'immortelle révolution de 89 ; élément fécond du commerce libre, ce foyer a donné l'impulsion à toutes les intelligences ; c'était l'aumône de la féodalité remplacée par la prévoyance, la raison succédant à un système d'abus sans contrôle, une obéissance éclairée à une aveugle soumission.

Oui, le commerce libre, ce moteur puissant, universel, affranchi des entraves, des iniquités du privilége, a donné à tout la vie et le mouvement ; fondement de la prospérité des peuples les plus célèbres de l'antiquité, il est non seulement pour les nations modernes une source inépuisable de bien-être et de sécurité pour toutes les classes de la société, mais encore un auxiliaire puissant de la morale et de la religion, une des bases fondamentales des plus sages institutions, un grand élément civilisateur.

Le premier bienfait du commerce est d'imprimer à l'agriculture, source constante et féconde de la richesse nationale, le plus grand essor, en mettant en valeur tous ses produits, en les multipliant à l'infini par une consommation infinie; en fournissant au laboureur des instruments pour la perfection de son art; en le perfectionnant lui-même par les relations d'affaires, par le contact des hommes sages et éclairés dont les cités sont peuplées, par tous les principes de sociabilité, ainsi qu'en élargissant les rayons de l'école; en un mot, en déployant à ses yeux tous les trésors de la civilisation dont il ne connaissait que le nom et dont il n'a jamais vu que l'ombre.

Pour donner aux affaires une activité constante, plus régulière, plus rapide, le génie commercial a créé diverses valeurs sous diverses formes, mais toutes en harmonie; celle qui les couronne toutes a une source plus abondante, elle surgit chaque jour des entrailles de la terre. Ainsi nous voyons les métaux dociles à la main de l'homme se réduire aux proportions les plus simples, les plus mobiles, se soumettre parfaitement à un des plus beaux systèmes de la science moderne, le système décimal régulateur du système métrique; les capitaux sont donc à leur tour une grande force motrice, un centre commun des intérêts particuliers et généraux à la hauteur de tous les besoins, de tous les temps, de tous les peuples, de tous les États.

C'est encore par les inspirations du commerce libre que les sciences et les arts interrogent avec une plus grande activité la nature, qu'ils lui demandent ou lui arrachent ses secrets, et qu'ils pénètrent dans son sanctuaire pour y découvrir de plus hautes vérités: vérités qui grandissent et honorent l'humanité; qu'ils étalent aux yeux de l'univers les merveilles de la créaion, et montrent partout le doigt d'une sagesse surême. Voyez-vous aussi le commerce peupler les riages et les déserts, couvrir les mers d'habitations ottantes, distribuer au monde les produits immorels des artistes et des savants, universaliser les œures de l'esprit humain.

Mais pour étendre ce mouvement de l'humanité, le ommerce appelle sur l'échelle des affaires et de toutes es industries, tous les bras, toutes les intelligences, outes les vertus; il commande l'instruction des deux exes dans le cercle le plus large des besoins sociaux, l multiplie les célébrités; et si dans l'espace des siècles, le trône, la politique, la guerre même, ont donné des femmes illustres, le commerce en dote ous les jours la France de très-habiles aux affaires; beaucoup, même, en sont la tête et le bras. Fidèle ux droits de l'humanité, en appelant le concours de outes les facultés de la femne, il modifie sa condiion par l'union des grâces aux talents; il révèle toute a dignité de mère, de nourrice, de compagne de 'homme, et réhabilite cette moitié du genre huain que l'ignorance orgueilleuse de nos ancêtres ne royait propre qu'au plaisir et à la servitude. Oui, lui reconnaît une âme, cette émanation de la Diviité d'où découlent toutes les vertus; il l'associe aux lus nobles travaux de l'homme et par l'esprit et par cœur; enfin, grâce au progrès, l'intelligence et le avail ennoblissent tout, et la femme de l'homme telligent et laborieux est infiniment plus honorable ue la maîtresse du plus grand roi de la terre.

Que d'améliorations surgissent des relations comerciales, et par les échanges et par la diversité des productions ! Le sol mieux cultivé, plus fertile, répare les calamités des intempéries des saisons, supplée souvent à la nature, et donne l'abondance aux contrées les plus disgraciées.

Que l'on se représente la France au moyen âge, son territoire à moitié inculte, à moitié moins peuplée que de nos jours, souvent en guerre avec ses voisins, ou pour une rivalité de dynastie, ou par haine nationale, ou bien encore par les luttes intestines des seigneurs, et l'on comprendra la cause de ces épouvantables famines, suivies d'autres fléaux, que l'ignorance des peuples rendait encore plus désastreux ; ils faisaient surgir les désordres publics, et laissaient un germe de haine et de divisions, qui ont fait de l'ancienne monarchie le théâtre perpétuel des guerres civiles et des révolutions. Pour comble de maux, la législation était alors aussi aveugle, aussi cruelle que le crime, et la sagesse de quelques bons princes n'a fait qu'atténuer ses vices pendant leur règne ; les peuples n'étant point à la hauteur des sages lois, celles-ci sans orces et sans appui, dormaient sur la tombe du législateur !

Mais le commerce ne borne point sa mission pacique à établir l'union des membres d'une nation ; l étend son unité de peuple à peuple, il développe et odifie l'esprit de liberté ; les mœurs perdent leur aractère sauvage et dur, les préjugés s'affaiblissent, 'effacent et font place à un sentiment de dignité, e modération et d'équité, qui naît de toutes parts l'ombre de la paix et des sages institutions.

Le commerce est donc de sa nature ennemi de l'effuion du sang humain ; il ferme les portes de la guerre change en vrais amis les peuples que des haines aveugles, injustes, barbares, font égorger au nom de la patrie, de la religion et de l'honneur. Il rend impossibles aussi tout despotisme, tous les systèmes oppresseurs mis en usage pour anéantir l'esprit de nationalité, pour arrêter dans sa source l'esprit de réforme, paralyser la marche de l'humanité dans ses principes d'intelligence et d'équité, pour la fermer dans un cercle de fer et la condamner à un état permanent de dégradation. Le temps est arrivé, il vient d'éclore, où les souverains des peuples civilisés, les chefs des grandes nations s'entendent pour repousser toute agression inique et barbare, pour ne faire la guerre que du consentement de leur nation respective, en un mot, ne combattre que pour la paix.

Quand la guerre est indispensable, elle doit se faire pour maintenir l'intégrité des États, la dignité des empires et châtier les agresseurs.

Mais quelque nécessaire que soit la guerre, elle est toujours un mal, elle corrompt les mœurs par sa licence et par ses excès; sans cesse suivie de calamités, elle trouble la marche des institutions, elle les dénature; souvent elle en arrête l'essor, et ne laisse que des ruines aux vainqueurs et aux vaincus. La France en a subi plus d'une fois l'épreuve, notamment à la fin du long et glorieux règne de Louis le Grand, où tout ne fut plus, après tant de succès, qu'humiliations et abaissements. La paix au contraire se perpétue toujours par le commerce dans les meilleures conditions; elle augmente la richesse nationale, réforme, adoucit et régénère les mœurs, elle triomphe sans faire de victime. Que dis-je? elle perfectionne tout; en multipliant les hommes, elle les rend producteurs et consommateurs tout à la fois ; elle classe les intelligences, ordonne le travail, fait disparaître les plus cruels préjugés avec l'ignorance, et détruit, pour l'honneur de l'humanité, ce jugement absurde et barbare : il y a trop d'hommes !

Reportons les bienfaits du commerce en des temps plus reculés, et sans faire une longue énumération des peuples sauvages ; il suffit de remonter aux émigrations du nord ; de ces terres glacées par l'ignorance, sortirent, depuis le IVe jusqu'au XIIe siècle, une multitude de nations qui demandèrent au midi de l'Europe un sol plus riche, un climat plus doux, et ne laissèrent derrière elles que des traces de barbarie. Aujourd'hui, les descendants de ces mêmes nations, fixés par le commerce sur le même sol, sous l'influence du même ciel, rivalisent de bien-être et de civilisation avec les autres États de l'Europe marchant au progrès.

Le commerce ne devait pas seulement étendre ses conquêtes sur le vieux monde, il a porté sa puissance et ses bienfaits sur une autre hémisphère ; là, à l'exemple de l'Évangile, il appela sous sa bannière sans distinction de culte et de génie toutes les nations ; il leur ouvrit toutes les voies de prospérité et de civilisation qui font de nos jours une seconde Europe de l'Amérique.

Mais l'union des deux mondes n'a pas été seulement l'œuvre des intérêts politiques et matériels ; la religion a porté à ces nations lointaines, plongées dans l'idolâtrie, son dogme et sa morale sans lesquels il ne saurait exister de sage liberté, de véritable civilisation.

Il n'est aucune contrée sauvage, point de terres fertiles ou disgraciées par la nature, archipel ou continent, cap ou détroit, où les bienfaits du Christianisme ne doivent leurs premiers succès au génie, aux efforts constants, à l'activité infatigable, à l'intervention du commerce. Voyez ses vaisseaux parcourant le globe, transportant les missionnaires dont la parole et l'exemple changent tous les jours des peuples barbares en peuples de frères.

Que l'on considère la différence de ces hommes admirables de désintéressement, d'abnégation profonde, de charité ardente, de vertus sublimes, à cette fureur aveugle des croisades dont l'ambition était le principal mobile; chrétiens aussi barbares que les infidèles qu'ils allaient combattre, ils n'ont laissé de leurs pieux exploits que le souvenir des plus coupables excès.

L'ignorance dénature tout.

Mais cette belliqueuse ardeur, qui embrasa l'Europe pendant plusieurs siècles, et que de nos jours encore les défenseurs du moyen-âge appellent enthousiasme de foi, a-t-elle répandu les germes féconds d'une sainte cause parmi les enfants de Mahomet? Les lieux immortalisés par la vie et par la mort de Jésus-Christ sont encore au pouvoir des ennemis du nom chrétien; l'origine des plus parfaites vertus est sans cesse souillée par les passions les plus brutales de toute une nation; la terre de l'affranchissement de l'humanité gémit sous le joug du plus vil esclavage; enfin, la patrie de la vraie lumière reste le séjour des ténèbres, tandis que l'Amérique est civilisée, libre et chrétienne.

Ce n'est donc pas aux ennemis des études classiques que le monde chrétien doit ses lumières, sa morale et sa grandeur. L'on doit remarquer aussi que depuis le commencement de la monarchie française, le Christianisme doit à la France le plus grand nombre, les plus zélés de ses missionnaires, mais que c'est au XIXe siècle qu'ils ont le mieux compris leur mission; ils ont réparé les maux que le fanatisme a fait au nom d'un Dieu de miséricorde; ils ont éteint la flamme du bûcher de l'inquisition, et régénéré plus de peuples que les plus grands conquérants en ont subjugués. La société nouvelle a donc produit malgré son égoïsme et sa corruption, plus de vertus réelles depuis cinquante ans que les quatorze siècles précédents. Il serait vrai de dire, il faut le reconnaître et l'avouer, que les trois dernières révolutions, abstraction faite des maux qu'elles ont causés, offrent à l'humanité une ère nouvelle qui affermit le principe religieux sur ses véritables bases.

Voyez l'Espagne dans tout son régime passé, même sous Charles-Quint, dont la puissance semblait commander au soleil de reculer ou d'avancer son aurore et son déclin sur les limites de ses vastes États: sans commerce, sans industrie, foulant aux pieds un sol favorisé des cieux, le peuple demandait en procession, le chapelet à la main, un morceau de pain à la porte des couvents; en possession des trésors du nouveau monde, sa misère resplendissait sur les mines du Potose et du Pérou.

Si nous rentrons dans l'intérieur, nous voyons chaque jour le commerce féconder les principes d'humanité sur une autre échelle non moins grande. Considérez cet immense système d'assainissement : les marais se dessèchent, les exhalaisons fétides se tarissent à leurs sources, les masures s'écroulent, les lieux infects où la lumière du soleil ne pénétrait pas plus que celle de l'esprit font place à des habitations saines et commodes. De toutes parts les quartiers s'élargissent et font respirer un air plus libre aux classes disgraciées et dont les mains ont élevé depuis tant de siècles de somptueux monuments à leurs oppresseurs. Ainsi, les sciences, les arts, tout ce qu'il y a de grand dans la nature, ne sont plus complices du despotisme; la demeure de l'homme est à la hauteur de la pensée; le marbre du privilége n'insulte plus la cabane du pauvre !

A tous les points de vue, on doit considérer le commerce comme le plus grand agent de la nature; audacieux dans ses entreprises, puissant dans ses effets, il brave la fureur des flots, toutes les mers sont soumises à son empire ; par ses lignes de fer il perce les flancs des montagnes, traverse leur sein, et soumet leurs têtes orgueilleuses aux améliorations de la plaine; il abaisse, il élève, il nivelle tout par la pensée et le travail; il rapproche toutes les distances, il peut être également un instrument de guerre et de paix.

Mais ce que nos pères n'auraient jamais voulu croire, et que comme nous, la postérité admirera, c'est le fluide électrique soumis aux plus exactes proportions de l'art, et fonctionnant dans toute la célérité de sa puissance primitive au service de l'État et du pays ; et le jour n'est peut-être pas loin où l'on pourra, des bords de l'Océan, souhaiter le bonsoir aux amis d'outre-mer, et apprendre immédiatement par le même courrier que nos frères d'Amérique reposent en paix.

N'est-il pas aussi digne de remarque que le commerce et les lettres doivent leur renaissance au même siècle; que l'imprimerie naquit de leur sein pour féconder leur génie et leurs bienfaits; que cette trinité humanitaire ferma les portes du moyen-âge, et qu'alors cessèrent les épreuves absurdes, iniques et barbares, du fer, du feu, du duel, dans l'administration de la justice pour juger les hommes.

Est-il permis d'oublier que la France dans ces temps de calamités de toute nature, d'effroyables désastres, en proie à la fureur des factions les plus sanguinaires, courbée aux trois quarts sous la domination anglaise, fut sauvée par les richesses et le patriotisme de Jacques Cœur, le plus habile négociant de son siècle ?

Dans ces temps reculés de civilisation où le régime féodal étreignait toutes les intelligences, absorbait toutes les sources de la richesse publique, et réduisait aux plus étroites limites le bien-être des classes laborieuses, il est heureux de rencontrer quelques princes habiles qui ont donné à l'industrie et au commerce une certaine latitude pour en faire un puissant auxiliaire de l'Etat. Par ces deux grands éléments ils parvinrent à organiser des armées permanentes pour la défense du pays, à établir un système financier plus régulier, sur une plus large échelle; leur autorité étant plus affermie, ils furent en état d'entreprendre des travaux d'utilité publique, d'élever des monuments plus en harmonie avec les besoins et la grandeur de la France. Ainsi la nation prospérait à l'ombre de cette puissance financière, morale tout ensemble, et les défenseurs de la patrie n'étaient plus à la charge des contrées qui avaient le malheur d'être le théâtre de la guerre.

Louis XI, dans le cours de sa plus cruelle tyrannie, ne cessa d'accorder au commerce et à l'industrie ses faveurs et sa protection.

A qui François 1er demandait-il des deniers pour répandre les dons de sa munificence sur les artistes et les savants? Au négociant et à l'ouvrier.

C'est encore par l'industrie et le commerce que furent réparés les maux de la France sous la paternelle administration de Henri IV, et qu'il lui fut permis de laisser quarante millions d'épargne au trésor public, sitôt dispersés par les favoris de son successeur.

Lorsque Louis XIV avait besoin d'argent, il s'adressait à Colbert; l'illustre ministre lui répondait: sire, donnez des fêtes, le commerce ne refusera rien à votre Majesté.

Oui, le commerce fut le nerf des grandes choses du grand roi, que dis-je? le foyer du soleil de l'ancienne monarchie.

C'est encore le commerce qui acquitta les trois milliards de dettes que l'immortel monarque a légués à la France, au sein de la plus profonde misère, des campagnes décimées par la guerre. Enfin, jusqu'en 89, il paya toutes les gloires, toutes les grandeurs, toutes les folies, toutes les corruptions du système ancien.

Que faisaient donc les classes privilégiées en présence de tant de bienfaits et de calamités? Elles demandaient tout et ne donnaient rien; elles jouissaient des immunités et laissaient au négociant, à toutes les classes laborieuses tout le fardeau des charges publiques.

Les classes laborieuses, comme je l'ai déjà dit, furent l'origine de la bourgeoisie, classe asservie depuis le commencement de la monarchie au mépris des lois divines et humaines, joug dégradant qu'elle brisa après quatorze siècles par l'immortelle révolution de 89, révolution qui fit disparaître les fondements de la féodalité et rétablit la société sur ses véritables bases. Sous l'empire de cette révolution la nature reconquit tous ses droits, les enfants succèdent au père sans aucune distinction; il les porte dans son cœur comme la mère les conserve dans son sein.

C'est en vain que la restauration a cherché à rétablir le prétendu droit d'aînesse, toute la nation indignée s'est levée comme un seul homme pour protester contre ce privilége de violation qui traîne tous les enfants d'un même père aux pieds du carrosse doré d'un frère qui n'avait d'autre mérite, d'autre vertu que le hasard d'être né le premier : privilége barbare qui forçait les sœurs à immoler leurs sentiments d'épouse et de mère à un homme issu du même sang et sans entrailles; patrimoine infâme arrosé des larmes et des sueurs de tous les membres de la famille; privilége impie qui commandait aux autels de recevoir des ministres sans mission, sans vocation inspirée des cieux, aux cloîtres des cénobites toujours pleins de l'amour du monde; privilége sans patriotisme qui vendait le soldat à la naissance du grade; privilége inique à tous les degrés, qui faisait de la magistrature une servitude des cadets de famille.

Sous le régime nouveau à chacun ses œuvres, le

vice seul est obscur; on ne demande plus l'origine, dans tous les rangs de la société l'homme est toujours reconnu homme, sa dignité naît avec lui, la gloire et l'honneur trouvent partout leur place. Le progrès, ce fils du ciel, a passé le niveau sur toute l'échelle sociale; la lumière se fait de toutes parts, la religion recouvre tous les jours sa légitime influence, on ne voit plus d'abbés de cour ; en tout on procède plus dignement au choix des missions. Oui, le dix-neuvième siècle a fait à tous les corps une restitution morale qui grandit progressivement avec l'esprit du temps, les besoins de la France dans son présent et dans son avenir. La noblesse elle-même, plus sympathique pour les classes laborieuses, a perdu ce caractère tranchant qui paraissait en faire une autre nature d'homme;elle jouit d'un respect, d'une sécurité qu'elle ne peut attendre que des lumières de la nation. La magistrature à son tour, a renoncé à cet esprit frondeur des anciens parlements, à cette hostilité contre le pouvoir souverain, si funeste à la prospérité du pays ; fidèle aux lois de l'Etat, toute dévouée aux saintes lois de la justice, elle protège chaque jour la société contre les attentats de toute nature. Les défenseurs de la patrie sont tous aussi dans notre siècle des enfants de la France et ne sont plus des machines de guerre vouées aux caprices des dynasties; fidèles au principe d'autorité ils sont l'appui de la souveraineté nationale, les vengeurs des peuples opprimés, des héros de la civilisation; chaque jour l'armée donne des preuves de son dévouement aux institutions du pays, à sa dignité et à sa grandeur.

Du respect de tous les droits, de la voie ouverte à

l'accomplissement de tous les devoirs, surgit un véritable amour du bien public, cette noble harmonie des intérêts légitimes; de tous les corps qui constituent la société, et qui sont l'âme de l'unité nationale, découle le grand principe civilisateur dont la France commence à offrir l'exemple à l'univers.

De cette grande révolution naquit aussi le morcellement de la propriété, source inépuisable de progrès agricole, de développement commercial et industriel, large voie ouverte à la prospérité publique par l'intelligence et le travail qui rendent à l'héritage son véritable caractère, à l'héritier la justice et le bon droit.

Ainsi, toutes les classes de la société affranchies sur cette échelle nouvelle, les fonctions, les grades, les emplois restitués au mérite, à la valeur, à la capacité, les intérêts moraux et matériels réunis, s'élargissant sans cesse dans l'ordre social, sont aujourd'hui des principes reconnus par l'Europe civilisée, pour devenir plus tard universels.

Voilà l'œuvre de la bourgeoisie devenue souveraine dans son intelligence; arbitre de ses travaux, indépendante des corps privilégiés, elle a brisé toute la chaîne des vieux temps pour relier les intérêts les plus chers dans le faisceau de l'unité nationale; œuvre de dignité, de grandeur morale qui a sa source même dans la Divinité pour le progrès religieux; œuvre d'affranchissement à tous les degrés de l'échelle sociale, et qui par le commerce libre a donné un essor infini à la prospérité publique.

Voyez la France sillonnée de magnifiques routes, d'embranchements dans toutes les directions; toutes ces voies de communication ferrées et d'autre nature, objets de perfections constantes, d'une sollicitude infatigable, ne sont pas seulement des bienfaits matériels; ils présentent encore sur toute la ligne une sécurité morale, de transactions, des points de contact à l'infini où les populations apprennent à se connaître, où elles sympathisent et s'améliorent, elles s'unissent par le cœur et l'esprit pour concourir aux développements des institutions.

Ce ne sont plus ces forêts immenses, profondes, ténébreuses du moyen-âge, asiles de tous les crimes, siéges permanents des guerres civiles, antres de toutes les immoralités, où les seigneurs rebelles demandaient souvent des auxiliaires dans leurs actes d'hostilité contre le pouvoir royal et dans leurs guerres intestines; là était le gîte de tous les instruments de division dont se nourrissait l'ambition des ennemis de l'ordre, portes toujours ouvertes aux ennemis extérieurs qui plus d'une fois envahirent le sol à la faveur des premiers.

Non la France n'est plus ce sol inculte, image trop fidèle des steppes de la Russie, où souvent le silence des tombeaux et des déserts annonçait le terme de la guerre en reculant les limites de la servitude; au dix-neuvième siècle la même France placée sous le même ciel est la terre privilégiée de la liberté, de l'intelligence et du travail, n'obéissant qu'à une seule puissance souveraine, puissance d'ordre et d'unité qui règne pour toute la nation et donne à tout le même esprit de vie de présent et d'avenir, terre féconde traversée tous les jours par les courriers du progrès, dispensateurs des éléments de régénération.

Le commerce élève ses attributions, sinon dans la forme, sur un horizon plus moral encore; il s'associe aux pompes et aux solennités religieuses; cet éclat qu'elles lui empruntent ajoute au prestige de la pensée chrétienne; c'est l'hommage extérieur que l'art et la nature rendent au Créateur.

On ne saurait revenir trop souvent sur le passé, pour considérer les améliorations apportées par la grande révolution, d'abord dans l'unité de la législa-ion qui est la mère de toutes les unités. Qu'on se retrace toutes les difficultés, les entraves éprouvées dans es affaires par la diversité des poids, des mesures, des nonnaies, émanant de toutes les juridictions seigneu-iales, la multitude des procès qui en étaient la suite, t dont les suzerains étaient souvent juges et parties. C'est en vain que des princes amis de la justice et le la vérité cherchèrent à établir cette uniformité ndispensable à tous les intérêts; ces petits souverains 'opposaient aux réformes qui tendaient à fortifier 'autorité royale, à développer le bien-être des classes aborieuses; leur puissance ne pouvait, sinon ne sa-ait se soutenir qu'à ces conditions; or, tout nous rouve que le régime féodal est le gouvernement qui ivise le plus.

Il n'appartenait qu'à cette grande révolution de riser toutes ces idoles despotiques, de renverser les utels de ces faux dieux, de rétablir l'unité de pou-oir, de grouper autour de ce grand centre de puissance égitime tous les éléments unitaires qui constituent la rospérité d'une nation: entre autres, elle a doté la rance du fameux système métrique, système admi-le de clarté, de précision et de simplicité, qui modifie sur une large échelle les mathématiques et les sciences qui s'y rattachent; de ce système est sortie l'unité monétaire, système qui réduit toutes les opérations de calcul à leur plus simple expression, dégage les affaires de beaucoup d'entraves, de subtilités frauduleuses, système destiné à s'universaliser.

Sur le sommaire du commerce, nous devons principalement remarquer la nature d'instruction qui le féconde, la spécialité dans les affaires, les éléments généraux d'une bonne, d'une sage administration. Le commerce est à la fois une science et un art, il se rattache à la nature entière, ou plutôt c'est la nature mise en exploitation. Or, il réclame une grande somme de connaissances spéciales à divers degrés; l'étude des mœurs ne doit pas rester étrangère au succès de certaines entreprises commerciales; le génie des peuples, leurs institutions et leur progrès, les productions de diverses contrées, les vicissitudes industrielles, tout est du domaine d'un négociant actif et intelligent; tout doit être progressif dans la nature de ses affaires et suivre pas à pas l'esprit du siècle et les besoins du temps; les langues des différentes nations connues, doivent entrer comme un élément indispensable dans le commerce français, je connais beaucoup d'insuccès en l'absence de cette vie des peuples; la langue maternelle surtout, tout commerçant doit être au moins correct, clair dans tous ses rapports, et son style quoique succinct, ne doit manquer ni de convenance, ni de grâce.

Qu'on n'oublie jamais que le commerce s'est élevé sur les ailes des sciences, qu'il doit grandir avec elles; la chimie, la physique ont une large part dans cette voie progressive ; la mécanique y occupe une belle place ; et sa sphère étant dans l'ordre direct des mathématiques ne saurait s'arrêter dans cette ligne droite des sciences sans fausser sa marche et paralyser ses succès ; elle donne un esprit de justesse, de précision qui prévient beaucoup d'accidents; elle féconde l'industrie et abrège les travaux. Mais quel que soit l'éclat de la carrière commerciale, il faut avant tout savoir compter ; le véritable négociant est prudent dans le placement de ses capitaux et de ses marchandises. Il ne doit point s'éblouir des succès d'un jour ; cette illusion est souvent fatale et devient une ruine pour les travailleurs. Un bon comptable sera toujours le bras droit du coffre-fort ; or, la balance de ses dépenses et de ses recettes doit être la loi invariable de tout homme d'affaires ; quoique habile spéculateur, la prospérité tient essentiellement à l'ordre moral ; la plus grande activité et la plus vaste intelligence succombent en l'absence de ce grand principe fondateur ; la morale est mère de l'économie, et cet élément indispensable à toutes les conditions, à toutes les fortunes, doit présider sévèrement au début des affaires. Les premiers écus sont plus difficiles à gagner que les derniers cent mille francs ; l'amour des plaisirs a troublé plus d'un beau succès. Mais ne confondons pas : la cupidité n'est jamais habile, elle ne sait qu'absorber et ne produit rien ; c'est le sol le plus stérile.

Une vigilance infatigable est l'œil de l'édifice commercial, aucune responsabilité n'égale celle du maître ; c'est pour n'avoir pas compris cet axiome de tout omme sagement intéressé, que le frère d'un ministre e Louis-Philippe vit disparaître deux millions de fortune par une aveugle confiance dans ses employés.

En jetant un regard sur les ruines, on reconnaît qu'elles sont généralement l'œuvre ou d'une coupable négligence, ou d'entreprises trop hasardeuses, souvent au-dessus de ses forcss. N'est pas moins inhabile et imprudent celui qui reste les mains vides devant les éventualités; on a vu et l'on voit encore des industriels verser journellement jusqu'à extinction le produit de leurs recettes dans leur industrie; ne sont pas moins à déplorer ces hommes habiles dans leur art, suivant l'impulsion d'une imagination vagabonde, insatiable d'innovations : fécondité stérile, funeste à leurs plus chers interêts, et sans fruit même pour la gloire de l'art. Celui qui aspire à toutes les spécialités, n'en possède aucune; il est comme un conquérant avide, qui laisse derrière son armée des places fortes à ses ennemis, et ne trouve dans sa retraite que la honte et les revers. Si l'avenir n'appartient pas à l'homme, il doit laisser aux événements le moins de part aux malheurs; celui qui les accuse a souvent les premiers torts.

La spécialité en tout est un grand élément du vrai progrès; en son absence, le commerce et l'industrie ont fait plus d'un faux pas. Voyez-vous cette foule aveugle se précipiter dans les spéculations, jeter la perturbation dans les affaires, assimiler l'anarchie à une sage liberté commerciale. C'est ainsi que l'homme des champs, sans expérience, privé même de l'instruction la plus élémentaire, mais séduit par l'appât du gain, se croit appelé aux affaires; il quitte la charrue pour le comptoir, et pense que les écus vont glisser comme les grains de son chapelet.

De cette nouvelle aristocratie rustique sont sorties ces masses de produits mal confectionnés, et jetés sur la place avec profusion au vent des acheteurs; c'est là une des grandes causes de l'abaissement des salaires et de certains progrès industriels; dans ces ruines où plusieurs branches d'industrie ont trouvé une mort prématurée, combien de patrimoines se sont engloutis!

Tel peut devenir un bon cultivateur et ne serait jamais qu'un très-inhabile négociant.

Oui, l'homme spécial est toujours plus net dans ses idées, plus large, plus précis dans ses conceptions; il est moins impressionnable, moins esclave des passions qui l'environnent, et distribue la lumière avec plus de sagesse et de liberté.

Si nous sommes dans le siècle du positif, c'est surtout dans le commerce que doit siéger cette propriété de l'esprit humain qui conduit à la vérité. A cet effet, il doit rentrer dans son état normal; or, que chacun reste dans sa sphère, se perfectionne dans sa carrière, s'attache au degré spécial de son talent, qu'il s'élève par ses propres forces; tout concours étranger, quelque utile, quelque puissant qu'il soit, n'est jamais qu'un auxiliaire. Le champ est ouvert à tous, mais c'est le champ de la vérité, de l'honneur commercial et de sa sécurité. Respectez ces richesses acquises par l'intelligence et le travail; elles élèvent des monuments, proclament le génie de la France et assurent l'existence des travailleurs. Dans ce champ vaste de l'esprit humain où tous les talents trouveront enfin leur place, on ne franchit jamais impunément les barrières posées par la nature; les rangs, les classes, les supériorités sont établis par la Divinité pour le gouvernement de l'univers.

Au reste, les affaires deviennent de plus en plus difficiles, elles appartiennent aux plus habiles ; la France a partout des rivaux, laissez donc le commerce à qui sait le faire. L'honneur et la prospérité réclament de nouveaux succès devant l'Europe civilisée ; descendre ou monter, pas de terme moyen pour les nations comme pour les individus ; l'arrêt est prononcé aux portes de la vie, il est irrévocable depuis le berceau jusqu'à la tombe ; ainsi au moral, dans l'intelligence tout a sa mesure ; déployer les affaires dans leurs limites, c'est le vrai progrès ; dépasser ces limites, on ne trouve que l'abîme.

Mais depuis soixante ans le commerce est libre ; 89 a brisé la chaîne féodale, et toutes les générations ont prouvé jusqu'à ce jour, dans le cours de cette ère de liberté, que tout homme intelligent, économe et laborieux peut s'élever et s'affranchir de ses propres forces. Aucun gouvernement depuis cette époque mémorable n'a posé de barrière aux vocations, aux carrières, aux dignités ; le mérite et la vertu ont été les seuls priviléges admis dans la nation; on n'a plus parlé de seize quartiers pour entrer dans tel ordre ou dans tel corps. La noblesse se recrute parmi tous les rangs de la société, elle n'est plus l'œuvre du hasard : la science la distribue dans les Académies, la giberne sur le champ de bataille ; elle fleurit elle-même et ne peut plus être une branche pourrie entée sur un trône plus ou moins illustre ; en un mot, elle ne compte plus ses aïeux que par ses services.

La fortune a suivi la même ligne, quoique souvent elle

soit capricieuse, injuste et légère; ses défauts sont inhérents à sa nature, mais ils ne sont pas sans améliorations; sur sa vaste échelle elle a obéi plus d'une fois, elle obéira toujours dans certaines limites à la persévérance, au courage, à la moralité; au reste, elle n'a pas de chiffre fixe et ne peut en avoir. Les événements ont aussi quelque part pour la faire monter ou descendre, et si ses faveurs ne sont pas toujours accordées au mérite, elles consolent bien des infériorités; ainsi le monde est plein de systèmes compensateurs indispensables à l'équilibre social. Or, il n'y a donc plus de prolétariat, mot d'ordre et de ralliement du socialisme pour troubler le repos de la France, éloquence du démon de l'orgueil qui souffle dans le cœur des masses au service des ambitions déçues, cupidité insatiable parée du manteau du désintéressement, tison qui ferait de l'Europe un monceau de cendre !

Oui, laisser à l'homme la latitude d'acquérir et conserver, c'est honorer, grandir sa nature ; comme ses facultés physiques, son intelligence et son cœur ont besoin d'aliments qui sont identiques à leur essence, c'est la vie morale et intellectuelle prescrite par la nature, commandée par la religion et la philosophie.

Socialistes, communistes, apôtres de toutes les doctrines perverses, cessez vos prédications anarchiques, contraires à la dignité humaine; vaines démonstrations qui agitent perpétuellement les travailleurs sans pouvoir jamais les conduire; loups dévorants couverts de la peau de brebis, vous ne pouvez entrer dans la bergerie sans y trouver vous-mêmes la mort!

Ainsi le commerce est rationnel de sa nature, il

s'identifie avec toutes les intelligences, il vit de toutes les forces morales ; mais à chacun sa place, il aura toujours un échelon de grandeur, de bien-être s'il comprend sa mission.

Le commerce est inépuisable dans ses éléments ; il réclame encore une certaine dextérité qui est une grande spécialité de l'intelligence de la femme ; elle possède cette parole facile et déliée, cet esprit insinuant, cet aplomb sans dureté, un goût fin, exquis, variant à l'infini dans le domaine de l'utile et de l'agréable ; toutes ces qualités considérées à leur point de vue, vous avez un côté du tableau de la femme dans les affaires.

Ce que nous devons tous reconnaître en plein dix-neuvième siècle, et proclamer à la face du monde entier, c'est l'honnêteté dans les affaires, la fidélité dans les engagements, la loyauté dans les transactions; en un mot, l'honneur, chez une nation vraiment civilisée, l'honneur ne doit jamais courber la tête devant l'argent. Mais tout commerce consciencieux est impossible, dit un jour un négociant ; oui, pour les faillis lui répondit-on, et il en était un.

Sans doute que la conscience n'est pas du domaine des spéculateurs sur la misère publique, exploitant les intempéries de saisons, toutes les calamités de la nature et de la politique, ni du domaine des hommes d'affaires dont l'amour des plaisirs fait sans cesse excéder les dépenses sur les recettes. Ont-ils la conscience plus liquide ces hommes avides d'une fortune colossale et rapide, arrosée tous les jours des larmes de la faim des familles de travailleurs dont les sueurs ont grossi les flots de ce Pactole commercial? Nouveaux Crésus, ils convertiraient le sol français en lames d'or pour l'admirer sur leur table; et ces entreprises sur lesquelles repose plus d'une fois la fortune publique, confiées si légèrement aux caprices des éléments, pour hâter un lucre, portent-elles un caractère de bonne foi? Ce qui n'est pas moins coupable ni moins odieux, ce sont ces masses de capitaux amassés à l'ombre d'une richesse flottante et souvent factice, et dont l'édifice s'écroule par la base au premier vent de l'infortune.

Mais n'est-il pas évident que de nos jours on tend à réaliser en cinq ou six ans, ce qu'autrefois on cherchait à acquérir dans le quart d'un siècle.

Nous avons déjà reconnu que cette aristocratie des écus a pris naissance dans le coupable laisser-aller du gouvernement de Juillet; mais nous devons ajouter que depuis cette politique égoïste, et pour ainsi dire inhumaine, les faux systèmes, les mauvaises doctrines ont fait bouillonner un océan de haines, et ont laissé un profond sentiment de représailles dans le cœur des masses. On a trop oublié 1848, et l'on ignore, peut-être, dans certaines régions commerciales que dans, ces jours d'explosion, des cœurs généreux ont arrêté bien des bras vengeurs, et, si la France était jamais condamnée à une nouvelle révolution, ce ne serait plus ce sentiment de délicatesse, de générosité dans la victoire, mais un 93 en un plus grand volume.

Ne vous faites pas illusion, la France doit son repos à la haute sollicitude de l'Empereur pour les classes laborieuses, plus qu'à la puissance des baïonnettes.

L'égoïsme du commerce fait la principale force du socialisme; la démagogie veille à travers les verrous, elle attend de l'excès des souffrances, de l'explosion des passions sans frein, le terme de son exil.

La concurrence n'est plus ce noble stimulant, cette entente cordiale entre gens d'affaires pour le triomphe de l'industrie, mais un combat où le plus faible n'est vaincu que par les capitaux du plus fort, dont les trophées sont des ruines pour la classe de travailleurs qui lui est relative; ainsi se font les affaires sur une grande échelle.

On doit comprendre, sans doute, la prudence du négociant dans ces jours de crise; mais elle ne doit pas être une spéculation sur les calamités; c'est les accroître en multipliant les ennemis de l'ordre.

Savez-vous ce qu'il y a encore dans ces sourdes rumeurs dont il faut être proche voisin pour les entendre, relatives à la mauvaise foi et à l'immoralité dont on accuse journellement les classes ouvrières? Elles sont, en somme principale, le résultat de l'exemple donné par la hiérarchie relativement supérieure. Le maître paie mal, dit-on, pourquoi serais-je fidèle?

Ainsi fermentent les passions mauvaises sous l'impression d'une hiérarchie si peu jalouse de sa dignité.

Jetez un regard sur l'antiquité. Le commerce a été le grand élément de prospérité des nations civilisées, mais leurs grandes richesses ont été le signal de leur déclin. Qu'est devenue cette superbe Babylone au milieu de sa pourpre, de ses perles et de ses diamants? Elle ne laisse pas même un vestige de la place que cette superbe cité a occupée sur le sol qui l'a vue naître. La Grèce, si riche en colonies, ne savait pas même conserver la paix au sein de ses Etats les plus limités, et termina sa brillante carrière sous le cimeterre des Ottomans ; la barbarie dans son unité a triomphé de la civilisation divisée. Que disait Jugurtha, roi de Numidie, aux Romains : nation vénale, tu périras par l'or. Rome est tombée ! Et ces voluptueux Sybarites qui avaient éloigné de leur ville tout bruit des travailleurs pour reposer en paix sur leurs moelleux duvets ; leur corps amollis ne pouvait pas même se plaire sur une couche où une seule feuille de rose était pliée en deux ; les Crotoniates, avec qui ils étaient en guerre, firent une prompte et facile justice de tant de mollesse et d'amour pour les plaisirs.

Interrogez l'histoire, dans le domaine des passions, les mêmes causes ont toujours produit les mêmes effets.

Mais cette lutte de corsaires, dont le commerce nous présente le théâtre, est heureusement balancée par la noble résistance d'hommes justes et humains, qui font la gloire de l'industrie française, qui élèvent le chiffre de leur avoir sur une échelle féconde aux producteurs et aux consommateurs.

Le commerce ne voit pas avec moins d'orgueil ces successeurs suivre les traces honorables de leurs devanciers dans la carrière de probité qui a été le principal fondement d'une haute renommée, et dont l'œuvre a toujours grandi dans cette voie qui est la ligne la plus courte pour le succès des affaires.

La morale et l'humanité s'applaudissent également de ces maisons antiques ; où de génération en génération, les employés, tous hommes de labeur, rencontrent toujours sages conseils, bons exemples, aide et protection; là, les richesses augmentent avec les bienfaits et les sentiments d'honneur.

Tout négociant actif, intelligent et probe peut réaliser d'honnêtes bénéfices, concilier son bien-être avec celui des travailleurs; père de l'ouvrier, il est le véritable ami de l'ordre et des lois, un soutien puissant de l'État; les capitaux appuyés sur la droiture et la moralité, sont d'intrépides défenseurs de la patrie et de la liberté.

Nous devons donc reconnaître que toute science, que tout art dans les affaires, doivent être subordonnés à ce grand principe de prospérité durable : la probité.

Remarquez que jamais le commerce et l'industrie n'ont été aussi variés en production, et jamais l'abaissement des salaires n'a fait de si rapides progrès; on a demandé la vie à bon marché, et les travailleurs manquent souvent du nécessaire au sein de cette surabondance. Ce n'est donc pas la concurrence qui est l'âme du commerce, mais la confiance; changer de titre, ce serait faire du travail et de toutes les lois morales qui s'y rattachent, un système absolu de matérialisme, conséquemment de ruines et de dégradation.

Mais, faire du commerce la propriété exclusive de quelques individus, la proie des plus cupides, c'est évidemment marcher contre son principe et son but; considérant qu'il doit sa prospérité à son affranchissement du joug seigneurial, ce serait le faire rentrer dans son orbite; son despotisme ne changerait que de nom.

Le commerce, né du progrès, ne peut suivre de

marche rétroactive sans s'anéantir; ce progrès, c'est le développement moral et matériel de toutes les classes de la société; il ne peut s'alimenter efficacement que dans leur bien-être toujours croissant, et les classes laborieuses formant le plus grand nombre, la situation qui leur est faite est le thermomètre des souffrances ou de la prospérité publique; locations, consommation de toute nature, tout se rattache; tout élève le niveau de la propriété, c'est s'en déclarer l'ennemi que d'attenter à l'existence de l'homme de travail pour réaliser un lucre excessif; alors la propriété est un vol.

La propriété a un caractère sacré et inviolable pour les travailleurs et les hommes d'affaires de toute nature; c'est le fruit de leur intelligence et de leurs sueurs; elle est sacrée comme la vie de l'homme dont il ne doit le dévouement qu'au bonheur de l'humanité et au salut de la patrie. Sans la propriété, pas de commerce, pas d'agriculture, pas de nation organisée; les dons de la nature, ses richesses ne seraient qu'un champ vaste et illimité de désordre; ce serait partout le chaos; l'auteur même qui a dit la propriété est un vol, a inscrit au frontispice de ses œuvres: *ropriété de l'auteur*.

On ne peut donc sauver la société sans affermir le rincipe de la propriété, première garantie de l'ordre; a puissance est dans le respect du tien et du mien, remier fondement des nations civilisées, égale équité our le pauvre et pour le riche.

La propriété est au XIXe siècle un droit plus proondément acquis encore dans le développement des nstitutions libérales; elle s'oppose à tout envahissement, et fait l'unité de l'Europe contre l'ambition de l'autocrate de Russie.

Si l'usurpation est un crime sur un vaste théâtre, tout envahissement est coupable dans un cercle plus étroit; tout égoïste qui spécule et prospère sur les misères publiques ou particulières est un usurpateur; il lèse la propriété, les intérêts d'autrui sur une plus ou moins grande échelle.

C'est un devoir, c'est l'honneur du commerce sous l'empire de la civilisation, de rentrer dans le domaine de la probité, pour ses succès et le triomphe sur la barbarie; exemple dans les affaires, les travaux de toute nature, exemple dû aux travailleurs dans toute la hiérarchie des classes laborieuses, exemple déjà parti d'en haut, le gouvernement a ouvert cette ère sur la société tout entière, ère de la justice et du bon droit. Le commerce lui doit le retour de l'ordre et de sa sécurité; c'est au commerce de le suivre, il affermira cette sécurité et cet ordre; dans le système de probité, le plus loyal est le plus habile.

Elevé sur les débris de la tyrannie, affranchi dans ses principes par 89, corps puissant qui touche aux deux extrêmes de l'édifice social par toutes ses ramifications d'industrie et de travail, grande institution populaire, le commerce doit être fidèle à tous les éléments organisateurs de sa nature, de sa libre origine. Qu'il jette un regard sur son passé, sur les œuvres scientifiques, morales et politiques qui ont fait et assurent tous les jours la grandeur de son existence, l'essor que lui-même a donné à toutes ces puissances du premier ordre, il reconnaîtra où siègent le véritable mobile de ses actes et le sentiment de sa force et de sa dignité ; il saura que tous ses membres sont les enfants de la nouvelle France pour sa gloire et sa prospérité, que cette France est debout plus glorieuse encore pour le maintien de la paix de l'Europe et son intégrité ; que le monde civilisé lui demande de nouvelles œuvres d'intelligence et d'équité pour la grande famille universelle.

Conscience, conscience sur tout l'horizon des affaires, la probité est l'âge d'or du commerce ; exactitude aux échéances, la confiance est une pluie qui féconde et ne tarit jamais ; elle inspire à la concurrence le génie de la production, ce véritable génie des arts.

Sur le terrain de la bonne foi, toute honnête industrie étendra les rayons de son existence, non pas cette existence précaire enfant du caprice et victime du sort, mais une durée de transactions d'autant plus solides et plus honorables, qu'elles auront marqué leurs étapes de la prudence et de la loyauté.

Fécondez ce champ, en tout temps il a ses moissons, et vous donnerez du travail ; l'atmosphère politique et sociale sera moins chargée d'orages, le bien-être des classes ouvrières et leur sécurité sont les meilleurs gendarmes des capitaux.

La sage politique du Monarque français a fermé les mers à la piraterie, un égoïsme cruel doit-il lui succéder à l'intérieur ?

Les dissensions politiques et les dissidences religieuses ont fait payer assez cher à la France les émigrations des artistes et des industriels, nous devons attendre de l'unité nationale et de la liberté des cultes de sauvegarder ce qui reste de génie pour les chefs-d'œuvre de l'art et de l'industrie.

Le vrai négociant n'est pas celui qui gagne le plus d'argent, mais c'est celui qui protège les intérêts commerciaux, en dehors même de sa sphère; qui encourage, récompense les talents industriels, et règle ses actes sur des sentiments de justice et d'humanité.

La nation française doit être plus qu'une nation marchande, la cupidité ne civilise pas.

Qu'il soit permis de rappeler que l'on voit de grandes fortunes acquises dans le chemin de l'honneur, de l'amour des sciences et des arts.

Rien n'est si inconstant que le vent de la fortune; imprudent est celui qui s'y confie en aveugle; coupable, souvent malheureux, quand il n'a pas la vertu pour boussole.

Chaque jour nous offre le spectacle de ces hommes gorgés d'or au mépris de la justice et de l'humanité; il est honoré, dites-vous en voyant les génuflexions qui le poursuivent; erreur, c'est la richesse qu'on salue et non pas le riche. Les gens d'esprit et les vrais honnêtes gens vont plus loin encore: l'un dit à l'oreille: c'est un âne doré; l'autre, c'est un fripon déguisé; s'il était pauvre, personne ne lui parlerait, et sa richesse ne sauve qu'en apparence l'odieux de sa personne. Dans la société la plus corrompue le vice rend toujours hommage à la vertu.

Vous voyez cet homme de bien que le sort injuste, au milieu de ses succès légitimes, a frappé de ses rigueurs; son front, qui n'a à rougir de rien, n'est point abattu; la tête droite, les mains pures, il reçoit de nouveaux témoignages de sympathie et de vif intérêt qui le rendent à sa carrière.

On ne peut tarir à démontrer que la confiance seule est l'âme du commerce.

J'ai dit que le sophisme est entré dans le commerce. En effet, rien de plus sophistique que de faire de la concurrence l'âme du commerce; car, c'est donner à la matière la propriété de l'esprit en l'usurpant à l'action morale; le mensonge est de toute évidence, la métaphore ne saurait être plus grossière, plus injurieuse pour la dignité humaine, c'est le comble de l'absurdité.

Voilà pour le principe.

Examinons maintenant les conséquences.

La concurrence présentée au point de vue de nos jours est une surabondance industrielle, fécondité souvent stérile qui a donné une supériorité factice et passagère sur plus d'un rayon industriel; elle a été une ruine réelle pour l'ouvrier, surtout pour le bon ouvrier. Plus de bornes: la pacotille surgit de cette effervescence de production, l'industrie déplacée de son centre de perfection a détourné des millions de bras de l'agriculture; de toutes parts on arrache la main d'œuvre des travailleurs et des mères de famille des cités.

Là n'est point le terme des maux de la prétendue souveraineté de la concurrence. Cette foule innombrable de toute nature d'intelligences qui s'est précipitée sur toutes les branches d'industrie, a produit l'abaissement des salaires, dont le déficit a été reversible sur tout le petit commerce, et a rejailli sur la propriété en général; ainsi, la vie à bon marché n'a servi que les intérêts de l'homme fortuné.

De là l'égoïsme sur une plus vaste échelle; la fortune

grossit les flots des âmes vénales; après les débats orageux sur les tarifs, l'émeute est devenue à l'ordre du jour ; haines, vengeances, divisions, accompagnent châtiments, prisons et échafaud ; les révolutions ne paraissaient plus qu'un jeu pour s'affranchir de toute nature de souffrances et du fléau de la misère.

Sans doute on ne doit pas priver l'habitant de la campagne de la part que lui donne l'essor général des affaires ; il y a partout de hautes intelligences et des hommes habiles dans les arts et les sciences, mais faites un choix éclairé et impartial; laissez chacun dans sa spécialité, et rendez aux cités leurs hommes spéciaux.

Produisez un peu moins et faites mieux ; la lutte est plus honorable et plus avantageuse dans la perfection que dans la quantité.

Honorez partout les travailleurs; leurs sueurs sont la pluie d'or du commerce ; rétribuez-les toujours selon leur mérite; une noble émulation lui rendra, ainsi qu'à l'industrie, son prestige et sa splendeur.

Les temps sont venus pour le commerce comme pour la littérature; la logique doit succéder au sophisme ; la logique universalise les lumières, elle est un des fondements du beau et du vrai ; au dix-neuvième siècle appartient de fonder son siége et d'affermir son empire.

C'est la logique qui a fait justice du régime féodal et brisé sa longue chaîne par la puissance des idées ; elle en a affranchi le commerce en plaçant le drapeau de son indépendance sur le faîte de l'édifice social.

Toujours fidèle à sa haute raison elle lui a dit : franchis toutes les mers, parcours le globe jusque sous les pôles, mesures-en la circonférence pour tracer des voies sûres, et en assurer une exploitation éternelle et utile à l'humanité. Ainsi tu pénètreras chez toutes les nations; en les affranchissant, toutes les barrières tomberont devant ton œuvre civilisatrice; en leur apportant le bien-être, tu t'enrichiras; établis des relations avec tous les peuples civilisés, civilise les barbares et tu élèveras ton drapeau sur les ruines de la tyrannie pour couronner les succès. A tes libéralités la terre t'ouvrira son sein pour te prodiguer ses richesses; les sciences et les arts seront de puissants éléments pour développer ta puissance, et donneront à toutes les intelligences une part légitime et féconde dans ton vaste domaine.

Pourquoi faut-il qu'en plein progrès, à sa voix de stentor, tant de grandeur et de prospérité soient encore méconnues sur plusieurs points de l'horizon des affaires; qu'un étroit égoïsme, de mesquines combinaisons abaissent tout, établissent un système d'exclusion barbare au sein d'une nation généreuse? Sommes-nous toujours dans l'ornière de l'agiotage? L'idole de la fortune reçoit-elle encore les hommages qui lui étaient rendus sous le gouvernement de Juillet, usurpe-t-elle sans cesse les droits de l'honneur?

Telles sont les questions qu'on est en droit de faire en présence des nombreuses misères qui nous assiégent, des cris qui retentissent de toutes parts: les affaires ne se font pas, il n'y a plus de confiance.

Où sommes-nous, où allons-nous? Est-ce bien là l'état normal du commerce de la première nation du monde? Il n'y a plus de confiance! mais cette accuation est adressée à toute la génération par tous es membres de la société; tout le monde est accusateur et accusé. Or, une régénération est réclamée le toutes parts; une ère nouvelle s'ouvre pour la nise en œuvre de ce grand acte réparateur commerial. Le haut commerce doit en prendre l'initiative; les sommités doivent toujours surgir la lumière, es sentiments de justice et d'humanité; à tous les legrés de l'échelle une foule innombrable d'âmes onnêtes attendent impatiemment l'impulsion. Les ituations inférieures sont impuissantes, par leur nature d'affaires et par leur individualité, à imprimer seules au corps tout entier du commerce cette résurrection; entraînées à un système, elles en subiraient toujours l'influence.

C'est encore ici la logique, la logique de l'harmonie, e concours de tous au salut commun. Telle une arnée, où les soldats dévoués à leur patrie, doivent être commandés par des chefs habiles et fidèles à leurs levoirs.

Le salut du commerce est donc dans cette union l'actions morales et intelligentes, où le travail, la bonne oi, la probité occupent les premiers rangs. Alors esseront ces alarmes, ces inquiétudes cruelles, tant le fausses inspirations qui troublent les esprits et aralysent les affaires, surtout dans les circonstances ctuelles où la France ne peut triompher que dans le alme et l'union. Par une confiance réciproque, les essources et les forces se multiplieront, l'esprit de arti sera sans écho; tous les vrais amis du pays serreront leurs rangs sur un plus vaste terrain autour du rand Protecteur, qui, le 2 Décembre, a rendu au

ɔmmerce l'ordre et la sécurité; et l'Europe commer-
ale paiera à son tour son tribut de confiance à ces
autes garanties d'intérêt général.

Dans ces vues d'unité et d'honneur le commerce
ɹra une belle page dans l'histoire.

CHAPITRE VI.

—

Les Travailleurs.

En considérant les questions sociales à tous les degrés, sous tous les points de vue, on reconnaît que le grand mobile des révolutions fut toujours l'amélioration morale et matérielle des classes laborieuses ; leurs souffrances ont établi un antagonisme permanent depuis l'origine de la monarchie jusqu'à nos jours ; l'asservissement d'une part, les abus de la liberté de l'autre, ont déterminé toutes les périodes révolutionnaires.

Mais, s'il y a procès à faire à l'égoïsme des corps privilégiés, matière de criminalité contre la plupart des gouvernements passés, n'y aurait-il pas aussi justice à mettre en cause la classe des travailleurs ? Une part de la responsabilité de ses maux resterait à sa charge ; et c'est par un vif sentiment d'intérêt et de sympathie pour cette classe que je lui consacre un chapitre, ainsi que pour me rendre plus utile à la société tout entière. Or, je m'adresse spécialement à ce corps, et je lui demande : Qu'avez-vous fait ? Il fut des temps meilleurs, bien meilleurs que les nôtres, où le commerce et l'industrie florissaient dans un ordre plus large, plus élevé ; les rivalités étrangères paralysaient dans un cercle beaucoup plus étroit nos travaux, les puissances recevaient nos marchandises et subissaient nos lois, lois du vainqueur; les flots de prospérité s'élevaient à tous les rayons de l'édifice social; le bien-être souriait largement à tous les hommes de labeur, les familles vivaient dans l'abondance; travailleurs, combien parmi vous ont pensé au lendemain ?...

Mais après ces jours de gloire et de grandeur, il y eut encore des temps prospères qui ouvrirent les voies à d'honorables ressources pour prévenir beaucoup de misères et de souffrances: même impassibilité sur l'avenir, en présence de toute éventualité; aujourd'hui même à la vue d'incessantes réductions, est-on plus économe du temps et de ses faibles salaires? Le lundi, ce jour qui n'a jamais trouvé de patronage dans le calendrier pour l'oisiveté, conserve néanmoins sa fausse consécration, ainsi que sa dévotion de paresseuse mémoire. On ne cesse de voir encore, malgré la rareté des travaux, la majorité des travailleurs déserter leur ouvrage ce jour-là, les uns dans un laisser-aller qui tient d'une indolence d'habitude, d'autres montrer plus d'activité, mais c'est pour faire de la démocratie à pleins bords au cabaret; la boisson coule par torrents sur les tables, tandis que l'on compte les miettes de pain qui se mangent dans la famille; ici l'on pleure, là on chante; la fraternité est célébrée quand les dépenses excèdent les recettes; enfin, l'on termine souvent cette comptabilité en faisant l'inventaire au bureau de bienfaisance, les créanciers sont forcés de nourrir leurs débiteurs.

Ecoutez grand nombre de travailleurs voyageurs dans toutes les villes industrielles : vous n'entendez qu'exploits de plaisirs et de débauche, chants de victoire sur leurs victimes ; dans ces faillis ambulants, vous reconnaissez toujours que l'utile est immolé au superflu ; les braves ouvriers en gémissent et les condamnent.

Travailleurs, vous vous plaignez d'être exploités. Eh ! ne vous exploitez-vous pas vous-mêmes ; vous êtes exploiteurs de votre avenir, de vos forces, de votre santé, de votre famille, de la confiance même.

Quel est donc cet aveuglement, ce délire qui change les jours dus au travail en fêtes régulières, permanentes, qu'aucun culte n'a consacrées ? En trouvez-vous l'exemple quelque part ? les magasins sont-ils fermés, les bureaux sans employés ? voyez-vous le champ du cultivateur en vacance ? Non : commerce, administration, terres à labourer, récoltes, semences, rien n'est oisif, l'atelier seul est en fête.

Que résulte-t-il de ce mépris du temps et de l'argent ? D'abord, le malaise, ensuite la misère de l'ouvrier; le propriétaire emprunte pour les réparations, le boulanger pour payer ses farines, le marchand son étoffe, etc., etc. Ainsi l'intérêt des capitaux absorbe les bénéfices, augmente les non-valeurs, rend précaires la plupart des existences, et sape les fondements de celles que de plus grands déficits ont assaillies, frappées plus ou moins rigoureusement.

Malgré tant d'œuvres de ruine qui frappent tous les jours nos regards, une fausse idée s'est introduite dans la majorité de la classe ouvrière, elle s'est propagée, c'est celle-ci : plus l'ouvrier dépense, plus il est favorable au commerce, précepte favori dont il alimente son esprit tous les jours; ni les calamités passées, ni les maux présents et les souffrances augmentant tous les jours, ne peuvent encore faire brèche à cette erreur grave et funeste; il ne s'impose des privations que par la force des circonstances.

A cette absence d'idées saines, d'ordre et d'équité, entachée d'autres vices, abîme toujours ouvert sous les pas de tout homme sans réflexion, le socialisme a joint ses ténèbres et son ambition, grand fléau du XIXe siècle que je combattrai souvent dans ce livre, et qui entraîne, séduit beaucoup de gens sous les plus brillantes couleurs de bien-être et de bonheur; doctrine sans morale puisqu'elle ne traite d'aucun devoir; doctrine qu'on ne saurait assez démasquer, qui devrait trouver et qui trouvera une improbation formelle et flétrissante dans toutes les pages de l'histoire; doctrine désolante qui n'a trouvé place que dans les esprits inquiets, agités par des intérêts illégitimes, par une ambition que l'intérêt général repousse et condamne sur sa plus grande échelle, doctrine enfin qui n'a encore porté que le trouble dans les États.

Examinons en quelques mots et de plus près cette doctrine, c'est-à-dire, au point de vue des affaires. S'est-elle inspirée, au moins, de la plus simple logique du commerce : les connaissances les plus élémentaires, l'expérience la plus commune dans les transactions, la surveillance des travaux pour l'activité et la confection, la célérité qu'exige leur expédition, la droiture dans les engagements, un œil exact et infatigable sur les échéances. Voit-on une seule de ces conditions dans l'association générale qui avait été proposée? Ces masses ignorantes, peu pénétrées de l'esprit d'ordre, ne faisant jamais la balance de leurs dépenses et de leurs recettes, livrées à des habitudes trop peu compatibles avec la marche des affaires, ignorant les solutions les plus communes, elles n'eussent été mues que par l'impatience de recevoir leur quotient sans se préoccuper du maintien intégral et progressif du dividende; des flots d'illusions auraient submergé un jour de succès, dérobé toute mesure de prudence, et le cabaret eût reçu des ovations sans nombre, saluant l'aurore d'une prospérité apparente. Ce n'est pas encore là le cœur du danger : chaque membre devenu indépendant par sa qualité de négociant et fier de son nouveau titre, toute règle lui eût paru un joug, toute observation un despotisme; car l'ignorance est toujours plus orgueilleuse et moins voisine de l'ordre; l'inintelligence et l'inaction se fussent endormies à l'ombre des plus actifs et des plus intelligents, le progrès serait mort dans l'indiscipline, et la raison sociale sans solidarité morale et intelligente eût donné à l'Europe le plus triste spectacle de notre commerce et de notre industrie; à cette administration sans frein on aurait vu se joindre toutes les natures d'anarchie.

Vous l'avez vu déjà, ce génie fatal dans ses efforts primitifs, signaler le peu de bonne foi de ses habiles directeurs, et ne laisser que la perspective de la ruine aux premiers croyants qui ont payé tribut à cette idole; vous avez dû reconnaître son impuissance dans sa liberté même; enfin, il s'est fait justice, il a succombé sous les plus brillantes apparences. Cette chute néanmoins, chute éclatante, n'a pu faire brèche encore dans l'esprit de tous les travailleurs; aveuglement compact qu'aucune vérité ne peut franchir, ils attendent un cataclysme pour ouvrir les yeux à la lumière.

Suivez, suivez tous ces réformateurs ardents à la destruction des abus, vrais corrosifs aveugles dans la distribution des acides, dominés par leurs passions, ils ne savent pas lever les taches sans brûler le tissu.

Je passe sous silence bien d'autres doctrines de bas étage, débitées sur des tréteaux en plein vent par ces orateurs de pacotille exhalant leurs vapeurs à tous les crédules de passage, s'adressant à toutes les passions mauvaises comme à des auxiliaires puissants pour assurer leur triomphe dans l'art de persuader.

Mais ce qu'on ne saurait oublier, ce sont certains organes de la presse. Apôtres perfides, ils empruntent au dogme chrétien sa morale et sa charité, aux mauvaises doctrines leur alliage le plus impur; et, pétrissant ensemble vices et vertus sous le charme de la littérature pour faire le pain quotidien de la masse aveugle des socialistes, ils sèment les haines à l'enseigne de la fraternité.

On n'a pas moins faussé les idées sur l'égalité, idée fausse au premier chef, et qui exerce encore ses ravages. Il est permis de demander à ces grands égalitaires, sur quel principe ils fondent leur système; est-ce sur l'ordre de la nature? Hors de cet ordre, il ne peut y avoir rien de juste et de vrai, si ce n'est dans l'ordre surnaturel. Eh bien, voyez-vous seulement deux feuilles de la même nature de fruits, d'une nuance parfaitement semblable? Les fruits du même arbuste ont-ils tous la même saveur, reçoivent-ils la même somme de rosée, et l'astre du jour peut-il y faire pénétrer ses feux avec une égale intensité? Une grappe de raisin présente-t-elle sur toute sa surface un éclat vermeil dans la plus rigoureuse exactitude? En quel champ de froment trouvez-vous deux épis dorés d'une égale hauteur? Les saisons n'ont encore offert aucune conformité entre elles; les productions de la terre varient comme les climats; les sites, les plaines, les monts changent d'aspect à chaque pas; les continents et les mers n'obéisssent pas aux mêmes lois de forme et de transformation; néanmoins tous concourent au maintien parfait de l'équilibre du globe, aux successions utiles et variables de l'atmosphère. La voûte azurée qui plane sur nos têtes n'a pas deux corps brillants ou opaques dont la révolution suive le même cours; et la géométrie, cette science si rigoureuse dans ses théories et sa pratique, traçant le monde matériel, varie à l'infini dans ses lignes de démarcation. Suivez, en un mot, tout l'ordre physique, dans les entrailles de la terre et à sa superficie, métaux, végétation de toute espèce, partout le vaste système de la nature renferme dans ses variétés infinies l'ordre, la beauté, la richesse, l'harmonie de la grandeur de la création.

Ce système n'est pas moins admirable dans l'espèce humaine, au physique, à l'esprit comme au moral; observez dans les détails et l'ensemble cette diversité de formes animées d'inspirations, d'intelligences, de vertus et de vices, vous avez le tableau le plus complait de l'humanité demandant sans cesse des améliorations. Qui voudrait être à la fois l'architecte et le goujat? Tout édifice a ses lignes principales, intermédiaires et inférieures; pas d'administration possible sans autorité suprême et ses subalternes; l'obéissance est partout la clef de l'ordre, une loi imposée pour le gouvernement de l'univers.

Remarquez bien cette logique : ce sont les mêmes réformateurs qui proclamaient l'égalité et le partage des biens, l'abolition de la propriété et la suppression totale du commerce, doctrines identiques qui ne diffèrent que dans la forme.

Il y aurait une toute petite proposition à leur faire pour clore ce grand problème : ce serait de procéder préalablement à un partage égal de vices et de vertus, pour assurer le succès et le perpétuer dans l'égalité des biens ; faire à chacun une juste part du bien et du mal, distribution proportionnelle de peines et de plaisirs, de joies et de douleurs, et que tous fussent attachés inviolablement aux limites qui lui seraient tracées, ou, si vous aimez mieux, supprimez toutes les passions ; par ce dernier moyen vous affranchirez votre terrain de tout obstacle. Cela n'est pas au pouvoir de l'homme, répondent-ils. Et vous, que demandez-vous de possible ? votre ambition assise sur les ruines de l'humanité. Vous n'êtes donc que des malheureux aliénés ou des scélérats déguisés, déguisement aussi profond que le crime.

Vous voyez, pauvres travailleurs, que le socialisme est votre plus grand exploiteur, et que sa démocratie renferme plus de vices et de despotisme que l'aristocratie la plus absolue n'en pourrait supporter.

Mais, si l'on parcourt tout le domaine des erreurs popularisées, à chaque pas on rencontre un abîme. Par exemple, ces cris effrénés poussés en 1848 : « Plus « de tribunaux, plus de police, la force armée est inu- « tile, une injure faite à la nation ; » on eût dit, enfin, en entendant ces voix d'affranchissement absolu, que a nature entière avait changé à l'avénement de la République.

Il y a des arguments analogues à opposer à ces stupidités d'une autre nature, arguments très-analogues à ceux qui viennent d'être posés. Détruisez les causes avant tout, et les effets disparaîtront; ainsi, retranchez es passions, l'intérêt, les plaideurs, alors vous verrez disparaître force armée, police et tribunaux.

Cette discussion serait oiseuse, si tous les jours on n'entendait pas répéter dans la foule : nous n'avons pas besoin de gouvernement, l'homme est né libre, liberté pleine et entière, C'est à nous, disait dernièrement un groupe de domestiques en voyant un agent conduire un malfaiteur, de mettre la main sur es coupables, nous ferions le service à meilleur marché. Il n'y a pas d'aberration qu'on ne fasse entendre contre les arrêts de la justice; l'autorité la plus équitable, la plus modérée a ses ennemis; ses bienfaits même sont suspects à ces hommes sans frein, pour qui les passions seraient la seule règle de conduite en l'absence des lois.

Toutes ces déclamations prouvent jusqu'à la dernière évidence que les barrières posées à toutes les libertés sont réclamées par une seule, la plus grande, la seule qui doive être sans limites, et qui les consacre toutes, celle de faire le bien et de l'accomplir librement; hors cette liberté, elles sont toutes des instruments des passions.

C'est en suivant les socialistes dans tous les replis de leurs systèmes que l'on acquiert de nouvelles convictions sur les dangers du socialisme. D'abord, divisés dans leurs théories, le couvrant tous du drapeau des réformes; d'accord sur le fond, mais point dans la forme, l'exécution est livrée aux vagues des opinions, et pas un n'a su faire une seule concession à son confrère de domination. Phaétons modernes, ils se cramponnaient tous au char pour le conduire à travers les abîmes, aucun ne voyait au-dessus la Providence qui conduit tout, résiste aux vaines agitations des hommes, et triomphe de tous leurs complots. Erostrates nouveaux, dans l'aveuglement d'une avide renommée, ils n'ont pas compris que la société n'est pas le temple d'Ephèse.

Même schisme dans le dogme chrétien qu'ils adoptèrent; tous firent du Christ le fondateur du socialisme; mais chacun ne prit dans le Christianisme que les vertus sympathiques à ses goûts, à son caractère et à ses penchants, les préceptes compatibles à sa politique; tous demandaient à l'Évangile des accommodements. Le principe est bon, s'écriaient-ils, mais il faut au peuple une nouvelle morale; paiera le prêtre qui en aura besoin, dit celui-ci; vous êtes dans l'erreur, répond celui-là; seulement, il faut soumettre les sermons, toute prédication à la censure de l'autorité civile avant qu'ils soient entendus à l'Église, et si les pasteurs faisaient des infractions à cette ordonnance, on les mettrait tous, ainsi que l'Église, sous la surveillance de la police; on établirait à cet effet une jurisprudence qui s'érigerait en institution, une hiérarchie d'autorité lui serait attribuée, une magistrature en règle lui donnerait une nouvelle force.

Pour éclairer les débats et mettre un terme à tant d'ambitions, le plus célèbre déclara qu'il était Dieu, que lui seul pouvait régénérer le monde. Déchu de sa grandeur imaginaire, le célèbre écrivain s'aperçut, mais trop tard, hélas ! que dans sa divinité, l'orgueil l'avait dépouillé même du sens d'un homme.

Mais quelle n'était pas l'ignorance de ces réformateurs, le flambeau du progrès à la main, tendant à réformer la société d'un seul trait, comme si l'esprit et le cœur humains n'avaient qu'un seul échelon ! or, point de gradation ; et, armé de cette conviction vraie ou dissimulée, chacun ne voyait qu'imperfection hors de son système; mais tous s'entendaient pour accuser l'Auteur de la nature dans sa création. Ainsi ils posaient les fondements de leur empire.

C'est en vain qu'on leur aurait fait observer que dans l'ordre des choses créées, ce sont les imperfections qui conduisent à la perfection ; considérant le monde matériel à tous les points de vue, on reconnaît une échelle graduée à l'infini. Outre cet admirable système dont on devrait faire une étude sérieuse, nous devons encore faire remarquer que partout le mal est à côté du bien : pas de froment sans ivraie ; la plus belle saison a ses orages ; jusqu'au plus petit ruisseau, ses flots sont irréguliers ; nulle part un ciel éternellement azuré. Que de lumières sur l'inconstance des saisons ! la fragilité des biens de la terre frappe à chaque instant nos regards.

Suivons cet ordre dans son domaine intellectuel et moral. L'on voit toujours l'erreur voisine de la vérité ; la sottise fait souvent route avec l'esprit; le vice marche sans cesse en compagnie de la vertu. Voyez si partout le mal n'est pas à côté du bien.

Etendons nos regards sur la plus grande scène du monde ; partout les intérêts se croisent, se heurtent, s'entre-détruisent et s'améliorent; l'ambition procède aux plus grandes choses comme aux plus coupables abaissements; tous les grands hommes paient tribut à la fragilité humaine.

Où est donc l'homme sans erreur, sans faiblesse, sans passion? Qu'il s'annonce, qu'il se présente nanti d'un brevet d'infaillibilité signé de l'Être parfait, et qui lui donne la balance à la main pour détruire et reconstituer, démolir et édifier éternellement; alors on lui confiera le gouvernement de l'univers.

Mais depuis l'origine du monde ne voit-on pas partout des traces imparfaites de la main de l'homme; est-ce là une règle, un principe pour ne rien laisser debout? Par exemple, ce bâtiment doit-il, pour un léger vice de forme, être renversé dans sa base? L'homme n'est que ténèbres dans son enfance, faut-il l'anéantir à sa naissance pour réformer son obscurité avant de répandre la lumière dans son esprit? Tel est, pourtant, le résumé du socialisme, telle est la marche de tant d'autres doctrines qui s'agitent encore dans l'ombre.

Il y a des socialistes sages et éclairés, on doit le reconnaître, amis du vrai progrès, le seul possible à la nature de l'homme, mais leur voix n'a pu se faire entendre; il ne fallait à la multitude qu'exaltation; elle demandait un bonheur réel aux prestiges les plus faux, la vérité au mensonge, le droit sans le devoir; c'était la fortune du charlatanisme de la politique d'un jour.

Des deux points opposés, qu'on devrait appeler les pôles de l'espèce humaine, le despotisme et la licence, est né l'avilissement des masses, toujours flottantes entre des eaux troublées ou corrompues; ignorantes et malheureuses, elles n'ont jamais pu connaître leur véritable élément social, ainsi que leur raison d'être.

L'heure de dire la vérité au peuple a sonné ; l'arracher à cet horizon brûlant des passions où l'ont placé tant de mauvaises doctrines, de faux systèmes, d'hypocrites sympathies, est un des plus grands, des premiers besoins de son âme; dissiper graduellement les nuages de son ignorance, préparer le triomphe de son intelligence, subordonner ses instincts à la sagesse des lois, lui inspirer sans cesse les principes de la saine morale, alors sa volonté sera celle de Dieu.

On ne saurait assez le répéter; à côté du mal qui se reproduit sans cesse, le bien doit s'étendre sur un champ fécond, inépuisable de productions, ainsi la lumière se fait. Tout a changé déjà; les hommes et les choses commencent à prendre leur place; toutes les classes de la société sont mieux respectées; les améliorations se développent, s'étendent dans un ordre rationnel, tout se modifie progressivement. Ce qui ne serait resté qu'à l'état d'effervescence, de pure théorie, sous la forme du gouvernement précédent, se réalise pacifiquement et s'affermit sans violence sous un pouvoir fort et régulier ; les capitaux affranchis des frayeurs révolutionnaires, circulent en plus grande sécurité; la morale recouvre son empire; la religion couronne tout, la société rentre dans son état normal.

Travailleurs, fécondez aussi dans la mesure de vos forces, par le travail, l'ordre et l'économie, ce grand régime unitaire, source infinie de richesse nationale et de véritable grandeur. Contribuez à la diffusion du bien-être; dans la somme générale vous trouverez les bienfaits particuliers auxquels vous devez aspirer. Suivez, pour les atteindre, l'exemple du gouvernement, du négociant, du propriétaire; comme eux, faites la balance de vos dépenses et de vos recettes, non pas tous les ans, ni tous les mois, ni toutes les semaines, mais le soir de tous les jours. Soldez exactement vos dépenses, toujours le nécessaire avant le superflu; l'ordre, la probité vous donneront l'aisance et le repos. La fraternité commence par la bonne foi.

Il est incontestable que ce système simple et équitable est une mine abondante, inépuisable de consommation dans tous les états utiles à la société; toutes les industries honnêtes recevraient un plus grand essor. Vous-mêmes devenant plus grands consommateurs vous seriez plus grands producteurs, et dans ce cercle, qui s'élargirait chaque jour, tout se féconderait, les salaires s'élèveraient, du moins ils se maintiendraient; voilà le véritable droit au travail.

De cet ensemble d'ordre et de productions surgiraient des capitaux de tous les pores de la société; l'aristocratie des écus se changerait en démocratie pure, les établissements d'utilité publique se multiplieraient sur la plus grande échelle, chaque maison de travailleur serait un bureau de bienfaisance; soldat de l'industrie, il ne courberait plus la tête sous le joug humiliant de l'aumône; enfin ses cheveux blanchis dans le travail reposeraient en paix sur les lauriers de la sagesse.

Ainsi toutes les classes laborieuses viendraient en

aide les unes aux autres; les plus humbles s'élèveraient de leur abaissement, elles comprendraient mieux les sentiments de dignité qui s'attachent à toute honnête vocation. On verrait disparaître les traces informes du mépris stupide de la féodalité du compagnonage; partout la civilisation succèderait à la barbarie, l'équité à l'injustice, l'humanité à l'égoïsme. Les produits agricoles en recevraient une plus grande valeur, même dans leur plus grande abondance, et l'on reconnaîtrait, sur ce terrain d'union et de bien-être général, que la vie à bon marché, fille de la misère et des excès, n'est qu'une utopie.

De cette inépuisable fécondité naîtrait en plus grande quantité les plus belles qualités de matières premières, qui recevraient à tous les degrés une perfection nouvelle; dès lors une plus grande somme de santé, d'énergie, de viabilité. Chaque phase de génération verrait affaiblir les souffrances physiques et accroître la puissance morale du pays; ainsi le problème des hospices, des prisons, des dépôts de mendicité et de la prostitution, se résoudrait pacifiquement au sein d'un peuple heureux et régénéré.

Nous devons donc reconnaître que le travail, l'ordre et l'économie sont la pierre triangulaire de l'édifice social, sa clef de voûte; qu'en dehors de cette trinité morale et matérielle, au milieu même des meilleures institutions, il n'y a que ruines pour le riche comme pour le pauvre.

Le travail est un grand moraliste, car Jésus-Christ lui même a travaillé; il a choisi une famille de travailleurs pour passer sa vie mortelle, pour sanctifier le travail, et le placer au premier rang.

Tout travaille aussi dans la nature, sous les rigueurs des frimas comme sous les ardeurs des tropiques; c'est cette activité féconde et infatigable qui maintient l'équilibre des éléments, et qui donne sous toutes les zônes cette variété infinie de productions dont tous les êtres vivants font leur pâture ; le sol et l'atmosphère sont dans un contact perpétuel pour dissoudre et reconstituer.

Cependant, l'activité la plus prodigieuse et l'intelligence la plus vaste sont stériles sans la vertu d'économie; sans elle point de prospérité durable. Interrogez l'histoire : l'économie a relevé les Etats, réparé les calamités publiques ; elle a été la science de tous les bons politiques, de tous les sages princes; elle sera toujours une des principales forces des gouvernements qui la mettront en pratique. Charlemagne était libéral et économe ; par cette vertu Charles V avait amassé neuf cents manuscrits auxquels plus tard l'imprimerie donna le jour, et qui furent les fondements de la bibliothèque royale ; Louis XII disait qu'il aimait mieux voir les courtisans rire de son économie, que d'entendre gémir le peuple sur ses dépenses ; Henri IV rendit la France épuisée depuis plus d'un siècle, la prospérité et le repos par la rigidité de ses dépenses. Qui allia mieux l'économie et la grandeur que Napoléon Ier? Sous le nouvel empire apparaît enfin, dans les finances, l'ordre désiré depuis tant d'années.

Mais à aucune époque l'équilibre financier n'a déployé autant de fécondité que sous le gouvernement actuel : fécondité d'autant plus vraie, plus salutaire, plus ingénieuse, que le sentiment national donne à tous les éléments de la prospérité publique une nouvelle force par son concours aux charges de l'Etat.

Oui, l'économie bien ordonnée contribue à la grandeur des Etats; elle conserve pour donner, et distribue avec intelligence et sagesse; elle a pris part aux plus grandes gloires de la France, elle a été la science de tous les grands hommes d'Etat: Suger, Sully, Colbert, Louvois, Turgot furent les plus grands économistes dans l'ancienne monarchie.

L'économie n'est pas seulement un acte de prudence humaine, elle est encore une émanation de la sagesse divine, elle règne sur le système tout entier de la nature; elle concourt à l'organisation, à l'harmonie de tous les êtres.

La voyez-vous présider à la marche des saisons, aux variations de l'atmosphère; l'abondance, le manque des productions du sol sont chaque année l'école des nations comme des particuliers; un bien-être constant, qui n'imposerait aucun sacrifice, ensevelirait dans une profonde léthargie; tout doit rappeler aux hommes qu'ils sont hommes.

A tous les points de vue l'économie est un des grands éléments de la vie des empires, et le bien-être des peuples devient le premier objet de la sollicitude des rois. Les sept années consécutives de fertilité suivies de sept autres de stérilité annoncées par Joseph au roi Pharaon, sont à la fois une leçon, un avis des plus salutaires donnés par la Providence à tous les temps, et une clef de la comptabilité universelle.

Économie en tout, dans les plaisirs, dans l'emploi des forces physiques, dans les espérances, que l'on détruit souvent en espérant trop; économie même de l'esprit. Lafontaine a dit: de tout ne prenez que la fleur; saint Paul recommande d'être sage avec sobriété.

C'est assez donner la mesure de la fragilité humaine.

N'est-il pas déplorable que cette vertu fondamentale n'ait pénétré qu'imperceptiblement dans la classe la plus nombreuse, la plus limitée dans ses moyens d'existence, celle des travailleurs.

Non, jamais cette classe ne se rend compte de sa situation, des causes de sa détresse; les vicissitudes, les intempéries des saisons, l'inconstance des choses humaines ne la touchent point; elle ne regarde les maux que quand elle en est frappée, et elle les oublie le lendemain de l'orage; elle dépense comme si l'argent ne devait jamais lui manquer, il semble qu'elle boit pour la dernière fois.

De cette imprévoyance, de cette absence de sens commun, de la sagesse la plus vulgaire, naissent ses principales misères, ces calamités domestiques qui surchargent l'atmosphère politique au jour des révolutions, et conduiraient la société à une dissolution inévitable, si une main sage ne l'arrêtait sur sa pente.

Ce n'est point ici un tableau tracé à plaisir pour déprécier une classe qui a des droits à toutes nos sympathies, qui doit être respectée, moralisée; mais ce sont des faits que tous les changements de dynastie, tous les coups d'Etat ont signalés, qui ont surgi d'une manière si déplorable sur l'édifice social, et qu'il est urgent de rappeler pour en éviter le retour. Au reste, voici l'exposé d'un ouvrier lui-même, sur un grand nombre auprès desquels j'ai puisé de précieux renseignements, exposé qui jettera un grand jour sur la question et servira sans doute d'enseignement.

D'abord, me dit-il, j'établis en principe que tout homme doit se connaître, avant tout, pour savoir vivre dans son état et suivre sa condition, et surtout l'ouvrier; en conséquence chacun doit s'imposer des privations relatives pour faire honneur à la position qui lui est faite; sortez de cette ligne, les passions étant insatiables, vous tombez dans l'abîme. Telle est la loi que je me suis faite; mon plan de conduite fut réglé sur mes moyens d'existence et j'y suis resté attaché. Je me suis marié et j'ai épousé une femme qui adopta, avant notre union, le système invariable que je voulais suivre. Elle a parfaitement compris qu'on ne peut être heureux qu'en vivant dans ces limites tracées par la conscience et les lois protectrices de la société, et heureusement qu'elle est instruite; son intelligence étant développée lui donne un coup d'œil plus juste et un instinct plus sûr. Toutes ses qualités découlent de son esprit et de son cœur; ainsi, elle est laborieuse et économe par amour du travail et par raison; elle veille à tout, rien ne se perd; tout étant à sa place, tout est dans un état de durée et de fraîcheur; l'ordre de sa maison a pour elle tant de charmes qu'elle est infatigable; aussi, satisfaite d'elle-même et sûre de mon témoignage, elle a toujours le sourire sur les lèvres. Soyons justes envers la femme, elle paiera toujours notre équité avec usure; moins elle sentira sa dépendance, plus elle sera esclave de ses devoirs. Elle met tout en note; elle connaît exactement le prix des marchandises, des denrées qui peuvent être à notre usage; pas de vieux comptes, elle suit le cours et nous achetons presque tout au comptant; nous sommes toujours mieux servis et à meilleur marché; les marchands gagnent davantage avec nous, cela se comprend, ils ont leur escompte. Je paie comme je suis payé, me dit un jour un de ces marchands ; si tous les ouvriers suivaient votre méthode, tout le monde ferait honneur à ses affaires et l'ouvrier serait heureux. On vante beaucoup les productions de l'industrie, et si les affaires ne se font pas, c'est parce que la confiance manque ; la confiance fait tout, elle a disparu avec la probité ; on veut vivre, briller au-dessus de ses forces, et ce sont les marchands, les fournisseurs qui paient toujours l'excédant. Pour comble de malheur, nous avons encore à supporter de plus fortes charges d'impôts aux jours de crise du commerce, pour nourrir les paresseux et les débauchés. Ainsi, plus l'ouvrier dépense, plus il est nuisible aux affaires; il doit avoir, comme il faut partout, une règle. Voilà son langage mot à mot, il est aussi celui de toute personne qui veut faire le commerce honnêtement.

Enfin, le brave ouvrier reprenant le récit de son ménage ne tarissait pas sur les qualités de sa femme ; il me déclara qu'il ne pensait pas qu'il y eût de famille plus heureuse.

Ma femme a un goût exquis, qu'elle joint à son économie toujours à propos; aussi elle sait mieux se parer que bien d'autres qui dépensent trois fois plus ; son négligé me paraît souvent préférable à leur toilette ; un certain air de coquetterie respire dans tout son extérieur, sans qu'elle le fasse paraître. Elle dit un jour à une de ses amies qu'une femme doit toujours chercher à plaire à son mari, et que s'il est vrai que le mariage est le tombeau de l'amour, il doit être aussi important pour le moins de captiver sans cesse un époux qu'un amant avant de se marier, et qu'un homme a toujours raison de se plaindre du désordre dégoûtant de sa femme; c'est elle-même qui le chasse de sa présence.

Si j'avais des vices dominants, sa patience et sa douceur ne tarderaient pas de me ramener; dans une estime réciproque nous nous modifions sans cesse tous les deux.

Ma femme a été plus d'une fois l'objet de tentatives de séduction, mais elle a répondu aux séducteurs que sa vertu lui était plus chère que tous les biens du monde, et que le trône qu'elle élevait dans son cœur ne lui coûtait que quelques instants de combats pour une éternité de bonheur.

Elle trouve bien méprisables et malheureuses ces femmes qui vendent leur jeunesse à la parure; elle dit qu'elles n'ont aucun sentiment de leur dignité; la beauté passe si vite qu'elle doit s'épargner autant de remords que possible; une femme n'est jamais tranquille si elle ne jouit de sa propre estime et de celle d'autrui. Ce sont les sentiments qu'elle m'a exprimés plus d'une fois avec une profonde conviction, avec un accent qui venait directement du cœur.

Une femme, disait-elle aussi, doit cacher les défauts de son mari; elle a tout à perdre de les divulguer; mais, ajoutait-elle avec un sourire modeste et fin, le respect doit être réciproque.

Prudente dans ses actes, conséquente dans ses paroles, elle ne fait point de commérage, elle vit en bonne harmonie avec tout le monde.

Elle n'est cependant pas sans défaut, mais ses imperfections passent inaperçues dans la foule de ses vertus.

De mon côté, je ne perds pas un jour de travail, je n'ai jamais besoin d'excéder mes forces pour me dédommager du temps perdu, ce qui est d'ailleurs impossible, et je travaille toujours avec intelligence.

Nous suivons un bon régime de vie, et nous devons à cette nourriture confortable une parfaite santé, le maintien des forces indispensables à tous les travailleurs, et le vin dont nous faisons usage à nos repas m'affranchit de tout excès de boisson ; c'est encore là une grande économie très-peu connue d'un grand nombre de mes confrères. S'éloignant ensuite un instant, il me présenta à son retour un acte constatant deux mille francs argent prêté, dont les intérêts paient la plus grande partie de sa location. Voilà ce que j'ai réalisé depuis six ans de mariage, reprit-il; j'avais peu d'argent avant de me marier, parce que de nombreux chômages absorbaient mes économies, cependant je ne devais rien à personne, je réglais toujours mes dépenses sur ma journée. C'est à cette conduite que je dois le succès de mon mariage, car ma femme possèdera encore un bel avoir de ses parents.

Nous portons le plus grand soin à bien élever nos enfants; ma femme surtout leur inspire cet amour de l'ordre dont elle est animée à un si haut degré, cette propreté sans laquelle l'ordre n'est qu'illusoire. Nous les élevons spécialement dans la crainte de Dieu, et nous recueillons tous les jours les fruits de ces excellents principes ; obéissants, polis et respectueux, ils ne sont heureux que quand ils peuvent nous faire plaisir.

Voilà, Monsieur, me dit-il, le tableau de ma famille, tracé selon le savoir d'un ouvrier.

Permettez-moi encore, ajouta-t-il, de vous raconter qu'un jour j'invitai un de mes confrères à dîner, travaillant dans le même atelier, gagnant la même journée, et marié deux ans avant moi, ayant aussi comme moi deux enfants.

Mais il règne dans votre maison un ordre bien peu commun, me dit mon hôte; vous devez être heureux, si c'est là une enseigne de la paix du ménage; vous avez d'autres revenus que de ceux de votre travail? — Non, j'ai quelques sous placés à intérêt que j'ai gagnés à la sueur de mon front. — Quoi! un ouvrier prêter de l'argent comme un banquier, cela n'est pas possible! Alors vous avez reçu quelque chose de vos parents. — Rien, nous étions une famille nombreuse, mon père m'a fait instruire; il m'a toujours donné bon exemple et me dit : Voilà ton héritage, tu seras assez riche; si tu vis honnêtement, Dieu bénira tes œuvres.

Mais votre femme doit avoir beaucoup de peine? — Peu au contraire, d'après elle-même; elle fait les choses à temps, elle sait toujours où prendre et placer chaque objet; habile dans son organisation, tout travail lui paraît un jeu.

Votre maison est vraiment un modèle, mais pour le suivre, il faut en avoir la clef. — Vous êtes dans l'erreur, cette clef tout le monde peut la forger, c'est la conduite et le travail, et je lui donnai quelques détails.

Vous avez aussi mieux rencontré que moi en mariage, cela fait beaucoup; quand on est bien assorti, on porte plus d'intérêt à ses affaires; ce que l'un n'aperçoit pas, l'autre le voit, et l'on s'entend sur tout. Voulez-vous que je vous dise franchement la vérité? — J'y consens. — Vous avez confondu le luxe avec le bon goût, considéré une apparence factice comme un véritable échantillon de l'intérieur, et vous n'avez pas dépassé la lisière en achetant le drap; l'étoffe manquait au cœur de la pièce. Vous vous êtes encore laissé séduire par un brillant babil; privée entièrement de pensées solides, d'un esprit sérieux, votre femme racontait beaucoup et ne jugeait pas. Au reste, comment aurait-elle appris à former son jugement, nourri son cœur de bonnes maximes? elle n'a jamais lu que des romans, je le sais, je la connais mieux que vous. Quelques-uns de ces livres sont bons, mais la plupart sont dangereux, très-dangereux, ils n'inspirent que de fausses idées et un coloris de vertu; ils corrompent la jeunesse, et séduisent surtout les esprits faibles et les imaginations ardentes qu'ils achèvent d'égarer; peu de jeunes personnes sont séduites sans le concours de ce puissant auxiliaire; la femme qui se respecte, ne les lit jamais. Ainsi, il ne faut point vous étonner si votre maison est mal administrée; c'est l'œuvre d'une mauvaise éducation, d'une enfance négligée, d'une jeunesse bien étourdie. Ma femme a bien raison de dire que si les hommes étaient plus sérieux, les femmes seraient plus sages; ils n'exigent pas d'elles des qualités solides, elles restent toujours frivoles et légères; ils les font ce qu'ils veulent qu'elles soient; ils sont si sottement jaloux de leur autorité, qu'ils l'affaiblissent même lorsqu'ils croient l'exercer avec le plus d'empire; ils veulent opprimer, ils deviennent esclaves.

Ne trouvez-vous pas que ma femme a une sagacité passablement remarquable? — Je la trouve admirable. — Eh bien, un homme qui ne la comprendrait pas serait malheureux avec elle, elle aurait trop à souffrir de passer ses jours dans cet état d'infériorité.

— Veuillez venir dîner chez moi tel jour, et vous me direz ce que vous penserez de ma maison; vous me donnerez encore quelques sages conseils que je m'efforcerai de mettre en pratique.

Le jour arrivé, je me rends au poste assigné. Vous êtes le bien venu, me dit mon hôtelier, mais le mal reçu; vous êtes loin de voir ici le même aspect que dans votre famille; il me dit ces derniers mots tout bas. On servit; il y avait abondance, c'est tout ce qu'un ouvrier peut et doit faire; mais l'assaisonnement accusait la maîtresse du logis d'une grande ignorance dans l'art culinaire, tout démontrait qu'elle était étrangère aux notions les plus simples d'un ménage, malgré la meilleure volonté du monde, mais trop tardive. Le mari prenait presque toujours l'initiative du service, pendant que sa chère moitié n'y faisait d'autre frais que la conversation en termes romantiques. Rien ne souffrit néanmoins, l'on mangea de bon appétit, on rit passablement sans sortir des convenances; la gaîté semblait même avoir un petit air de salon, et une odeur de la bonne compagnie.

Immédiatement après le repas, notre amazone de roman disparut comme un éclair; surpris d'une retraite aussi précipitée, j'en demandai la cause; une longue carrière de paroles lui donnerait-elle une indigence d'idées, l'instrument de sa pensée demande-t-il une suspension de service? — Loin de là, me répond le mari assez stupéfait; elle est allée prendre sa tasse de médisance avec les voisines, et comme vous le voyez, c'est même avant de lever la nappe. Qu'en dites-vous? Eh bien, profitons de son absence et venez voir le troisième acte de la pièce. Il m'introduisit dans l'appartement où Morphée rassemble tous ses mystères. Que vois-je, faut-il le croire? je vois une robe d'un éclat éblouissant, qui paraissait neuve, blottie, froissée dans un coin, comme un linge de cuisine qui demande sa retraite après trente ans de service. Elle l'a portée hier pour la première fois, me dit le pauvre mari honteux; il lui en faut une tous les mois, souvent deux; elle ne les raccommode pas; elles vont rejoindre les invalides à la moindre blessure. Mon travail ne suffit pas, je m'obère, je ne sais jusqu'à quand cela va durer. Enfin, je poursuis mon inspection, cette triste revue. C'est tout un arsenal de toilette, comme un champ de bataille, couvert d'armes mutilées, dispersées par le désordre; c'est un tableau navrant de l'insouciance et de la paresse; les victimes de ces deux vices semblaient crier vengeance d'être ainsi immolées dans les plus beaux jours de leur lustre.

Ces désastres sont-ils fréquents lui demandé-je. — Tous les lundis, souvent même jusqu'au mardi; considérez le reste du ménage, tout est en rapport, tout s'use et disparaît promptement. Qu'en pensez-vous, que faut-il faire?

Avant de laisser aggraver le mal davantage, ce que je vous conseille c'est de prendre une ferme résolution; celle d'abord de ne pas laisser de l'argent à sa disposition, de défendre aux marchands de lui vendre à crédit jusqu'à nouvel ordre un objet quelconque; mais préalablement vous devez l'avertir de tout et bien prudemment, ainsi qu'avec amitié. Néanmoins, durant cette défense soyez également prévenant, ne lui refusez rien de ce qui est raisonnable et selon vos moyens; aimez-la toujours tendrement, ayez les mêmes égards que par le passé, c'est toujours votre épouse, à ce titre elle n'a pas perdu ses droits. Exposez-lui que c'est dans l'intérêt de la famille et du sien même, que vous procédez ainsi, et que le système qu'elle suivait n'aurait pas tardé à vous conduire à la misère et au mépris; enfin, que vous lui rendrez votre confiance quand elle sera disposée à changer de direction.

Et si elle s'oubliait pour subvenir à ses goûts et à sa vanité, quel parti aurais-je à prendre?— D'abord il ne faut pas douter si légèrement de sa vertu, précipiter son jugement; mieux vaut commettre une erreur qu'une injustice, sans s'endormir néanmoins dans une fausse sécurité. Mais remarquez que la femme est plus faible que vicieuse, et que sa chute ne saurait être, malgré sa faiblesse, l'œuvre d'un jour. N'allez donc pas inconsidérément intenter procès à tous ses regards, à son sourire, à sa gaîté; elle crierait à l'oppression, et elle aurait raison; car, dans la femme, comme dans l'homme, l'enjouement n'exclut pas la sagesse; au reste, ne l'exposez pas au danger.

J'admets que la séduction déploie autour d'elle tout son prestige, le doute serait encore une injure; les accusations vagues ne laissent pas moins dans l'âme une impression pénible et déchirante, car, on s'enfonce quelquefois soi-même la pointe qui l'a percée, et l'on revient difficilement à la première amitié. Mais si vous connaissez que votre femme chancelle, qu'elle soit flottante entre le crime et la vertu, redoublez d'amour, s'il se peut, multipliez vos soins, ne lui laissez rien connaître. Si elle a une belle âme et le moindre sentiment de son devoir, elle reviendra à vous, et lui laissant tout le mérite du retour, sa fidélité sera inébranlable. Si elle succombe, ne la maltraitez pas, gardez-la chez vous, ne lui refusez pas le nécessaire; vous ne sortirez pas avec elle, sans doute, et quelque déchiré que soit votre cœur, sa sécheresse vous vengera; mais plaignez-la toujours et ne la déshonorez jamais.

On doit aussi considérer qu'à travers les piéges dont la femme est entourée, elle a besoin de tout son art pour se défendre, et que cet art est une arme que la nature lui a donnée ainsi que les épines à la rose. Mais si cette arme qu'elle a reçue pour protéger sa vertu n'est qu'un instrument de perfidie, elle devient encore malheureuse en s'avilissant; le triomphe de cette passion est de courte durée; que dis-je, son bonheur s'écoule comme un torrent!

Voyez chez le riche comme chez le pauvre, ce ont ordinairement les femmes délaissées ou oprimées qui s'oublient; le sentiment de la dignité e la femme s'affaiblit, s'efface devant l'injure et le épris.

La femme demande à aimer et à être aimée, et lle est la constitution de son cœur qu'elle se trouve ncore heureuse quand son mari accepte ses préveances. Ainsi, ne soyez pas insensible aux concesons de la vôtre, si vous la voyez disposée à vous faire.

Tirez, mon ami, le parti que vous pourrez des obser

vations que je viens de vous exposer, je vous ai parlé à cœur ouvert. Adieu, à revoir.

Revenons maintenant sur la classe ouvrière en général, me dit ce digne homme. Voici le régime d'un très-grand nombre d'ouvriers : nourriture très-légère, souvent en quantité inférieure, presque pas de vin pendant les jours de travaux, même des journées forcées sans nécessité; ensuite consommation immodérée les jours de repos, mélange de liquides opposés; presque toujours falsifiés, leur corrosif exerce leur empire funeste sur un corps exténué de fatigues, dépouillé d'aliments nécessaires, privation qui diminue ses forces avant le temps et en abrège l'existence. L'effet n'est pas moins funeste sur son moral et sur son intelligence, l'ouvrier est privé de l'énergie qui lui est indispensable et décline dans son art. Ainsi vous voyez les uns arriver à une vieillesse anticipée en languissant, les autres à une mort prématurée et laissant la misère et l'immoralité de leur famille à la charge de la société. Un débordement de luxe a aussi sa part sur ce théâtre de calamités; les haillons succèdent toujours aux brillants désordres.

Si nous passons à un extrême opposé, nous voyons les mêmes éléments de ruines. Ce sont des travailleurs à fortes journées même, couverts le dimanche d'une méchante toile bleue abritée tout le jour à l'ombre du cabaret. Pensez-vous qu'ils en rougissent? Non c'est même pour eux un titre de gloire ; les écrivains socialistes ont chanté, célébré la blouse, proclamé ces lambeaux du jeu et de l'intempérance; leur ambition déguisée a vénéré le manteau du vice et de la misère.

Voulez-vous suivre ces ruines sur une plus grande échelle, c'est la mauvaise foi se faisant l'auxiliaire du désordre. Un marchand me montra six mille francs couchés au débit des ouvriers dans quatre ans, en me disant : je donnerais cette somme pour six cents fr. Un grand nombre d'autres marchands me firent voir des pertes relatives. Voici comment beaucoup d'ouvriers procèdent : ils paient le premier habillement, donnent un à compte sur le second, et changent de fournisseur au troisième. Partout les mêmes renseignements.

Ces manœuvres ne s'arrêtent pas sur une seule branche d'industrie, elles s'étendent sur un vaste rayon dans les pensions alimentaires, là où les travailleurs reçoivent leur subsistance les jours de labeurs. Trois mille francs en deux ans et demi, me présente celui-ci sur son livre de compte, quatre mille en quatre ans, sept mille en cinq, etc., etc. Nous sommes souvent obligés d'emprunter pour payer nos fournisseurs, me dirent plusieurs; et dans toutes les localités industrielles, l'intérêt de l'argent nous dévore. Grand nombres d'autres ferment leurs établissements.

Il y a environ deux ans qu'une grève considérable éclata dans une ville du département du Rhône; elle eut un certain retentissement, même dans les annales des tribunaux, et l'on vit dans cette catastrophe commerciale la plupart des maux de l'absence d'économie. Des ouvriers avaient gagné pendant plusieurs années, sans interruption, quatre, cinq francs par jour, d'autres plus même, et se sont trouvés au dépourvu de tout ce qui est le plus nécessaire à la vie, après huit ou quinze jours de chômage. Ce qui n'est pas moins frappant, et qui doit trouver ici sa place, ce sont les dettes nombreuses que la plupart avaient contractées; un, entre autres, était débiteur de la somme de cinq cents francs chez son marchand-tailleur, et n'avait d'autre solvabilité que son salaire. Mais ce ne fut point là le terme de cette calamité locale: la suspension de la plusgrande partie du travail qui dura plus d'un mois, l'exclusion d'un grand nombre de travailleurs de cet établissement ; le temps perdu, tout a été d'un immense déficit pour la maison, fatal à la majorité des créanciers des travailleurs, et a produit des pertes incalculables dans toute la localité.

Ce sont là de déplorables effets de l'inintelligence d'une grande partie de la classe ouvrière, évidemment funestes au commerce et à l'industrie, qui portent atteinte à la propriété, et qui se reproduiraient fréquemment si la sagesse de l'autorité n'en prévenait le retour.

Les fausses idées sont généralement complices de l'immoralité. Je ne fais point de tort, dit un jour un grand parleur de démocratie, en présence d'une nombreuse compagnie dont il paraissait être l'organe ; mes excès rentrent toujours dans la société. Erreur grossière et ruineuse, lui répondit-on ; ce n'est pas vous qui payez votre superflu et vos désordres, mais ce sont ceux qui vous fournissent le nécessaire, et vous commettez un vol manifeste en faisant double consommation sur la même somme. C'est encore un vol, ce temps donné à la débauche, lorsque les travaux attendent la main de l'ouvrier. Lorsque vous avez demandé à la République la réduction des heures de travail, ne vous a-t-elle pas imposé aussi, en vous accordant cette amélioration, l'engagement sacré de remplir consciencieusement ces heures, autrement elle eût constitué un privilége, et fait pour vous de la justice un système exclusif. Savez-vous tout ce qu'il y a de sacrifices dans ces jours, ces moments si mal employés, au bout de la semaine, du mois, de l'année, pour chaque établissement dans toutes les branches d'industrie, dans chaque état? Les commissions ne se remplissent pas, les travaux sont souvent mal confectionnés; il y a diminution, abandon de la clientelle, pertes de capitaux pour les travailleurs comme pour les patrons, pertes irréparables pour les affaires en général.

Mais cette oisiveté qui remplace les heures de travail le lundi et autres jours d'œuvre, ces plaisirs extraordinaires quand on devrait suivre un régime régulier, nécessité par les labeurs, indispensable au maintien des forces physiques, et que la morale commande, sont, je le répète, une véritable aristocratie, un privilége que l'ouvrier s'est arrogé au préjudice des affaires à tous les points de vue; aristocratie vraiment exceptionnelle: administrations, commerce, agriculture, tout est en activité pendant que l'ouvrier boit et ne fait rien. De tous ceux qu'il se plaît à qualifier d'aristocrates, il n'y en a pas deux qui n'emploient quelques heures à des travaux d'utilité ou pour s'instruire. S'ils n'ont pas un instrument d'état manuel en main, ils ont un livre, ils dirigent, ils commandent, ils surveillent ou ils écrivent, tandis que jamais vous ne voyez l'ouvrier qui abuse de ces jours de repos penser un seul moment à son instruction? Vit-il? Non, il ne vit pas, je l'affirme; car, la vie, la véritable vie de l'homme est dans l'esprit et dans le cœur; les idées, les sentiments sont la substance de sa dignité. Sa mission d'homme ne doit l'abandonner nulle part, dans quelque condition que la société et le sort le placent : penser, varier ses pensées, considérer l'humanité qui l'environne, élever de temps à autre ses regards vers le ciel qui lui rappelle sans cesse sa haute origine. Eh bien, à quoi s'occupent ces travailleurs qui abusent de la lumière du jour dans le désœuvrement? à consommer des liquides funestes à leurs forces morales et physiques, ils passent alternativement d'une stupide oisiveté à un état d'absence ; et vous appelez cela vivre et s'amuser ! Ce sont des jouissances que la brute même n'envie pas.

Que dit-on dans le cabinet, au salon, et dans le magasin, qui n'est jamais en retard : l'ouvrier est encore trop salarié ; plus il gagne, moins il travaille ; tandis que la majorité garderait un silence approbatif sur son bien-être. C'est l'absence d'ordre moral, l'esprit de division des ouvriers qui donnent à l'aristocratie toute sa prépondérance. Ainsi sont-ils logiques ces travailleurs dont l'intempérance et la paresse tendent la main au riche et l'accusent d'oppression; ce riche oublie vos injures et votre ingratitude, pour ne voir en vous que des êtres souffrants, dignes de toute commisération ! A votre appel, et souvent il en prend l'initiative, il se rend dans vos galetas, auprès de votre famille, il calme vos souffrances, il essuie vos larmes, sans prendre garde à la main qui le maudit encore.

Combien de travailleurs se sont cotisés durant cette année désastreuse pour venir en aide à leurs frères malheureux et souffrants? Ceux qui faisaient encore de fortes journées, qui étaient à l'aise, comme dans les années d'abondance, ne refusaient rien à leurs plaisirs ; toutes les quêtes, tous les dons étaient faits par la classe bourgeoise, par les négociants.

Dans la première huitaine du mois de janvier dernier, un ouvrier reçut vingt-cinq francs d'étrennes, il en fit grand bruit; quelqu'un lui fit entendre que les temps sont bien malheureux : vous seriez au large pour donner au moins deux francs, les verser dans la caisse de secours. Cela ne me regarde pas, répond-il avec humeur, c'est aux riches à faire l'aumône; il n'y a point d'ouvrier qui donne, et cependant beaucoup gagnent plus que moi; cet argent est pour faire la noce.

Ce langage ne doit point être pris en général; bon nombre d'honnêtes ouvriers ont fait leur versement à la caisse de bienfaisance selon leurs ressources, et ont résolu de faire eux-mêmes une collecte en règle une autre année; sans doute, il y aura conversion, et la majorité au moins se montrera plus dévouée à la cause de l'humanité.

Cessez donc ces cris insensés dont l'accusation retombe sur vous, c'est un contre-coup qui échappe à votre ignorance; vous aggravez vous-mêmes cette organisation sociale, objet de vos éternels reproches, de vos incessantes récriminations; vous êtes, vous ous qui vous plaignez avec le plus d'amertume, les principaux artisans de vos maux; vous criez à la tyrannie, et c'est vous qui rivez vos fers. Ah ! qui est sensible à l'honneur, peut toujours s'affranchir de la honte; votre moralité brisera vos chaînes, si chaînes il y a.

Travailleurs, vos souffrances sont une plus grande calamité encore en présence de la guerre d'Orient; la masse des capitaux, réservée à suppléer à votre passé le moins recommandable, serait une ressource puissante de patriotisme pour le succès de nos armes.

Ce n'est pas que tous ces hommes frappés du malheur des temps, forcés d'abandonner leur spécialité pour se plier à des travaux peu compatibles à leurs habitudes et à leur organisation, doivent subir cette improbation légitime; il en est bon nombre, dans cette disgrâce, qui sont recommandables à tous égards, et conservent tous leurs droits à l'estime publique. Mais ces travailleurs, à l'apogée de leurs forces, habiles dans leur art, dépositaires d'un passé lucratif, et dont l'imprévoyance constante est pour ainsi dire systématique, la plupart célibataires, aujourd'hui à la charge des cités ou des communes, sont une calamité qui doit être signalée : fardeau injuste néanmoins, que la société accepte pour sa sécurité et au nom de l'humanité.

Il y a en dehors de cette conduite condamnable, une autre nature d'imprévoyance au service des passions, ce sont les longs crédits accordés à la classe ouvrière dans les temps même les plus florissants. Cette confiance est évidemment un encouragement aux dépenses folles, ruineuses pour le producteur et le consommateur, un agent qui conduit aux plaisirs désordonnés, une impunité à tous les excès. Ainsi les capitaux de l'ouvrier reçoivent une fausse direction, direction opposée à l'intérêt public, à la prospérité des états utiles à la société, dont ils supportent eux-mêmes au jour de crise les graves conséquences. Il y a donc une complicité manifeste de la part des créanciers mêmes de l'ouvrier intempérant, complicité qui conduit l'un à la misère et produit le déficit de l'autre.

L'ouvrier brave et prudent acquitte le nécessaire avant de se préoccuper du superflu; il sait que son existence précaire, sa situation limitée lui imposent une modération plus constante dans ses dépenses, des privations plus sévères et toujours en rapport avec l'élément dans lequel son état, sa spécialité l'appellent à vivre; pour lui l'honneur avant tout.

Le brave ouvrier se connaît et sait toujours se faire estimer à sa place, il comprend que les passions sont insatiables, que les excès sont même funestes à son intelligence en affaiblissant ses forces physiques, il craint son jugement et les remords. Il voit des hommes au-dessus de lui dont l'autorité, le rang, la position sociale sont l'œuvre d'une organisation sagement ordonnée dans l'intérêt général; or, il ne peut ignorer qu'il leur doit obéissance et respect dans tout ce qu'ils lui commandent de vrai et d'équitable dans leurs attributions, et qu'il a des droits à leur estime, à leur bienveillance, s'il se respecte lui-même en remplissant ses devoirs.

Un véritable sentiment d'honneur l'avertit que les dettes sont le plus terrible esclavage de l'homme, et que la confiance est aussi pour lui un appui dans les mauvais jours. Il cherche la vérité, il ne se laisse pas éblouir par quelques jours de bons salaires, il ne s'en prévaut jamais, et tient compte des jours perdus tant par la nature et la spécialité de son art que par les circonstances; il reconnaît également qu'il ne doit jamais jouer de l'argent, et que si cette passion est fatale au riche, elle ne réserve que des maux aux travailleurs. Par cette constante surveillance sur lui-même, il conserve sans cesse l'équilibre dans ses affaires et le calme dans son l'esprit.

L'honnête ouvrier a par sa règle de conduite acquis une entière conviction que tout travailleur peut solder exactement ses dépenses nécessaires quand il travaille, et que s'il contracte des dettes, elles n'ont pour cause qu'un très-long chômage, le cas de maladie ou une fort nombreuse famille; que celui qui réalise, c'est celui qui remplit toujours sa semaine et consacre le dimanche au repos.

Oui, j'affirme en parfaite connaissance de cause que la suppression de travail de ce jour serait à la fois une mesure hygiénique, morale et matérielle, une nouvelle source de bénéfices pour le commerce et l'industrie, mesure digne d'une nation chrétienne, spectacle saisissant qui ajouterait un nouveau lustre à la civilisation: mesure désirée par l'immense majorité des ouvriers, et qui donnerait à leurs yeux un plus haut témoignage pour notre religion, un exemple édifiant.

Sans doute, toute violence est opposée à l'esprit du Christianisme, mais la conscience est d'autant plus libre dans cette question, que la presque unanimité des cultes dissidents célèbrent ce jour.

Que l'on examine bien sérieusement qu'en substituant le lundi au dimanche, il reste généralement des souvenirs et des lenteurs qui se transmettent au lendemain, beaucoup même ne commencent leur semaine que le mercredi. De cette absence il surgit un obscurcissement dans les intelligences, un décroissement de forces physiques qui pèsent gravement sur l'activité, la confection que les travaux réclament. Il reste donc incontestable que la suppression des travaux du dimanche serait à la fois édifiante et une grande mesure hygiénique, également avantageuse au commerce et à l'industrie.

Mais pour atteindre ce but il importe que des règlements sévères interdisent les vacances du lundi, de tous les jours d'œuvres serviles, répression indispensable dans tout atelier, fabrique, établissement industriel, sauf les cas absolus de nécessité ; là commencerait à s'accomplir une œuvre de régénération.

Cette organisation déjà en usage dans plusieurs localités deviendrait une loi de facile exécution pour toute la France. En voici un exemple salutaire et frappant, entre autres : non loin de Lyon, dans le département du Rhône, à quelques lieues de cette ville, il il s'est fondé depuis quinze à dix-huit ans une fabrique de tissu, dont l'état florissant et rapide est l'œuvre de la vaste intelligence, de la prodigieuse activité de son fondateur, qui trouva, il est vrai, dans cette localité, ville célèbre par une spécialité d'industrie, tous les éléments pour favoriser son succès. Eh bien, là règne une discipline admirable dans toute la hiérarchie de l'administration, exerçant son action sur mille ouvriers des deux sexes, terme moyen ; là toute absence d'un jour d'œuvre servile, sauf autorisation spéciale, est passible d'une amende égale au salaire de la journée de l'ouvrier, exclusion de l'établissement à la troisième contravention.

Mais l'ordre ne s'y borne point à un règlement matériel, la probité a aussi trouvé sa place. Retenue est faite sur le salaire de l'ouvrier à la demande de son créancier, toute note est ponctuellement acquittée.

Toute relation entre les deux sexes est rigoureusement surveillée, tout acte d'immoralité réprimé. Les emplois sont toujours répartis aux plus dignes. La haute sollicitude de cet homme honorable s'est étendue sur une plus vaste échelle de moralité encore. Il était d'usage dans son établissement de faire la solde le samedi; mais un abîme profond séparait ce jour du lundi, et sur de nombreuses plaintes elle fut renvoyée au mercredi veille du jour de marché, et l'on vit dès lors sur le front rayonnant des mères de famille que l'abondance et la paix règnent dans les ménages.

Il est urgent et équitable de remarquer que cette classe de travailleurs est la plus florissante de la localité.

C'est là un véritable modèle d'amélioration, de grand principe d'ordre social, et qui recevrait partout une exécution facile, si tous les maîtres avaient la conscience de leurs devoirs et l'intelligence de leurs affaires. Oui, tout chef d'établissement doit considérer ses employés de tous degrés comme ses enfants, c'est sa sécurité, son intérêt, son honneur même; ses sympathies lui donneront toujours des serviteurs fidèles et dévoués ; leur moralité est un progrès, même pour son industrie.

Mais les fournisseurs eux-mêmes dans leur intérêt devraient s'entendre à concourir à cette œuvre de moralité, en se faisant solder au fur et à mesure que le salaire est reçu; les braves ouvriers applaudiraient à cette mesure avantageuse aux producteurs et aux consommateurs, mesure conservatrice à tous les degrés. Au reste, tout homme d'ordre et de probité prend note de ses dépenses ; tout établissement doit avoir un compte ouvert à son débit et à son crédit, et porter chaque jour sur ses créanciers et ses débiteurs des regards scrutateurs, faire ses recouvrements en temps et lieu pour effectuer ses paiements.

Quelle n'est pas la simplicité de ceux qui acceptent en paiement des billets à ordre souscrits par des ouvriers qui n'ont que le produit de leur journée, déplorables titres presque toujours à la charge des créanciers ! J'en connais plusieurs qui ont été obligés de les rembourser.

Ce désordre dans les finances de beaucoup d'établissements est souvent le fait d'une ambition inintelligente, d'une puérile vanité, c'est de briller par une nombreuse clientelle, sans considérer la conduite, la solvabilité des débiteurs. On y provoque à la dépense, on surexcite les passions ; c'est plus qu'une complicité, le créancier est le moteur de la mauvaise foi du débiteur; cet éclat passager fait tous les jours fermer des établissements. Un peu moins de vente, beaucoup plus de sûreté serait un système avantageux de compensation, système qui écrirait moralement sur le frontispice de toutes les maisons de commerce : la confiance est l'âme des affaires.

De cette source d'amélioration découlerait une abondance réelle et durable ; abondance qui aurait toujours la probité pour principe, le travail pour aliment, la morale pour surveillance; hors de cette voie, c'est marcher contre les améliorations, on ne peut s'améliorer par les passions.

Mais pour s'améliorer il faut s'instruire; au contact de la lumière les idées saines et justes naissent, se développent et prennent leur place; par l'exemple les sentiments nobles et généreux s'élèvent sur leur échelle de proportion, tout s'identifie ; les ténèbres seules font éclore le mal, le passionnent et le fortifient; enfin, l'instruction fait penser, et c'est la pensée qui fait l'homme.

Il ne peut y avoir des fonctions, des grades, des emplois pour tous les hommes, mais nous sommes tous citoyens de la même patrie ; nous lui devons tous le concours de nos lumières, de nos forces morales et physiques, de nos ressources ; elle n'a pas seulement son foyer dans le cœur du soldat, toute sa puissance n'est pas sur le champ de bataille; ses premières forces s'organisent au foyer domestique, s'étendent sur toute l'échelle sociale ; l'Etat assure tous leurs moyens d'action.

Nul n'a droit de se plaindre du fonctionnaire s'il remplit bien sa mission, sa mission d'homme, la première pour être digne d'un emploi; on juge les hommes par leurs actes et non par le prestige passager de leur position sociale; quel écrivain a jamais pris la plume pour faire le panégyriste d'un Crésus, les trésors de pur orgueil n'ont pu trouver encore une belle page dans l'histoire. Travailleurs, vous êtes tous doués du noble, du divin privilége qui fait lever les yeux au ciel; vous portez tous dans le cœur le sentiment de la dignité humaine ; vous êtes tous libres de faire de bonnes actions et d'éviter les mauvaises ; c'est à vous de vous connaître, de prendre la place de votre spécialité. L'homme intelligent et laborieux brille à tous les échelons; les honnêtes gens voient cette lumière qui tient son éclat de sa propre nature ; la fortune n'a pu encore fixer le chiffre du bonheur, nous pouvons être plus heureux par nos œuvres que par ses faveurs.

Désabusez-vous : sous tous les gouvernements il faut travailler, on ne fait rien de rien; c'est un axiome de philosophie. Vos sueurs sont un tribut que vous devez à la société, et la société répartit sur vous les fruits des travaux qu'elle reçoit de toutes parts ; ainsi elle s'organise sur une échelle de proportion dans sa plus haute équité, dans la plus grande sagesse de ses principes.

Voyez le pouvoir, toute sa hiérarchie, le souverain méditant dans son cabinet sur le salut et sur le bonheur de la France; ministres, fonctionnaires de toute classe, tout travaille pour la grande cause commune, tout prend un caractère responsable; la responsabilité deviendra un principe général pour tous les actes d'intérêt commun.

Point d'illusion, on ne peut faire du bien aux hommes sans leur participation ; on ne connaît pas le prix d'une bonne action, si déjà on n'a soi-même le sentiment qui porte à la faire.

Quelle n'est pas l'erreur de ceux qui pensent que l'instruction est inutile dans un état manuel, et que tout travailleur, hors de son atelier, n'est plus qu'une machine propre à absorber des aliments et des boissons ! c'est évidemment le conduire au mépris de lui-même et lui faire de son avilissement une vocation ; de son ignorance surgissent le mépris de ses devoirs et la source de ses misères.

L'homme instruit comprend qu'il ne peut exister des droits sans devoirs ; c'est dans l'oubli des devoirs que 1848 a ensanglanté la France de ses émeutes, de toute nature de désordres; le droit seul a ouvert le champ aux passions, l'anarchie exploitait la République, l'ignorance politique de la multitude a été l'auxiliaire de tous les maux.

Aussi ne voit-on l'incrédulité que dans les masses, et s'il est des savants qui n'admettent que l'ordre matériel dans leur système scientifique, ils invoquent sans cesse l'ordre moral et les principes religieux dans l'intérieur de leur maison; ils savent que les lois morales régissent l'ordre général et qu'elles ont leur source dans la Divinité; or, pas de Dieu sans culte, de culte sans autel, d'autel sans ministres.

Savez-vous combien est encore profonde l'ignorance religieuse dans une foule innombrable? Il faut être ouvrier pour en avoir le secret : tu vas à la messe, est-il dit tout bas, eh bien, tu n'es qu'un Jésuite. Ainsi s'imposent les jugements sur les plus importants devoirs du chrétien; toute éducation chrétienne reçoit l'épithète de Jésuitisme, tout ce qui n'est pas impie est traité de fanatisme; telle est la vieille prévention qui domine encore au milieu de nos populations.

C'est aux jésuites eux-mêmes de la dissiper par une abnégation profonde, par un désintéressement absolu des biens temporels; qu'ils placent la lumière sur le boisseau, amour de la patrie, attachement à nos institutions, dévouement au souverain, abjuration de tout esprit de parti; tout est dans la mission de la foi catholique, apostolique et romaine. La vraie charité ne peut résider dans un ordre exclusif; quand Jésus-Christ a dit : rendez à César ce qui est à César, à Dieu ce qui est à Dieu, il n'a reconnu qu'une seule société dans un Etat et commandée par un seul chef, comme il ne doit y avoir qu'un seul maître du ciel et de la terre; or, il a proscrit tout empiètement d'autorité, d'usurpation; les envahissements ne sont que l'œuvre des passions. Le prochain n'est pas renfermé dans un seul ordre, c'est l'humanité tout entière, elle ne peut changer d'ordre sans s'abâtardir. Nous devons tous obéissance, respect, soumission aux lois qui nous protègent, dit-elle dans son droit suprême; quiconque veut un protecteur, qu'il lui paie tribut. Aussi voyez-vous le clergé, la noblesse, la magistrature, le commerce, en un mot, tous les corps qui constituent l'ordre social, reconnaître les institutions nouvelles, se grouper aux pieds du trône comme un rempart pour le salut de la société; hors de ce centre commun de tous les dévouements, de cette ligne droite de conscience, de conviction générale, tout est usurpation flagrante, abîme des abîmes. Bossuet a dit: il n'y a pas de droit contre le droit; eh bien, le vrai droit est celui qui constitue la grande société. Dans les premiers siècles de l'Eglise tous les chrétiens ne formaient qu'un seul corps; là, aussi étaient bannies ces ambitions égoïstes, mesquines, qui s'isolent de la grande famille et travaillent dans l'ombre pour leur intérêt et pour une domination illégitime; c'est dans la charité commune que le Christianisme a obtenu ses premiers succès, couronné ses principales œuvres, affermi sa puissance. C'est dans cette mission de progrès religieux et social, progrès qui se rattache à la société nouvelle, au vrai progrès national du dix-neuvième siècle, en s'éloignant des vieux errements, que le clergé acquiert chaque jour de nouveaux droits à notre respect et à notre amour.

Toute société qui reçoit toujours et ne donne rien

n'est qu'un siége de tyrannie déguisée, un élément d'anarchie; sa liberté est inconciliable avec la liberté du pays, une opposition au développementdes institutions; toute acquisition faite dans la grande société au profit exclusif d'une société particulière est évidemment un vol, dequelque légalité qu'elle se couvre, parce que les formes légales sont établies sous l'empire des lois protectrices, lois d'équité qui admettent toujours des principes équitables lorsqu'aucun aide matériel ne révèle un mystère frauduleux.

La France nouvelle veut, pour sa sécurité, sa grandeur et sa prospérité, des missions nettes et tranchées; la voie retrograde est désormais impossible; la terrible écarlate veille aussi à la garde du progrès, et si ses doctrines sont incompatibles avec la marche modérée, rationnelle de l'esprit humain; elle n'est pas moins l'ardent défenseur des lumières et l'implacable ennemi du vieux temps.

Hommes de science et de principe, n'oubliez jamais que l'ancien régime a condamné votre ordre, dissout votre corps et dispersé ses membres; que le dix-neuvième siècle leur a ouvert ses bras; cette tolérance est l'œuvre d'une sage démocratie qui vous demande la science sans exclusion, sans privilége, dans l'intérêt, l'honneur de l'humanité, pour la marche régulière et continue de la civilisation. O vous tous qui instruisez la jeunesse, soyez les bien-venus, mais rappelez la confiance par vos œuvres, dans une mission de progrès général pour concourir à fermer l'ère des révolutions; la France dans sa mission nouvelle ne doit plus dégénérer. Que tout se modifie; les premières modifications sont dans les mains qui portent le flambeau de la religion ; et à la vue de cette grande unité nationale, de ce spectacle où disparaissent les discordes civiles, la France, l'Europe, le monde entier diront : le corps des Jésuites s'est compris ; ce ne seront pas seulement quelques personnages illustres par leur sagesse et leur science comme il y en eut toujours depuis leur fondateur, mais c'est le corps tout entier qui a placé son âme dans l'humanité pour la plus grande gloire de Dieu ; nous lui devons notre confiance et notre vénération.

Nous sommes en droit de le dire, tout ce qui nous reste de mauvaise génération est un type de cette ignorance que nous a léguée le vieux régime ; il y a à peine soixante ans que toute l'éducation des populations était réduite à fort peu de chose ; c'est à cela qu'elles doivent leurs désordres principaux, joug de misère et d'avilissement auquel les classes laborieuses tendirent à s'arracher par la révolution ; voilà toute leur haine, leur aversion contre l'ancien régime. Elles vous ouvrent aujourd'hui des cœurs de frère ; venez à elles, et soyez sincères et fidèles.

Ce que nous demandons aussi de toutes nos forces, de toute la puissance de notre âme, ce sont de bonnes ménagères ; là sont nos véritables trésors, l'ordre, la paix, le bonheur de tous les jours. Si l'esprit d'économie, l'amour du travail sont des éléments conservateurs universels, ils doivent être inculqués plus largement encore aux classes de la société qui vivent au jour le jour du fruit de leurs sueurs.

On ne peut mesurer toute l'étendue des maux que l'absence de cette éducation a coûté et coûte encore au corps des travailleurs, à la société elle-même ; misère et corruption semblaient être une dot de famille. Cette dot était imposée par un libertinage systématique, qui n'a changé que de nom ; le chiffre de l'agiotage a succédé aux muscadins de la naissance, et l'encens n'a point perdu sa fumée en s'associant aux sons harmonieux du coffre-fort.

Comment la fille de l'ouvrier n'eût-elle pas été une proie facile ? Négligée, méprisée à l'école comme au foyer, elle ne paraissait née que pour être un jeu des passions de l'aristocratie ; ainsi, de génération en génération se sont transmis les vices, l'orgueil et le mépris.

Considérez à tous les points de vue les bienfaits de l'esprit d'économie de la femme de l'ouvrier ; ils se manifestent largement dans les moindres détails ; cinq, dix centimes par jour, retranchés sur le superflu de sa toilette, sont déjà un inventaire lucratif au bout de l'année qui paie une plus ou moins forte partie de la location, arrête souvent la vente des ménages, ou pourvoit aux maladies et calme beaucoup de douleurs. Ce principe économique s'étendrait proportionnellement sur tout ; modiste, tailleuse, marchand, fournisseurs de toute nature, tous seraient acquittés exactement, et alors moins de déficit. Un luxe au-dessus de ses forces est toujours ruineux, souvent dégradant, et il conduit infailliblement à la mauvaise foi.

Les détails, les besoins de la famille, du ménage sont infinis ; or, la femme doit savoir compter ainsi que son mari ; cet ordre est une des premières sauvegardes de l'honneur et du bien-être de la femme de l'ouvrier. On ne saurait assez reconnaître la salutaire influence qu'elle exerce sur tous ceux qui l'entourent ; qu'elle soit armée de ces vertus transcendantes, et l'on ne verra jamais dans sa maison la chandelle brûler par les deux bouts, passez-moi l'expression. L'ouvrier, aussi, doit préparer de bonnes générations ; l'instruction et l'éducation doivent être en harmonie pour élever sa famille.

D'autres améliorations attendent aussi leur accomplissement sur l'horizon de la bonne foi ; ce sont celles que réclame tout le petit commerce, le commerce de boutique, commerce qui alimente tous les jours les populations, commerce qui pourvoit à tous les premiers besoins, commerce qui éprouve aussi tous les jours des non-valeurs en détail, et dont le capital du déficit devenant immense, se reproduisant à l'infini, est reversible sur toutes les matières premières. Déficit par les lenteurs à recueillir le produit de la vente, lenteurs volontaires des débiteurs, et oubli qui peut souvent se traduire en absence de probité. On fait un compte sur les livres pour le nécessaire, et l'on donne l'argent au superflu ; des sommes considérables sont couchées au débit du marchand sédentaire, le comptant est réservé aux commerçants ambulants ; on s'amuse, on jouit d'une part; on végète, on souffre de l'autre : telle est l'existence précaire faite au commerce de détail.

Injustice, spéculation fausse au premier chef. Oui, injustice, iniquité; car, l'on doit le comptant à qui donne le crédit, autrement double déficit pour le créancier. Spéculation fausse du débiteur, il perd la confiance et souffre les jours de crise.

Nous avons tous le droit de jouir des améliorations, de la vie à bon marché, bienfaits que nous devons à la haute sollicitude de l'autorité, organe fidèle du Souverain; mais avant, passez-moi encore l'expression, payons les vieux fers.

Il y a dans ces formes de procéder dans les affaires, et qui accusent souvent le fond, le plus déplorable système commercial, système qui diminue la main d'œuvre dans tous les états manuels, altère les sources de l'industrie et aggrave les crises, c'est une chaîne infinie de malaise. La solution simple et grande tout à la fois pour abolir ce système qui est une grande tache dans notre génération, c'est la bonne foi, l'exactitude aux échéances, l'exactitude de tous les travailleurs le jour de la perception de leur salaire : système opposé au premier et qui affranchirait du plus cruel esclavage, les dettes; système plus riche que le monde !

Le gouvernement est entré dans ce système grandiose de probité; nous pouvons, nous devons tous le suivre; il n'y a pas de véritable sécurité, pas de prospérité durable, pas de vraie grandeur pour la nation, si la probité, premier principe d'honneur, ne rayonne à tous les degrés d'affaires; alors il y aurait une plus grande somme d'unité pour multiplier les éléments régénérateurs.

Que l'on remarque tous ces filets d'eau formant de petites sources; celles-ci en alimentent de plus grandes, d'où découlent les fleuves et les rivières dont l'Océan reçoit les précieux dépôts; dépositaire fidèle de toutes ces richesses, il rend au continent en douce rosée ce qu'il a reçu en flots orageux. Telle est l'image d'un commerce fécond dans une atmosphère d'équité pour maintenir l'équilibre général.

Conscience donc dans les affaires : si vous me trompez, je vous tromperai; si vous me servez bien, je vous paierai mieux encore; on ne peut être fripon qu'à demi, l'autre moitié appartient à la victime qui en fait son droit de défense; le commerce n'est plus qu'une piraterie.

Ainsi existe un cours de réciprocité, on se plaint de toutes parts, on accuse, on incrimine; c'est une révolution comme la roue de la fortune, et l'on ne sait sur quel degré prendre le point de départ pour en arrêter le mouvement; car, il faut un changement dans le sens contraire. Qui prendra l'initiative de cette réforme morale? Qui aura assez de puissance pour la faire mettre en pratique sur toute l'échelle sociale? Qu'on se rappelle ces belles paroles de Jean Ier, roi de France : Si la bonne foi était bannie de dessus la terre, on devrait la trouver dans le cœur des rois. Eh bien, on la retrouve dans le cœur du Souverain qui gouverne actuellement la France; il a déjà été dit que le gouvernement a ouvert cette ère, et que la trace est faite; si on ne la suit, la société se perpétuera dans son cours de récriminations, et la roue du malaise continuera à tourner.

Suivons tous simultanément l'exemple du pouvoir aux sommités, aux pieds de l'échelle; la conscience ne se règle point sur le degré qu'elle habite, elle suit son impulsion; que la classe ouvrière n'attende donc pas l'ordre, le mouvement des régions supérieures, son bien-être même lui commande ce mouvement, lui donne cet ordre; laborieuse et économe, voilà son pivot. Sur ce piédestal elle peut être le premier instrument de son bonheur, comme en se plaçant en dehors elle a été souvent l'artisan de sa misère.

Qu'elle travaille avec activité et intelligence, elle alimentera elle-même son travail, elle règlera ses forces dans la mesure de son temps.

Mais son intelligence s'abâtardit en la consommant dans les questions potitiques, discussions profondément oiseuses qui la divisent et lui font perdre son véritable terrain. Qu'elle se pénètre donc bien que la politique n'appartient qu'au gouvernement; lui seul a toutes les lumières pour en rassembler tous les fils dans ses mains ; lui seul est à la hauteur des événements, voit tous les besoins et juge l'esprit du temps. Discuter ses actes non dans leurs propres faits, mais uniquement au point de vue de son opinion, c'est briser ces fils, sinon les affaiblir : c'est être injuste envers son bienfaiteur, c'est tendre la main aux mauvaises doctrines dont la funeste influence n'a laissé que des calamités. Que dis-je? c'est entretenir dans les esprits une sombre rumeur, nourrir les inquiétudes; c'est paralyser l'industrie, entraver les affaires de toute nature, arrêter le travail. Vos débats sont d'autant plus absurdes et moins équitables, qu'ils sont compromettants pour vos droits, ils brisent la ligne de vos devoirs.

On entretient dans l'esprit des masses cette opinion : que le gouvernement pouvait rester sous la forme républicaine tout en conservant l'ordre existant. Opinion, idée évidemment fausse à tous les points de vue, car la République étant le point de mire de toutes les ambitions, le champ libre de toutes les doctrines où les plus perverses dominaient sur l'ignorance en majorité, le pays eût toujours vécu dans l'anxiété ; la vie du gouvernement eût toujours été flottante sur l'anarchie ; les jours du prince étaient sans cesse menacés,

Le jour à jamais célèbre qui le sauva fut le salut de la France; le calme du Souverain succéda aux perplexités du Président.

Soyons justes et suivons le Monarque au début de son règne: établissement des institutions de crédit pour atténuer, faire disparaître plus tard le fléau de l'agiotage; la marche empressée du chef de l'Etat dans la Sologne a été le premier pas de son intelligence, de sa haute sollicitude pour l'agriculture. Quel autre en France a interrogé le terrain pour féconder le champ du laboureur, a quitté son palais pour mettre le pied sur un sol fangeux?

Le commerce lui doit le retour de l'ordre; vous n'entendez plus ce dévergondage parlementaire qui mettait dix ans pour voter une loi d'amélioration; aujourd'hui une volonté sage et ferme émane du trône, propose, décide, ordonne et fait exécuter sans entrave. L'Empire a plus opéré d'améliorations dans deux ans que la monarchie de Juillet depuis 1830 jusqu'en 1848; il réalise tous les jours les promesses faites par la démocratie, il en écarte les dangers et féconde les bienfaits.

Mais que deviendrait en présence de l'ambition moscovite, cette France qui a tant besoin de paix pour affermir sa prospérité? Une foule de voix belliqueuses crieraient, sous tout autre gouvernement, qu'il aurait fallu guerroyer sur le champ pour mettre le tyran à la raison; cette lutte précipitée eût réveillé en Europe les soupçons de conquêtes et dénaturé les intentions de la France; et comme tout le monde le sait, le gouvernement dans sa sagesse a épuisé les voies pacifiques avant d'en venir à la guerre, décidée à l'unanimité dans les conseils de la couronne, de tous les corps de l'Etat. Toutes les nations européennes se groupent autour du Monarque fidèle à sa parole : l'Empire, c'est la paix.

Travailleurs, eussiez-vous pu attendre des socialistes et des doctrinaires ces sympathies, cette union des peuples?

Cessez donc de rêver une forme de gouvernement qui s'est rendue impossible par elle-même, qui a décliné l'impuissance de sa nature; les noms ne sont rien, les actes font tout; vain espoir qui ne vous laisse que déceptions cruelles, fait de votre confiance l'instrument aveugle des ambitions déçues, et placerait la France sur un abîme nouveau.

Votre plus sage politique est donc de vous unir à celle du Souverain; là est la garantie de vos droits, affermissez-la par l'accomplissement de vos devoirs.

Consacrez votre intelligence, ce que vous avez de forces morales et physiques à faire fleurir l'industrie, cette belle industrie française déjà célèbre à tant de titres; faites monter ses flots sur un plus vaste horizon; donnez aux travailleurs étrangers l'exemple de l'ordre et du travail, vous ferez honorer vous-mêmes votre corps; car, ce n'est pas la condition que l'on méprise, mais la mauvaise conduite qui rend tout méprisable; et votre moralité et vos talents seront une nouvelle source de richesses pour la France.

Soyez pleins de sollicitude pour les intérêts de vos maîtres; votre bien-être est inséparable de leur prospérité; avare de votre temps les jours de travail, vous féconderez vous-mêmes votre présent et votre avenir; vous avez assez des jours de chômage pour languir dans une pénible oisiveté qui ne provoque que l'ivresse, surexcite les fausses opinions, et réchauffe les passions politiques.

Ne portez pas une basse envie sur la situation de vos supérieurs; ce vice odieux sera toujours un grand obstacle à votre bonheur. Il faut que chacun occupe la place que lui assignent son intelligence, la nature de ses travaux et les circonstances, tout le monde ne peut pas commander. Une prospérité supérieure est indispensable au maître, au négociant; la propriété devient fertile dans les mains du premier; le succès des affaires demande dans plusieurs branches d'industrie des centaines de mille francs au second; et tous les deux protègent les sciences et les arts dans l'ordre de leurs travaux. Tous les talents et toutes les intelligences trouvent leur place à l'ombre de ces dispensateurs des richesses; ne confondez pas ces grandeurs libérales qui se généralisent avec la cupidité qui absorbe tout.

Je vous le répète, supprimez le repos du lundi, rendez au dimanche sa solennité; vous trouverez dans ce jour une véritable vie, une fraîcheur d'agréments que six jours de travaux rendent encore plus vifs; ce jour n'est ni la paresse, ni la débauche; ne mettez que le bout des pieds sur le terrain des plaisirs, le lendemain vous reprendrez vos travaux avec une intelligence neuve et une activité nouvelle.

Je dois aussi faire remarquer qu'on a publié la fraternité à son de trompe dans la classe ouvrière, mais il y a très-peu d'actes. Où sont les collectes qu'elle a faites cette année en présence d'une saison si rigoureuse? Cependant beaucoup d'ouvriers faisaient encore régulièrement de fortes journées; si chacun eût prélevé le dixième de ses plaisirs du dimanche proportionnellement à son salaire, ils eussent formé un capital considérable pour le soulagement de leurs frères malheureux; ils ont préféré laisser cette noble tâche tout entière au gouvernement et aux riches qu'ils accusent sans cesse de ne pas améliorer le sort de l'ouvrier, et continuer à faire la noce, comme ils le disent eux-mêmes dans leurs termes favoris; un très-petit nombre a donné à domicile.

On ne doit pas accuser néanmoins la masse d'avoir mauvais cœur, mais il y a trop d'ignorance et d'entraînement; un ouvrier peut être compétent pour juger ces déplorables tendances, elles ont un double caractère de gravité dans les circonstances actuelles. Les misères seraient imperceptibles, si dans les temps heureux tous les travailleurs imposaient seulement un léger impôt à leur superflu; ouvriers, chefs d'atelier, tous doivent ce tribut, tribut le plus légitime, le plus honorable, en formant une caisse pour leurs frères moins favorisés, malades, ou courbés sous le poids des années.

Voilà la véritable politique, la seule acceptable des travailleurs; vous pouvez tous faire des œuvres de cœur, mais vous êtes dans une impuissance absolue de régler les destinées d'une nation, de diriger le vaisseau de l'Etat.

Le gouvernement, prévoyant vos erreurs, vos faiblesses et vos maux, a établi dans un vaste réseau des bureaux de bienfaisance, fondé de nombreux établissements de secours mutuels: allez y déposer votre offrande, vous les multiplierez, vous deviendrez de puissants auxiliaires de la charité; là, vous trouverez dans l'autorité, les présidents des bureaux, de véritables pères ; ils ajoutent à la générosité, les consolations, la sagesse des conseils. Ah! les sages conseils! c'est ce qui vous manque, ils sont une monnaie morale qui alimente la vie matérielle.

L'union manque dans la classe ouvrière, vice radical, obstacle à son amélioration; ce qui l'a divisée, c'est la diversité des systèmes politiques, la propagation des doctrines anti-religieuses. De toutes parts elles ont entendu de faux prophètes, mais point de sauveur; l'ignorant était sur le champ de bataille, le chef de parti dans son cabinet; l'un avait le danger, l'autre en exploitait les bénéfices; ainsi s'est perpétuée l'œuvre d'une fausse démocratie jusqu'au rétablissement de l'Empire.

Il y a néanmoins une amélioration sensible dans le corps en général, c'est la chute du compagnonage; cette institution utile sur quelques points était barbare et orgueilleuse, et il est encore resté de cette féodalité un levain de mépris des états les uns contre les autres, qui doit disparaître pour toujours au soleil du dix-neuvième siècle.

Que les écrivains qui ont déjà commencé l'œuvre de lumière pour cette classe si nombreuse, et à laquelle se rattache la société tout entière, la poursuive avec ardeur, impartialité et intelligence; l'éclairer sur ses véritables intérêts, sur ses devoirs, sur le sage exercice de ses droits, est un service du premier ordre rendu au pays: il reste encore une foule de préjugés à combattre, d'erreurs funestes à dissiper. Auront bien mérité de la patrie, acquis une gloire solide ces penseurs qui auront porté le flambeau de la vérité devant toutes les classes de la société, sans esprit de parti, qui auront arboré dans leurs écrits le drapeau de la justice et de l'humanité.

Moment suprême, je dois aussi simple travailleur, quoique sans connaissance de l'art d'écrire, payer mon tribut de vérités, vérités de faits qui m'entourent et frappent tous les jours mes oreilles et mes regards et qui ne peuvent être connues que de l'ouvrier; vérités qui auront, je l'espère, quelque force et leur utilité. Tribut aussi de reconnaissance, de dévouement et d'amour au Souverain qui gouverne la France, et qui la fait grandir tous les jours aux yeux du monde civilisé.

CHAPITRE VII.

Civilisation, intégrité de la carte de l'Europe.

Point d'effet sans cause, axiome universel. Or, si 89 a été le point de départ de la société nouvelle; si les dix années de résistance héroïque qui ont suivi cette immortelle révolution, ont conservé l'intégrité du territoire français, dissipé les préjugés dominants du vieux temps, il était réservé aux victoires et aux institutions du nouvel Empire de fonder l'ordre nouveau sur des bases inébranlables.

Il s'est rencontré un homme pour accomplir ce grand œuvre, disons plutôt que le ciel fit naître le héros des héros pour faire de la nation française la reine des nations; cet homme portait sur son front le génie de la victoire, dans son cœur le sentiment de la régénération.

Mais Napoléon eut, dit-on, trois émules : Alexandre, César, Charlemagne. Erreur, le vengeur de la Grèce n'a laissé que des ruines de son empire; et, comme un torrent, il s'est englouti au bruit de ses victoires dans le sol qu'il a ravagé. Au vainqueur des Gaules a succédé la plus affreuse anarchie; une liberté sans frein eut pour héritage l'empire le plus corrompu. Le siècle de fer fut la succession de l'illustre héritier du fondateur de la race Carlovingienne.

Grand capitaine, législateur profond, célèbre administrateur, politique habile, connaissant les hommes et les mettant à leur place, rien n'a manqué au vainqueur de Marengo; toutes ses œuvres sont pleines et entières pour sa génération et celles qui la suivront. Les institutions survivent aux conquêtes et triomphent des revers; si tout a cédé au héros d'Austerlitz, l'Europe accepte ses lois, ses codes sont des modèles de législation; et sous le drapeau de sa gloire, l'humanité marche à de nouvelles conquêtes : la Grèce est arrachée au joug des Ottomans, l'Algérie est soumise, la Turquie se civilise, l'Arabe se fait chrétien.

Cinquante ans ont accompli ce que quatorze siècles n'ont su faire; rien de si grand n'a paru dans l'antiquité; dans ses plus beaux jours, la Grèce faisait des esclaves; Rome dans toutes ses splendeurs, ne pouvait rien sans les siens.

Mais, si de mauvais jours ont affligé la France au sein de ses prospérités et de ses grandeurs, c'est le caprice du destin, il déroba à la France une feuille de laurier... Et grand dans la fortune, grand dans les revers, Sainte-Hélène a été immortalisée par deux héros dans un homme.

Mais tout paraît être dans l'ordre des choses et des temps sur l'échelle de la civilisation du XIXe siècle; les conquêtes de la pensée succèdent à celles du territoire, le plus habile génie de la paix est l'héritier légitime du plus grand génie de la guerre, et la question d'Orient est un nœud qui sera tranché autant par la puissance morale que par la force matérielle.

Ici encore, reconnaissons la main de la Providence dans sa sagesse, sa bonté, ses vues d'avenir sur la France; portons un regard de bonne foi, soyons justes, impartiaux, sérieux sur les hommes et les événements : quelle autre dynastie ferait la guerre pour sauvegarder l'intégrité des États européens? Quelle autre forme de gouvernement saurait opposer, par l'amour d'une sage liberté, des barrières à une servitude dégradante? Le respect de tous les droits, la prospérité de toutes les nations, la garantie de leur indépendance, tel est le système du nouvel Empire dont la France entière a besoin de comprendre la pensée.

Entendez-vous déjà la voix des Prélats qui s'élève dans le pays, qui retentit dans la chaire de vérité pour le succès de nos armes? c'est la religion placée sous la protection du drapeau national, car elle est menacée par les barbares du nord; tous les intérêts moraux et matériels sont en danger par l'ambition du tyran moscovite; son masque est déchiré à la face de l'Europe, le monde entier frémit : vengeance, s'écrie-t-il, la plus odieuse hypocrisie couvre l'ambition la plus effrénée.

Que le commerce unisse ses efforts à ceux du gouvernement actuel auquel il doit sa sécurité, et le rétablissement d'une paix glorieuse et prospère paiera avec usure ses plus grands sacrifices. Favoris de la fortune, déliez largement les cordons de votre bourse, ouvrez vos coffres-forts à la défense de l'ordre et de la patrie, donnez du travail aux bras valides, prodiguez des secours aux infirmes, vous êtes une seconde Providence; leurs prières et leurs sueurs vous affranchiront des révolutions à l'intérieur, et la valeur de nos armées des calamités de l'invasion de la barbarie; la France unie est invincible!

Considérant les destinées de la France depuis son origine, on reconnaît que sa puissance n'est pas un accident; appelés à dominer sur les Gaules à la chute de l'empire romain, les Francs devaient en prendre la place et par les armes et par la foi; le même signe apparut à Constantin et à Clovis; vainqueur à Tolbiac, le roi des Francs fonda la monarchie française, le Christianisme s'affermit en Europe.

Au sixième siècle, Mérovée eut à défendre le trône et l'autel contre le barbare Attila, roi des Huns, les Huns étaient les ancêtres des Russes, et celui qui se qualifiait avec orgueil d'être le fléau de Dieu, fut chassé par la main des hommes.

Charles-Martel rencontra deux siècles après un ennemi non moins redoutable à combattre dans un descendant de Mahomet, et les plaines de Poitiers furent témoins de l'effroyable défaite du nouvel antagoniste du nom chrétien.

Charlemagne fit fleurir encore avec plus d'éclat, depuis l'Ebre jusqu'à la Baltique, le dogme que son illustre aïeul avait défendu dans sa plus grande gloire, et en étendit les bienfaits dans toute l'Allemagne, la soumission du brave Vitikind, fut un des plus beaux gages de ce triomphe.

Un génie plus puissant parut dans les croisades; quoique barbares dans leurs formes, elles laissèrent en Orient le germe des populations chrétiennes, qui l'Europe occidentale prend de nos jours la haute mission de protéger contre tout despotisme.

Malgré la diversité de ses gouvernements, la France prit toujours l'initiative de la défense des opprimés; le drapeau national a plus d'une fois flotté au vent de la gloire sur les capitales de l'Europe, mesuré le cercle du monde dans toute sa circonférence. La plupart des peuples libres lui doivent leur liberté; invincible jusque dans ses revers, quelle autre nation fit entendre ces cris sublimes : La Garde meurt et ne se rend pas !

Que l'on remarque bien que, nonobstant ses divisions, la France est la seule puissance qui n'ait jamais été gouvernée par un prince étranger; elle a donné des rois à plusieurs royaumes, et a toujours choisi ses souverains dans sa nation. Plusieurs fois elle triompha de l'Europe coalisée; grande dans ses plus étroites limites, elle recula ses frontières par ses propres forces et les conquit par son seul courage. Aussi, vivant toujours de son génie et de sa puissance morale, le monde entier fait entendre ces paroles : il n'y a qu'une seule France! Oui, la France a une mission souveraine, universelle à remplir; riche de ses grandeurs passées, plus grande encore de ses gloires nouvelles, elle perpétuera ses immortels triomphes pour l'honneur et le salut de l'humanité.

Reconnaissons encore qu'en France la plupart des titres de noblesse sont des noms de victoires, et que toutes les opinions ont des gloires à défendre et à respecter; courage, persévérance et union, les palmes de la paix la plus glorieuse succèderont à de nouveaux lauriers. Soldats français, à vous cette noble tâche; rappelez-vous d'Austerlitz, de Friedland, de Smolensk, de la Moscowa, etc. Vos pères n'eurent qu'à souffler sur le fer des ennemis ; la rigueur inflexible des frimas a pu seule abriter la barbarie dans ses derniers retranchements. Comme vos pères aussi, vous vaincrez; l'univers vous regarde, toute l'Europe est avec vous.

Oui, l'Europe civilisée est avec la France ; l'Angleterre, sa vieille rivale, cette fière reine des mers, a reconnu la première la grande nation, ainsi qu'elle l'a nommée elle-même ; la première elle a compris la profonde et sage politique du Monarque français. Honneur aux sympathies des deux nations ! honneur, gloire à leur patriotisme qu'elles réunissent pour la cause commune de l'humanité et de la civilisation !

Mais si l'on examine cette grande question de l'Orient dans son origine, on est moins frappé de l'étendue infinie de territoire à laquelle aspire l'autocrate, que de l'illusion sans nom, incalculable de sa politique; il n'a considéré ni l'esprit du siècle, ni les institutions des Etats qui l'environnent, moins encore ce caractère invincible d'indépendance qu'ils ont acquis depuis quarante ans dans un progrès modéré et continu, ainsi que leur prospérité toujours croissante; cette dignité des nations enfin, sauvegarde de leur grandeur, rien n'a paru faire obstacle à sa pensée dominante, absolue, qui ne voit rien hors des limites qu'elle s'est tracées et qui a dit : je veux tout dominer, point de barrière à ma puissance, tout cèdera à ma volonté souveraine, mon jugement est infaillible.

Ainsi raisonne le Monarque qui se croit grand dans son ambition et met le monde en feu au service de ses passions.

L'ambitieux moscovite peut-il avoir d'autres raisons pour troubler la paix du monde ? Jamais l'Europe n'avait joui d'un si profond repos, l'esprit révolutionnaire dormait dans les ombres de la mort; le commerce était florissant et donnait chaque jour de nouveaux gages de sa prospérité dans son élément de calme et de sécurité ; la société, depuis le deux Décembre, respirait de tout son esprit pacifique sur une large échelle. Au reste, que le Czar nous dise quel souverain a invoqué sa protection contre les désordres qui troublaient la paix dans ses Etats, quelles frontières étaient menacées? Serait-il venu dans la pensée d'une nation de demander son affranchissement à l'oppresseur de la Pologne? Les cinquante millions d'esclaves qui peuplent la Russie seraient-ils un modèle d'organisation et de grandeur nationale? Rien de semblable n'est entré dans la question d'Orient à son origine.

Que l'on jette seulement en passant un regard sur le système gouvernemental de l'autocrate, c'est un absolutisme sans bornes, le machiavélisme incarné; il l'a dépassé même, dans ce qu'il a de plus inique, de plus odieux; il n'y a pas en Russie des institutions régulières et progressives qui fonctionnent; la volonté du souverain est la loi de l'Empire : cette volonté s'étend sans réserve sur la nation tout entière, si toutefois un amalgame de peuples sauvages mérite le nom de nation. Un noble même ne peut voyager hors la frontière sans l'autorisation spéciale du souverain et signée de sa main; avant son départ le gentilhomme est astreint à déposer dans les caisses de l'Etat une somme considérable et dont le recouvrement ne peut s'effectuer qu'à son retour. Cette loi pèse sur toutes les classes de la société, et rend les voyages plus difficiles encore aux gens du peuple.

En France, la patente est la seule forme prescrite pour l'établissement d'un commerce, pour l'exercice d'une branche d'industrie quelconque. En Russie, aucun artisan ne peut sortir de la condition où il est né, le paysan est inséparable de la charrue sous peine de mort, il n'est jamais le propriétaire de son intelligence, aucune des facultés dont l'a doué la nature ne lui appartient; on ne lui donne pas le nom d'homme, c'est la bête de somme du seigneur; il ne possède d'autre droit que de souffrir et de se taire; il ne jouit d'autre liberté que de celle de multiplier sa famille.

Il n'existe aucune école dans les campagnes, tout n'est que tradition; le catéchisme orthodoxe est le seul livre permis au cultivateur, le schisme est sa seule étude; l'enseignement, même dans les villes, a toujours le même niveau pour les classes moyennes, les colléges ne sont qu'à l'usage de la noblesse; aussi, pas une innovation, aucun perfectionnement utile à l'humanité n'a pu jaillir de cet empire; la Russie n'a donné jusqu'à ce jour de penseurs profonds que dans l'oppression.

Il est vrai que les savants et les artistes étrangers sont accueillis avec faveur à la capitale; mais ils ne sont admis que sous le patronage des grands pour faire servir uniquement les sciences et les arts au décorum de la couronne et de la cour

Dans cette absence de lumière, la vérité est défendue dans tout l'Empire; elle ne peut se dire qu'à l'oreille, et encore est-ce très-rarement en matière politique ; la délation est imposée comme un devoir et reçoit son salaire. De cette législation est née non pas une presse modérée, dévouée aux intérêts du pays, mais une presse exclusivement servile; le journaliste ne peut tremper sa plume que dans l'urne où brûle l'encens pour tous les actes du pouvoir ; toutes ses phrases sont condamnées à élever des autels au despotisme, à l'ignorance et à la barbarie. Tous les journaux étrangers sont arrêtés aux frontières de la Russie, tandis que les feuilles de cet empire circulent librement en France, dans toute l'Europe constitutionnelle.

En vérité, quel peuple oserait attendre de l'autocrate, dans ses nouvelles conquêtes, un sort plus doux que celui du peuple russe? Jamais, voyez la Pologne opprimée, non jamais tyran n'a élevé les nations soumises au-dessus de ses sujets ; les succès ne peuvent rendre l'ambitieux équitable et généreux, les passions grandissent avec la prospérité, il n'y a de véritable grandeur d'âme que dans l'équité et la modération.

D'abord, l'ambition est héréditaire sur le trône des Czars, elle est un acte émané du testament de Pierre Ier, dont le génie a tracé le système à suivre: agrandissement de l'Empire à tout prix.

Fidèle à cette politique, tous ses successeurs s'enrichirent des dépouilles des Etats voisins, de tous ceux qui étaient impuissants à se maintenir dans leur intégrité ; envahissement par toutes les voies, tout a paru légitime à ces conquérants insatiables de domination.

Cette politique a une grande analogie avec celle de l'Empire romain. Quand une nation lui paraissait redoutable et lui laissait peu d'espoir de la soumettre, il lui suscitait des divisions intérieures qui ne tardaient pas à dégénérer en guerres intestines et il faisait ensuite main basse sur les débris. D'autre part il armait secrètement une nation contre une autre; habile dans l'art de prolonger leurs luttes il offrait son intervention dans des conditions inacceptables; quand les deux nations étaient épuisées, le vautour romain fondait avec impétuosité sur la plus faible et soumettait l'autre avec ses forces réunies.

Ainsi le colosse du nord traite depuis des siècles l'Europe trop confiante en son faux protecteur; plus que jamais, tous les royaumes de cette partie du monde seraient convertis en provinces moscovites. Chaque souverain aujourd'hui indépendant dans ses Etats, maître de ses destinées, deviendrait infailliblement un vassal paré d'un fantôme de royauté, esclave de la politique du conquérant nouveau. Toutes les institutions libérales disparaîtraient avec l'indépendance des Etats; les nationalités s'effaceraient toutes sans exception, sous la lance des cosaques.

Considérez, remarquez ce Monarque si jaloux de son autorité, absolu en tout, semer l'or à pleines mains dans tous les États pour armer les peuples contre les souverains: en Turquie, en Grèce, en Hongrie en Espagne, en Portugal, partout il renouvelle les haines assoupies, rallume les espérances des partis, appelle les prétendants aux armes contre leur patrie; les mêmes qu'il avait flétris sont aujourd'hui les instruments de son ambition. On dresse à St-Pétersbourg les plans de campagne pour les insurgés grecs; il donne au roi Othon le change sur ses desseins ambitieux ; il lui promet un empire qu'il convoite lui-même de toutes les forces de son âme depuis son avènement à la couronne, et qui a été le point de mire de tous ses ancêtres; il livre cette malheureuse nation grecque aux éventualités d'une guerre ruineuse, et dont les conséquences sont incalculables.

Dans la fausse position où la soif des conquêtes a placé l'autocrate, on doit remarquer l'aveuglement étrange qui l'a conduit à s'adresser à l'Angleterre, et sur son refus, à la France pour se partager l'empire ottoman; il y avait dans cette déclaration une puissance irrésistible d'ambition qui ne pouvait se couvrir d'aucun voile. Il est digne de remarque aussi, qu'il reconnaissait son impuissance en dehors de l'appui d'une de ces deux nations; quelle sera donc sa force contre leur alliance? C'est sans doute, en l'absence d'une puissance suffisante qu'il appelle à lui tous les éléments subversifs ; il ne recule devant aucun moyen, il se fait même socialiste, communiste s'il le faut, pour ses adversaires ; il donne raison, en un mot, à toutes les mauvaises doctrines. Ainsi, celui qui se proclame depuis environ trente ans le protecteur de la paix de l'Europe, le plus mortel ennemi des révolutions, s'accuse aujourd'hui lui-même devant le monde entier d'être le plus grand des révolutionnaires.

Cet esprit de perturbation que son ambition lui inspire, n'est pas seulement contraire à tout principe d'honneur et d'équité, mais encore il est cruel dans ses moyens d'action. Il a d'abord violé tous les traités qu'il a juré de respecter pour le maintien de l'équilibre européen ; ces traités, il les a violemment brisés au grand jour, en franchissant le Pruth sans qu'aucune agression des autres puissances ait motivé le passage de ce Rubicon nouveau ; pas un État n'a menacé ses frontières.

Il a dit, cependant, que l'occupation des provinces danubiennes ne comporte pas une déclaration de guerre. Peut-on se jouer si audacieusement des principes sacrés du droit de propriété, se faire une si grossière illusion, que celle de prétendre donner le change à l'Europe civilisée sur la criminalité de son acte hostile, suivi d'invasion ?

Si un malfaiteur pénètre dans mon domaine par la force ou par la ruse, qu'il le ravage, qu'il le dépouille, ne me force-t-il pas à la résistance ? Il est donc de toute évidence qu'il est le seul agresseur, l'unique coupable : à lui seul la responsabilité de tous les maux qui surgissent de cette première violence, attentat qui n'a point de nom dans l'histoire des nations civilisées.

Quelle a toujours été la forme d'une déclaration de guerre qui est fondée sur l'équité, pour la défense des droits de l'humanité ? Elle a toujours précédé tout acte d'hostilité, la vérité est loyale dans ses voies. Or, la mission des puissances occidentales, c'est de faire respecter la justice et le bon droit, d'arrêter le progrès de l'esclavage, pour lui faire succéder celui de la civilisation, noble mission qui ne peut avoir pour adversaires que des hommes d'une ignorance coupable, pour ennemis que des barbares.

Quelle a été la réponse d'un pirate à Alexandre-le-Grand, ou dit le Grand : De quel droit viens-tu infester les mers, demanda le Monarque au corsaire ? Qui t'a autorisé à ravager la terre, répond ce dernier ? Toute la différence qui existe entre nous deux, c'est que tu voles des royaumes, et moi je capture des bâtiments; tu te pares d'un nom illustre pour exercer des brigandages, je ne pille que sous un titre obscur.

En effet, les conquêtes qui ne se fondent sur aucun bienfait, qui ne reposent pas sur des principes d'équité; qui n'ont pas pour objet l'affranchissement des peuples, l'indépendance, l'intégrité des États, le développement de sages institutions; les conquêtes qui n'ont pour mobile que l'ambition, la vaine gloire de posséder des Empires, d'étendre le règne de l'absolutisme, la servitude, de s'élever sur les ruines des nations pour dire ensuite : Je suis le maître du monde, l'humanité est à mes pieds, sont des vols manifestes; elles n'offrent d'autre spectacle de grandeur que l'extension, le triomphe de la barbarie. Tel est l'unique but, mis aujourd'hui au grand jour par la politique de l'autocrate, que la marche, la conduite de son armée ont parfaitement caractérisée et caractérisent tous les jours; et comme le roi de Macédoine, le Monarque moscovite, s'il étendait aussi sa fatale domination jusqu'aux embouchures du Gange, pleurerait de rage de ne pas trouver le monde assez grand.

Voyez dans ses détails la guerre qu'il poursuit avec un acharnement qui tient de la démence. En possession des provinces danubiennes, ses premiers pas furent marqués par l'établissement d'une administration spoliatrice; les dilapidations se sont maintenues avec une inflexible rigueur : les débouchés se ferment aux productions du pays; les grains restent entassés et sont réduits à l'état de putréfaction dans les magasins et autres dépôts; les négociants faillissent; les champs ne peuvent être ensemencés ; les récoltes sont perdues ; ce qui reste des fruits de la terre est livré à la rapacité d'une soldatesque effrénée ; et ce beau, ce riche pays qui était naguère un des greniers de l'Europe, ne présente plus qu'un monceau de ruines et le théâtre de la plus affreuse misère.

Ces maux peuvent-ils repaître la barbarie russe ? Non, les plus cruelles rapines ne lui paraissent qu'un jeu, un délassement des fatigues de la guerre. La violence s'étend sur les personnes mêmes, il n'y a plus rien de sacré ; les habitants sont forcés d'abandonner leurs travaux pour faire les corvées de l'armée russe, sous peine de mort ; les hommes mariés sont même recrutés pour servir de remparts sur le champ de bataille aux soldats russes, et recevoir les premiers coups de l'ennemi ; les femmes et les enfants prennent la fuite à travers les rochers et les bois ; ils sont poursuivis par leurs persécuteurs ; le sang innocent coule à grands flots ; le fils est égorgé sur le sein expirant de sa mère ; le sol est jonché de cadavres ; l'armée porte ses victimes en triomphe, et le souverain célèbre dans sa capitale la gloire de ses armes !

Ces actes n'étaient pas les exploits préliminaires de la politique russe, le grand monarque avait de longue main organisé secrètement à Constantinople une vaste conspiration par l'or et les promesses de pillage de cette immense et riche cité ; le drame devait se terminer par le massacre des habitants et l'entrée de l'armée russe dans cette capitale.

Pour l'honneur de l'humanité, cette habile et féroce politique fut dévoilée ; une foule innombrable d'émissaires russes, parmi lesquels beaucoup de nobles seigneurs de cette nation, prenaient la part la plus active à cette trame dont les fils s'étendaient même jusqu'à la police turque, et furent surpris en flagrant délit; la justice instruisit, les coupables arrêtés ; jugement a été rendu, justice est faite.

Peut-on omettre le désastre de Sinope? Des forces trois fois supérieures assaillirent le port sous un pavillon étranger, et après l'anéantissement de la division turque, la barbarie et la lâcheté des vainqueurs s'étendirent sur la ville et sur ses habitants inoffensifs; elles ne s'arrêtèrent que quand il n'y eut plus de victimes à immoler.

Au premier rang de ces actes on doit placer également le droit des gens méconnus à Odessa, où les batteries de la forteresse firent feu sur un bâtiment parlementaire; exemple de violation qu'on ne rencontre chez aucune nation civilisée de l'antiquité, moins encore chez les nations modernes.

Si nous portons nos regards sur la Baltique, ce sont des îles abandonnées par les Russes qui, dans leur retraite dépouillèrent tous les habitants, et ne leur laissèrent d'autres moyens d'existence que la chasse et la pêche.

La politique russe se déclare donc à tous les degrés le plus grand ennemi de l'humanité.

Si l'on ajoute à tous ces faits, dont la carrière ne vient que de s'ouvrir, et que l'Europe doit toujours avoir présents à la mémoire, les raffinements de cruauté exercés au nom de l'orthodoxie, on est forcé de reconnaître que la religion de la nation russe est aussi barbare que sa politique, que son Dieu ne mérite pas même le nom d'homme.

Cette nature d'actes, aussi, pourrait remplir des volumes; quelques exemples suffisent pour en donner la clef. En 1841, tout ce qu'une barbarie ingénieuse peut inventer, fut mis en usage pour faire renoncer à leur religion les hommes d'un culte dissident. Je n'énumère pas les instruments de supplice que le czar a mis en œuvre pour arriver à ses fins, mais il est à remarquer qu'ils furent le seul art de persuader, l'unique vertu de l'illustre pontife de la Russie.

Quelques années après, des religieuses furent également persécutées pour leur faire abjurer leurs croyances et leur Dieu, et les forcer au schisme; plusieurs succombèrent, périrent dans le martyre, et le monarque russe dans son hypocrite noirceur, les mains dégouttantes encore du sang de ses victimes, pressa celles du Saint-Pontife romain pour la rémission de ses crimes.

Cet hiver même, ces attentats sur les consciences reprirent leurs cours; des familles entières persévérant dans leur dogme, fidèles aux principes de leurs pères, eurent aussi à subir les plus cruelles épreuves ; recevant pour préliminaires de leurs tourments, cinquante, cent coups de knout, exposées ensuite sur la glace durant la nuit, dépouillées de leurs vêtements, privées de nourriture, leurs mains sans forces et glacées furent conduites par les bourreaux à signer leur abjuration.

Tel serait le sort réservé à l'Europe où pas un culte, pas une doctrine religieuse n'est conforme aux principes religieux pratiqués par la nation russe ; et le Monarque étant souverain et surtout grand-prêtre dans ses Etats, il exercerait sa double autorité suprême sur toutes les nations conquises.

Il importe de reconnaître qu'on ne jouit en Russie d'aucune liberté; liberté civile, liberté politique, liberté religieuse, liberté d'écrire, liberté même de fumer et de rire, tout est sous la main de fer du maître absolu de l'empire: absolutisme qui s'affranchirait de toute modification dans le succès et multiplierait les lois de compression; orgueil inaccessible qui déjà au début de la guerre, dans ses premiers actes d'hostilité, a parlé en vainqueur avant d'avoir vaincu.

Que l'on se rappelle les formes, le ton de hauteur, d'arrogance et de mépris du prince Menchiscoff, dans sa première mission à Constantinople, le langage et les manières d'autres seigneurs russes dans divers cours de l'Europe, et l'on verra qu'un joug de plomb était également préparé aux autres nations; que dans cette guerre, préméditée depuis vingt-huit ans, on est forcé de reconnaître une ambition qui n'a que le monde pour limite, cachée sous le masque de la religion; que cette religion même, si elle était le motif sincère des entreprises belliqueuses du Czar, de son ardeur insatiable de guerroyer, ne serait encore qu'une loi cruelle imposée au monde, et dont la morale ne s'appuierait que sur l'effusion du sang humain.

Il est donc de toute évidence que, en se faisant l'instrument de tous les actes contraires à la justice et à l'humanité, le peuple russe n'est autre chose qu'un corps collectif d'automates, d'individus à forme humaine sans pitié et sans raison, à qui le fanatisme le plus grossier tient lieu de patriotisme.

Du patriotisme en Russie! mais c'est une profanation ! L'esclavage a si bien dénaturé, transformé les hommes dans cet empire, que cette catégorie d'esclaves traite de crime toute liberté. Voilà comment le cœur des Russes peut suppléer à toutes les vertus patriotiques, aux ressources infinies des nations civilisées ; s'anéantir dans leurs croyances, pour éteindre les autres cultes, fait toute leur force et leur grandeur d'âme.

Tout est donc absolu en Russie, l'esclavage et le pouvoir, la fortune et la misère ; on dirait que les hommes ne peuvent y naître, vivre, respirer sans l'autorisation du Souverain, qu'il est le maître des éléments, qu'il dispose de la nature entière. Ainsi, dans l'illusion d'une si grande puissance, peut-il admettre, supporter, vivre même, en présence des belles institutions qui régissent les autres États de l'Europe, leur bien-être, leur liberté, la douceur de leurs mœurs, leurs richesses, leur égalité devant la loi, leurs sentiments de justice et d'humanité, leur amour pour la vérité, le développement de leurs institutions sur une plus grande échelle, l'essor sans fin des sciences et des arts, la liberté commerciale, de l'industrie, la tolérance religieuse, le progrès du véritable dogme chrétien, de la morale, en un mot, tout ce qui constitue la civilisation sur un sol favorisé des cieux : voilà le monstre, ainsi appelé par des écrivains russes, d'ailleurs serfs par leur plume, esclaves dans la pensée comme le reste de la nation, que le *grand homme* qui régit les destinées de la Russie veut abattre. C'est la lumière qui fait ombrage aux ténèbres ; la barbarie ne peut vivre en paix devant la civilisation ; les jours du tyran sont sans cesse menacés par la vue des peuples heureux, qui entourent ses Etats. Or, la guerre aux idées, la ruine des idées généreuses se nomme rétablissement de l'ordre dans la question d'Orient par son agresseur.

Qu'on se fasse un tableau de ce que coûterait à l'Europe organisée sur cette échelle de perfection une lutte générale pour sa défense et sa conservation ; combien l'humanité et la religion auraient à souffrir, de sacrifices à s'imposer, d'abaissement à craindre, s'il y avait division dans les peuples, absence d'harmonie entre les souverains ; catastrophe universelle si la civilisation cédait le pas à la barbarie.

Le Monarque du nord, maître absolu de la Baltique, dominerait l'Océan sur son centre et ses parages; en possession exclusive de la mer Noire, toutes les côtes de la Méditérannée seraient esclaves de ses ordres et de sa volonté ; la France souvent interrompue dans ses affaires avec l'Algérie, pourrait perdre encore plus tard tous les fruits de ses travaux, les sacrifices, le sang versé pour la prospérité de cette importante colonie; le commerce des Indes, envahi par la prise de Constantinople ; le monde religieux, politique et commercial deviendrait infailliblement la propriété d'un seul homme.

Quel souverain, pour l'honneur et l'indépendance de sa couronne ; quel peuple, pour maintenir son régime de liberté et le développer dans une prospérité croissante, légitime et par les conquêtes de la pensée, ne ferait tous les sacrifices commandés par les circonstances et le danger ? Tous, dans l'intérieur de l'Europe comme sur ses frontières, doivent reconnaître le besoin de la plus parfaite union ; tous ont le même intérêt à s'armer contre l'ennemi commun. Tous les États européens civilisés vivent de la même sève, la même vigueur doit soutenir leurs rameaux; ils respirent, ils grandissent tous au soleil de l'intelligence, les lumières sont la sauvegarde de leur prospérité.

Souverain temporel, Souverain spirituel dans ses États, absolu dans sa double souveraineté, cruel dans ses moyens, pour affermir son nouvel empire, l'autorité de son dogme, l'autocrate ferait de l'Europe entière un vaste tribunal pour asservir toutes les consciences à un seul culte et fonder son système politique.

Les fortunes envahies comme le territoire, distribuées à ses seigneurs, ses capitaines et ses soldats; le commerce, l'industrie, les sciences, les arts, les lettres, l'agriculture soumis au régime de la Russie, le cultivateur esclave comme le paysan russe; tous les droits des particuliers et des États foulés aux pieds; le devoir perdant son caractère de moralité pour se dénaturer en esclavage; partout l'épée du vainqueur pèserait dans la balance des destinées des nations. Partout, aussi, partout des résistances égales à l'oppression, des torrents de sang marqueraient par leurs flots la lutte acharnée de la liberté contre la tyrannie; et la plus belle, la plus glorieuse partie de l'univers, la patrie du monde civilisé, ne serait plus qu'un cataclysme sans bornes, le désert des intelligences, le tombeau de la dignité humaine! Tels sont les caractères tracés au début de l'agression qui menace l'Europe; l'or, la ruse et la violence sont les principaux ministres du Monarque moscovite, les moyens reconnus, avérés mis en action contre les peuples et les

États européens. Chaque jour révèle des conjurations nouvelles, dirigées par la politique agressive et l'ambition russe; on ne saurait assez le répéter, il n'est pas un royaume en Europe qui ne soit agité par cette coupable et hypocrite influence.

Si le souverain dont le masque est maintenant déchiré, avait été mû par des principes de modération, de désintéressement; si le sentiment religieux eût été la base de ses réclamations à la Turquie, son âme pure d'ambition, et l'esprit sans arrière pensée, c'est de sa capitale, dans des dispositions pacifiques, et non des bords du Danube, qu'il aurait appelé l'attention de l'Europe sur la question religieuse dont il a fait le prétexte de son agression. Un congrès général se serait fait l'arbitre équitable et solidaire de tous les droits des parties belligérantes; car, l'Empire turc est, comme tous les autres États européens, placé sous la protection des mêmes puissances, et sur la foi des traités de 1815. Mais pénétrer à main armée sur un territoire inviolable et respecté de tous les Souverains de l'Europe, porter le ravage, la désolation et la mort au nom d'un Dieu de miséricorde et de paix, en temps de paix même, au sein d'une nation inoffensive et confiante dans les principes reconnus et établis, sanctionnés depuis quarante ans par les couronnes les plus augustes, c'est donner au monde le spectacle de la plus odieuse ambition qui ait jamais souillé la terre, voilée de la plus infâme hypocrisie; et il n'y a qu'un peuple profondément aveugle, stupide et dégradé qui puisse servir d'instrument à de si noirs desseins, à d'aussi coupables attentats. Ce peuple, c'est la nation russe tout entière, qui est entretenue dans cet aveuglement et trompée tous les jours par des rapports annonçant de faux succès. C'est ainsi que le prestige se soutient au sein d'un Empire qui multiplie ses ennemis par sa persévérance dans ses iniquités, sa haine et son mépris pour tout sentiment d'honneur et d'humanité.

Il n'est plus permis de révoquer en doute l'existence de cette ambition colossale ; les archives de la politique russe se chargent elles-mêmes d'en révéler toute la vérité, d'en présenter les principaux éléments.

L'argent, d'abord reconnu de tout temps pour être le nerf de la guerre, a été le premier objet des préoccupations de l'Empereur de Russie, préméditation sérieuse et profonde pour suppléer à l'or de l'Angleterre, sur lequel elle ne pouvait plus compter. Abandonné à ses seules ressources, le Souverain moscovite amasse depuis de longues années tous les filets pécuniaires de son Empire, et son organisation toute différente de celle des autres États exigeait un système plus lent et plus difficile dans son exécution, si grande était son ambition, si étendue devait être l'habileté de ses mesures. Ambitieux insatiable, il s'élève à la hauteur des circonstances et des besoins ; il retarde les hostilités pour réunir un plus grand capital qui le mettrait en mesure de soutenir une guerre au point de vue des conquêtes qu'il préméditait ; rien n'a été négligé pour amonceler des capitaux. Malgré ses immenses ressources en espèces, l'autocrate en reconnaît encore la fragilité ; pour ne pas blesser de trop près les susceptibilités de la nation, de l'aristocratie même, dont l'appui général et sans bornes lui est indispensable, il donne à cette guerre un caractère national et religieux; il se personnifie en quelque sorte dans la Divinité aux yeux de son pays. Cela ne suffit point encore à sa sécurité et pour le succès qui doit grandir chaque jour selon ses illusions; mais lui seul a le secret de ce prétendu honneur national; pour sa politique, c'est une arme puissante; le moyen est digne du but; pour son ambition tout lui paraît légitime. Enfin, pour masquer son agression, il se présente comme un souverain persécuté dans la sagesse de ses actes, dans son amour pour la justice et l'humanité; il prend les armes pour la gloire de Dieu et l'honneur de la nation russe; son Empire est menacé; l'Europe le calomnie, se remplit de pamphlets contre sa Majesté, qui est le martyr de sa vertu dans la civilisation. Pour jouer son rôle sur la plus vaste échelle, et qu'il appelle mission, il organise à l'est de son Empire un vaste champ de matériaux de guerre pour pénétrer dans les Indes, espérant dissimuler par cette guerre lointaine celle qu'il préparait contre l'Europe occidentale. A cet effet, il conclut des traités avec les Tartares indépendants; il se ménage des relations intimes et par des présents et par des propositions conciliantes de toute nature avec les puissances intermédiaires et occidentales de l'Inde. Le Monarque russe attend de ces points divers une puissante diversion aux forces que les États européens lui opposeraient; il rassemble au Kamschatka une marine formidable, des travaux immenses s'y élèvent et il prépare une attaque imprévue sur les Indes. Ainsi l'autocrate pensait suivre fidèlement la politique de son aïeul Pierre le Grand; mais la condition essentielle aux succès de cette politique habile était de séparer l'Angleterre de la France, sinon attendre de la première une stricte neutralité. Oui, de cette séparation l'ambition moscovite attendait tous ses succès; ainsi son agression flagrante contre l'Europe se montre au grand jour, surtout contre la France; isoler toutes les puissances européennes pour les battre, les vaincre et les rendre ses tributaires, lui paraissait le chef-d'œuvre de la politique.

Tactique savante, combinaison profonde, sans doute; cependant le grand Monarque n'avait pas compté avec les lumières et la sagesse des Souverains de l'Europe, avec l'esprit des peuples, avec tous les ennemis que son ambition soulèverait; il a trop oublié surtout le progrès, le génie, le courage de la France et de l'Angleterre, leurs ressources infinies, ainsi que leur légitime influence dans le monde civilisé.

Mais que deviendra cette puissance qui menaçait le monde de ses armées innombrables, de ses flottes touchant aux confins du globe? Elle est enfermée déjà dans ses deux mers dominantes; ses vaisseaux sont retenus captifs dans leurs ports par la flotte anglo-française; les remparts maritimes de la Russie sont reconnus même par les Russes comme n'étant pas imprenables. Imprenable! ce mot n'est pas français, dit un officier devant Maestrich; quelques jours après, cette ville forte tombait au pouvoir de la France.

Remarquez au milieu de ce grand fracas de la puissance, combien l'autocrate est limité dans son absolutisme : il ne peut faire des levées d'hommes que de l'agrément de la noblesse; si la guerre n'est pas imminente, inévitable, les seigneurs ne lui accordent qu'à grand'peine, et souvent en murmurant, les serfs destinés au labourage de leurs terres; ils ne lui envoient même pas toujours la fleur de leurs esclaves. De plus, il subit l'impulsion de l'opinion générale : ce n'est qu'en donnant à la guerre qu'il a entreprise contre l'Europe un caractère national et religieux qu'il commande au dévouement de sa nation, en lui donnant le change sur son agression flagrante contre la France, l'Angleterre et la Turquie. Il ne conserve l'ordre et la confiance dans ses Etats qu'en transformant le théâtre de la guerre en un champ de gloire et de triomphes successifs pour la Russie; toutes les opérations militaires sont falsifiées, tronquées; les généraux ont le mot d'ordre, et envoient toujours à leur Souverain deux rapports différents sur les événements; le peuple ne connaît jamais la vérité, et l'on chante à Saint-Pétersbourg des *Te Deum* en l'honneur de défaites présentées comme des victoires.

Ainsi le Czar conserve le prestige de sa puissance et l'autorité de son nom au milieu d'une nation ignorante et fanatisée, ne connaissant pas, pour son plus grand malheur, les dispositions des autres nations envers la politique russe. Non, aucune vérité ne peut pénétrer les épaisses ténèbres qui couvrent cet empire que l'ambition insatiable de son souverain fait dormir dans une fausse sécurité.

Mais qu'il tremble au réveil! plus le repos de l'oppression, image de la mort, est aveugle et profond, plus les représailles sont cruelles; l'avilissement déchaîné est plus redoutable qu'un torrent impétueux et sans frein; même cause, double effet; l'aveuglement qui l'a plongé dans ce lâche sommeil redouble la violence qui brise ses fers!

On ne saurait donc assez admirer la sagesse et la puissance des bonnes institutions;en France, en Angleterre, dans tous les Etats constitutionnels, point de subterfuge, la superstition n'y trouve que ridicule et aversion, une droite confiance en Dieu en tient la place; les gouvernements font un appel à la nation, et la nation court au combat, elle vole à la victoire; le secret de cet élan unanime pour le salut de la patrie est le privilége des nations libres et éclairées.

N'a pas de patrie celui qui cloue son âme à un système, tout doit se modifier dans la nature; instrument aveugle, être exclusif, il ne compte plus que pour un chiffre. La patrie fût-elle ingrate, on doit la servir fidèlement; forcée à la reconnaissance, elle rentre dans le devoir par la sagesse de ses enfants; ainsi se forment les grandes nations, c'est l'âme des grands hommes qui vit partout où est leur gloire.

Cet amour généreux n'a point de limites déterminées par le sol; voyez la France et l'Angleterre qui protégent, de leur sang et de leurs capitaux, les faibles contre l'oppression des forts,et dissipent les ténèbres de la servitude pour rendre justes, humains et forts ceux qui sont faibles et ignorants; la lumière fera toujours majorité avec la morale.

Plus d'illusion, toute dissimulation sur l'agression du czar ne peut plus être qu'une coupable complicité de son ambition. Cette ambition est un fait avéré par l'Europe entière. Depuis longues années se préparaient dans l'ombre du cabinet russe l'argent et les alliances pour cette explosion contre la civilisation, tout a été mis en œuvre pour la renaissance du vandalisme.

Une de ses avant-garde fut dans les entretiens du Monarque moscovite avec l'ambassadeur d'Angleterre, révélation qui montra à la fois et le malade dans l'Empire turc et le médecin dans l'ambition russe ; conférence enfin qui éclaira l'Europe sur tous les dangers qui l'environnaient.

Il est indispensable de faire remarquer combien est fertile en expédients, en subterfuges, cette politique qui aspirait à s'appesantir sur le monde entier : après avoir épuisé toutes les voies de la diplomatie pour jeter le voile le plus épais sur son ambition, opéré le passage du Pruth, violé tous les traités sur les bords du Danube, il fit annoncer à l'Europe que les souverains moscovites sont héritiers en droite ligne depuis trois siècles de la couronne de Constantinople, et que ses titres légitimes sont enregistrés dans les archives de Moscou.

Qui ne reconnaîtra dans cette prétendue légitimité le plus grossier mensonge, la plus claire absurdité ? car si ces droits existaient, le czar n'eût pas attendu les accusations de l'Europe pour les faire valoir ; son honneur lui commandait d'en faire le principe, le fondement de la guerre qu'il a entreprise avec une si grande légèreté; ces droits eussent vu le jour avant les baïonnettes agressives. Le fondateur de l'Empire russe dont le règne ne date que d'un siècle et demi, étant lui-même l'ambition personnifiée, n'eût point inscrit Constantinople dans son testament comme une conquête à faire, mais à titre de succession ; en un mot, ces droits seraient écrits dans l'histoire.

Or, tout démontre que dans la politique russe

l'agression la plus manifeste est parée de toutes les formes de la justice et du bon droit; politique aussi cruelle qu'injuste, ses moyens d'action sont en parfaite harmonie avec le principe. Chaque phase de cette guerre nous apporte de nouveaux actes de barbarie; ainsi, sur les côtes de la Circassie l'armée russe forcée d'abandonner ses positions, a détruit non seulement ses forts, mais encore toutes les habitations; villes et campagnes ne sont plus que ruines et cendres sur un littoral de deux cents lieues; des milliers de familles errent dans les déserts et les forêts, sans asile et sans pain. Partout, fidèle à son système, la Russie fait une guerre d'extermination.

Mais tous ces caractères de cruauté sont traditionnels dans la nation russe; descendue du Dnieper, elle s'est répandue sur l'Empire grec comme un torrent dévastateur, ne laissant d'autres traces de son passage que des ruines et des flots de sang; toute l'histoire de cet Empire est pleine de ces faits; au dix-neuvième siècle encore, cette nation conserve l'héritage des mœurs de ses ancêtres. Aussi est-il à remarquer, que depuis son origine, elle n'a donné qu'un seul grand homme et une femme célèbre: Pierre Ier et Catherine II; et encore, leur célébrité est-elle entachée de cruautés à toutes les phases de leur règne. Le premier, terrible à ses sujets, fonda un Empire puissant, mais il ne réforma point les mœurs de la nation; livré lui-même à la débauche, les excès le conduisirent plus d'une fois aux portes du tombeau. La seconde étouffa dans les serres de son ambition la nationalité polonaise; et si la souveraine se fit entourer de savants et d'artistes de toutes les parties de l'Europe, ce ne fut que pour le décorum de sa couronne; leurs talents ne servirent qu'au raffinement de l'oppression et à étendre la force matérielle du Monarque féminin.

Cet art de régner ne s'est point modifié, même en présence des améliorations du dix-neuvième siècle; le grand défenseur de la foi orthodoxe n'a que des rigueurs pour les dissidents: culte sans charité, qui ne sait que se faire craindre et ne s'est jamais fait aimer; il n'a su établir son empire que sur l'ignorance, le fanatisme et la superstition.

L'autocrate jaloux jusqu'à l'excès de sa souveraineté absolue, dans son aveuglement extrême, ne voit que révolutions dans les réformes les plus équitables, les améliorations les plus urgentes; leur moralité ne lui apparaît que comme un ferment éternel de discorde; toute sa marche progressive est dans les instruments de guerre et le triomphe de son ambition sans frein.

Ses fureurs ne respectent rien : l'âge, le sexe, le sentiment national, tout est immolé aux cruelles susceptibilités du Monarque moscovite; ce sont des enfants égorgés sur les mamelles de leur mère, des vieillards écartelés, des soldats fusillés pour avoir demandé leur congé.

La France, l'Europe entière ne sauraient avoir trop de renseignements sur la législation, la politique, l'esprit de religion, les mœurs de cet empire qui s'érige le droit d'imposer des lois à l'univers.

La France, surtout, doit prendre en haute considération qu'elle a toujours été pour la Russie la plus redoutable des puissances; cette crainte est écrite en gros caractères dans le testament de Pierre-le-Grand : notre principale politique, dit-il, est de ménager la cour de Versailles pour soumettre les autres puissances de l'Europe, et de l'assaillir ensuite avec toutes les forces des Etats européens.

Telle est encore la tactique du monarque moscovite actuel ; tous ses efforts tendirent jusqu'à ce jour à isoler la France de tous ses voisins, des puissances lointaines; mais son Souverain a compris toute la portée de cette taetique et la grandeur du nom français, ainsi que sa mission dans cette lutte de la civilisation contre la barbarie; la nation répond à cet appel par une noble ardeur belliqueuse et avec des lingots d'or.

Oui, l'autorité de la France est grande dans le monde civilisé et barbare; que tout Français se rallie pour venger l'humanité et défendre partout la justice et le bon droit.

L'Angleterre, la première, a reconnu cette puissance libératrice; elle a imposé silence à sa vieille rivalité pour unir ses forces et ses éléments civilisateurs dans un triomphe destiné à s'éterniser; pour la première fois, la nation anglaise a fraternisé avec la nation française; l'Autriche et la Prusse reconnaissent dans cette œuvre leur salut commun, et toutes les puissances allemandes se rangent sous ce drapeau protecteur. Enfin, depuis la Baltique jusqu'à la Perse, tout cède de cœur à cette influence morale et légitime, et cette Russie si habile s'enveloppe elle-même d'ennemis dans le vaste réseau de son ambition.

Mais quelles ne sont pas, pour le dire en passant, les étranges espérances des légitimistes pour le rétablissement de leur dynastie par le triomphe et par la puissance du Czar : en présence de sa politique ambitieuse, fidèle à celle de son aïeul, comme lui, il serait sans respect pour l'ancienne monarchie; la prospérité et les grandeurs de la France sont l'objet de ses convoitises. Folie, folie! de croire qu'un conquérant barbare reconnaisse les priviléges d'une dynastie; quand il distribue des trônes, c'est pour avoir des esclaves couronnés.

Voyez ce grand potentat si redoutable et si audacieux, abattu, consterné, plein d'insomnies, sur un trône qu'il croyait universel; et cette épée de Damoclès qu'il promenait sur l'Europe avec une entière confiance, est aujourd'hui suspendue sur sa tête!

Trop d'illusions sur la puissance de la Russie; qu'on l'examine sans esprit de parti, et l'on reconnaîtra dans le mécanisme de ce gouvernement, dans les vices de ses institutions, dans l'ignorance et la servitude de ses peuples, de véritables éléments de ruines, tous les principes de mort, en présence de l'Europe libre, prospère et éclairée. Déjà les idées émoussent le fer, la pensée commence ses conquêtes dans les rangs de l'armée russe ; écoutez bien, et vous entendrez craquer l'Empire de toutes parts.

Est-ce un témoignage de faiblesse ou de lâcheté, cet ordre donné aux armées russes de ne jamais combattre qu'en nombre supérieur à celui de l'ennemi; cette supériorité même a rarement triomphé des Turcs dans cette campagne, et ces derniers eussent toujours été vainqueurs à forces égales.

O France! peux-tu douter un instant de ton triomphe? Tes enfants sont pleins de confiance dans la justice de leur cause, ils ne font la guerre qu'aux tyrans et non aux nations. Voyez ce rapport de M. l'amiral Hamelin au gouvernement : « Pour donner à la « guerre un caractère de justice et d'humanité, j'ai « rendu les prisonniers; les habitants et le commerce « d'Odessa ont été respectés par nos soldats et nos « canons. » Cherchez cette magnanimité dans l'histoire de tous les siècles passés. C'est la pensée de la France dans son Souverain !

Mais cette justice et cette humanité portent déjà leurs fruits dans l'Empire ottoman. Les Turcs étaient dans l'usage de porter à leur chef la tête d'un ennemi vaincu pour en recevoir une récompense (1); dans la guerre actuelle, le même salaire n'est accordé qu'à ceux qui présentent des ennemis vivants. Poursuivons. Les Russes désolent toutes les contrées qu'ils occupent; l'armée turque rentrant dans la petite Valachie, apporte à ses habitants mourant de faim, des vivres en abondance. L'administration russe exerce sur une vaste échelle ses dilapidations dans les finances de l'État; tandis que le soldat manque souvent d'habit, de chaussure et de pain. Dans l'armée turque, tous les grades depuis Omer Pacha jusqu'au capitaine ont fait le sacrifice des trois quarts de leur solde pour subvenir aux frais de la guerre. Ainsi, d'une part, le Russe poursuit sa carrière de barbarie; de l'autre, le barbare ottoman passe sans transition à des actes de civilisation.

---

(1) Une piastre par tête.

En outre, tout commence à s'améliorer dans l'Empire turc ; la justice, l'administration civile et l'art militaire ont déjà fait un grand pas dans les voies nouvelles ; l'économie pénètre dans les finances; la police est plus prévoyante et plus modérée; les chrétiens jouissent de tous leurs droits, une protection spéciale les environne de toutes parts; cent vingt collèges sont fondés malgré les prescriptions de l'Alcoran ; les sciences, les lettres, les arts trouveront leur place sur cette terre classique de l'ignorance ; et le progrès de l'agriculture, ajouté à ces contrées fertiles, sera une nouvelle source de richesses pour l'Orient, pour la France et l'Europe un nouveau grenier d'abondance. Enfin, la lumière parcourant ce nouvel horizon, fera surgir des mœurs plus douces, signes infaillibles de meilleures institutions ; le fanatisme de Mahomet se transformera en tolérance de Christianisme pur, et l'esclavage disparaîtra à jamais du berceau de la liberté après tant de siècles de domination.

L'affranchissement de cet Empire sera une véritable renaissance; la Palestine a vu naître le Sauveur du monde, terre sacrée, patrie des croyances, origine d'une civilisation qui ne finira qu'avec les siècles. Quel triomphe pour la religion !

L'antique Bysance, si riche aussi en beaux souvenirs, se lie et s'enchaîne à tout ce que la Grèce eut de grand : éloquence, poésie, histoire, sciences, arts, tout va recevoir une nouvelle vie; les lauriers des anciens héros vont refleurir dans cette conquête; la pensée conduisant les baïonnettes, les bons livres naîtront en foule des événements si fertiles en grandes choses. Que de moissons de gloire pour la littérature !

les études classiques se déploieront sur une échelle infinie, la tombe des grands hommes va s'ouvrir pour l'enseignement de toute notre génération.

«Mais ce n'est point là le terme d'aussi grandes œuvres; d'améliorations en améliorations le dogme chrétien pénétrera tout entier dans le cœur de la nation musulmane qui sera éclairée sur le véritable génie du Christianisme; l'Évangile succédera à l'Alcoran.

Or, l'intégrité de l'Empire ottoman ne doit pas seulement être considérée au point de vue de l'équilibre européen, la régénération couronnera tous les bienfaits.

Cette régénération s'accomplira par les éléments moraux et les éléments matériels; le commerce à son tour ouvrira dans ces contrées des sources inépuisables de bien-être; les mers ouvertes de toutes parts, donneront un nouvel essor à nos productions; de magnifiques routes sillonneront ces terres incultes et sauvages; les voies ferrées trouveront également leur place pour répandre les éléments civilisateurs; et notre marine si puissante dans la guerre, portera de toutes parts les bienfaits de la paix; la sécurité des transactions s'ouvrira des voies nouvelles dans la reconnaissance des peuples.

La civilisation de la Turquie est donc un fait qui s'accomplit tous les jours: civilisation improvisée, pour ainsi dire, et qui n'a point d'exemple dans l'histoire des nations. Ainsi, ce malade condamné à mourir par l'ambition du Monarque moscovite, est plein de vie entre les mains généreuses et protectrices des puissances occidentales.

Prodige d'amélioration! l'Empire turc n'a point

d'antécédent de gloire dans son passé, tandis que la nation grecque, la plus riche en illustrations dans ses ancêtres, est resté vile et corrompue après deux générations d'indépendance ; elle a été esclave, et dans sa liberté elle combat pour la tyrannie ; le premier commence à payer avec l'or de la reconnaissance ses libérateurs, en attendant des temps meilleurs ; la seconde acquitte ses dettes avec la monnaie de l'ingratitude (1).

Qu'est-ce que la Grèce moderne attend ? Que ses anciens oppresseurs lui donnent l'exemple de la civilisation.

Nous devons remarquer encore que la puissance ottomane était jugée, il y a quelques années, par l'Europe entière à ne vivre qu'à l'état de cadavre, elle reçoit dans l'ère nouvelle toutes les forces vives des grandes nations.

La Turquie en paix et affranchie, l'Europe n'aura de longtemps d'invasion à redouter; il reste donc évident que l'indépendance, la prospérité, le développement des institutions des États européens constituent la véritable politique universelle, dont la France, la première, a élevé le drapeau ; c'est la solution définitive et absolue de cette grande question d'Orient qui agite tous les esprits, sème tant d'alarmes et produit des maux infinis ; toute l'Europe est sous les coups de l'ambition d'un seul homme, toutes les nations n'ont qu'un seul intérêt ; et, plus prompts seront les moyens

---

(1) Le gouvernement grec doit 100 millions à la France depuis 1828 avec tous les intérêts.

pour abattre l'ennemi commun, plus grands seront les bienfaits de la paix; et si le Néron moderne ne rencontre pas un joueur de flûte pour le délivrer d'une vie surchargée de crimes, il abdiquera, au moins, au milieu de l'exécration générale!

Qu'il vive, pour son plus grand châtiment! il sera témoin d'un commencement de régénération dans ses États. Ainsi s'accomplira l'œuvre des puissances occidentales; les bonnes institutions seront les plus solides barrières dans l'Empire russe contre toute ambition envahissante; la sainte orthodoxie se convertira en vertus réelles, l'immaculée virginité en principes de justice, d'humanité et de saine morale; toute la nation reconnaîtra, enfin, que le véritable Dieu des armées est celui de la civilisation.

Il importe, au milieu des grands événements dont l'Europe est le théâtre, de reconnaître et de signaler, même à tous les points de vue, que parmi les États européens, le Piémont a été un des premiers à marcher sur les traces généreuses et nationales de la France; la nation sarde s'avance vers son midi des institutions nouvelles, des réformes commandées par l'esprit du temps et les besoins du pays; un progrès modéré et continu y suit son échelle, sa marche ascendante, et fait chaque jour un pas dans la mission civilisatrice à laquelle toutes les nations sont appelées au XIXe siècle.

Ce beau et riche pays, en possession déjà des principaux éléments de civilisation, attend pour les développer dans toute leur puissance, l'appui d'une paix durable, appui mutuel de tous les États.

Eminemment religieuse, cette nation ne peut se matérialiser; le flambeau du Christianisme placé au sommet pour éclairer tout l'édifice, et environné de toutes les sciences, la morale marquera aussi son progrès sur chaque échelon d'une vérité acquise, à toutes les phases des générations ; la fausse philosophie et toutes les mauvaises doctrines disparaîtront de l'horizon social.

L'union entre le Souverain et la nation est la première garantie de ce grand œuvre qui fécondera toutes les vertus et fermera l'ère des révolutions.

Honneur, gloire à ce Monarque qui comprend le génie de la France et la grande pensée du Monarque français, et qui se prépare, dans la mesure de ses forces, à devenir un puissant auxiliaire de la paix de l'Europe ! Plus il avancera dans cette carrière régénératrice, plus il grandira dans ses nobles travaux.

La nation aussi a compris ce grand acte de salut commun ; son empressement à souscrire à l'emprunt du gouvernement, à se ranger sous le drapeau de l'indépendance, est un grand essor donné à l'esprit national.

Qu'elle continue à entourer son Souverain de son dévouement et de son amour, et, fidèle à ses principes, elle prouvera au monde, à son tour, que la grandeur et la prospérité des États ne sont pas dans l'étendue du territoire, mais dans les lumières et la sagesse des peuples, dans les bonnes et sages lois.

Le Piémont est l'avant-garde du bien-être et de la nationalité de l'Italie.

L'histoire tiendra compte, dans une de ses belles pages, de l'habileté de ce Souverain à concourir au respect de tous les droits, au maintien de l'intégrité des Etats Européens ; comme elle accusera aussi la lenteur de cette Germanie si avancée, si féconde en grands penseurs ; à plat ventre contre terre, toute l'Allemagne eût courbé son dos sous les armées moscovites, si la politique à la fois énergique et sage de la France n'avait arrêté les nouveaux Titans prêts à escalader les cieux ; si les intrépides guerriers de l'Europe occidentale ne faisaient rentrer le Monarque russe dans ses États.

On doit sans doute le retard des peuples allemands à entrer dans le grand concert du salut universel, à l'influence du vieux parti russe qui a pesé trop longtems sur les destinées de l'Allemagne, qui applaudissait à tous les actes d'iniquité et de barbarie dont l'ambition du Czar s'est rendue coupable jusqu'à ce jour.

Mais cette ambition a aussi ses amis et ses défenseurs en France; cependant, soit que les uns, pour la gloire et le bonheur du pays, n'aient aucune part dans les affaires de l'État, soit que d'autres n'ayant pas entièrement abjuré leur patrie, aient reconnu que le cœur français doit dominer sur tous les intérêts égoïstes, la politique du Monarque n'a rencontré aucun nuage dans ses conseils ; le sentiment national a dissipé tous les miasmes qui pouvaient sortir d'une atmosphère corrompue.

On doit encore considérer à leur point de vue relatif les longues hésitations de l'Autriche et de la Prusse, la première liée par la reconnaissance, la seconde par l'affection de famille ; mais les Souverains de ces deux puissances reconnaissent enfin que les intérêts des peuples, l'indépendance des États, et plus encore pour eux l'honneur et la conservation de leur couronne, sont des considérations qui dominent toute autre considération humaine; que la grande famille qui s'appelle la nation renferme tous les droits primordiaux; que les services rendus dans la guerre de Hongrie ne sauraient prévaloir sur la sécurité des Empires, sur leur intégrité, et sur l'équilibre européen; que cette reconnaissance dont le Monarque moscovite prétendait faire un instrument de son ambition, ne doit non seulement jamais entrer dans la balance des destinées du monde, mais qu'elle les couvrirait d'une éternelle infamie.

Mais ne devons-nous pas reconnaître aussi que le czar garantissait son empire en défendant les États de l'Autriche et de la Prusse; que cette défense était sa première et son arrière-pensée, le point culminant de sa haute protection. Or, faire de cette protection apparente le joug le plus honteux de ses protégés, c'est sacrifier lui-même à ses desseins ambitieux les intérêts de son empire, la prospérité des ses Etats, en un mot, le titre le plus glorieux, le plus sacré de tout souverain: celui de père du peuple!

Jamais politique n'a remué si profondément le monde moral et matériel, soulevé d'aussi mauvaises passions; chaque jour nous apporte des flots de cette barbarie qui fait un appel à tous les instincts révolutionnaires; à chaque période ce sont des actes de haine contre la civilisation et l'humanité; nous sommes tous suspendus sur l'abîme qui doit engloutir humanité et civilisation. C'est une question de vie ou de mort; souverains, nations, particuliers, tous ont leur part de responsabilité dans ce grand drame qui renferme la gloire ou la honte universelle.

Un dévouement sans bornes peut seul fermer cet abîme; les plus grands sacrifices seront effacés, amèneront le retour des affaires, et se changeront en prospérités par le libre développement et le triomphe de nos institutions, ainsi que par la stabilité de la paix générale.

Ce cataclysme universel une fois arrêté à sa source, toutes les nations reconnaîtront que la France est la sentinelle avancée de l'Europe, le premier phare de la civilisation. A elle d'élever sa mission plus haut, mission infinie qui a pris son essor, ainsi que nous l'avons fait remarquer plus d'une fois, dans l'immortelle révolution de 89; cette révolution est, après le Christianisme, l'acte consommé de la révélation, le plus généreux, le plus équitable, le plus fécond en principes de vie morale, civile et politique que le globe ait jamais vu naître et s'élever sur sa surface. Que dis-je? elle est le plus puissant, le plus grand auxiliaire de la pensée chrétienne, une véritable émanation de la loi divine pour la perfection des lois humaines; c'est une porte ouverte qui ne doit se fermer qu'avec les siècles, grandir l'humanité à chaque génération. Or, le salut est sorti de l'Orient, il doit avoir son second siége en France; siége dont les ramifications et les attributs s'étendent sur tous les intérêts moraux et matériels sans distinction de classe, et ne formant qu'un seul corps de la grande famille universelle.

Pas de civilisation sans institutions libérales : voyez leur développement en Europe et en Amérique, bientôt elles s'étendront sur le monde entier; elles y sont appelées depuis cette mémorable époque qui a séparé la France de l'ancien régime, séparation qui se perpétuera à jamais non par de nouvelles révolutions, mais par les armes morales qui seules ont la puissance d'affranchir de tout despotisme.

Examinez les Etats européens avant 89; excepté l'Angleterre, ils vivaient tous dans un *statu quo* qui paralysait toutes les sympathies nationales, entretenait un esprit de division parmi les nations toujours menacées de la guerre et de toutes les calamités qui l'accompagnent.

Il doit être permis aussi de faire remarquer, même en présence des événements, que si l'Angleterre a été pendant plusieurs siècles le seul Etat constitutionnel en Europe, sa constitution n'a cependant jamais dépassé le détroit; qu'elle a même amélioré son impôt foncier depuis 89; que la nation anglaise a grandi sur une plus vaste échelle par de nouvelles institutions. Des réformes nombreuses se sont opérées dans ce pays éminemment national, une plus grande somme de liberté en a augmenté la prospérité. De plus grandes améliorations s'y préparent encore, et le jour n'est peut-être pas éloigné où l'Irlande sera élevée à la dignité du reste de la nation, et où elle jouira de tous les priviléges, de tous les droits dus à son culte. Ainsi, nous devons considérer la révolution de 89 comme un second astre annexé au Christianisme pour la régénération de l'espèce humaine.

Cet astre est plus évident encore sous le gouvernement actuel par la somme de lumières morales et intellectuelles qu'il est en voie de répandre sur toutes les classes de la société, en commençant par les salles d'asile sans distinction de pauvre et de riche, et suivant sa carrière sans franchir un seul échelon. Il est urgent de faire observer que dans beaucoup d'établissements d'éducation,même décorés d'un beau titre, les jeunes filles peu fortunées ne sont point exercées aux travaux de l'aiguille, dans d'autres très-peu; toutes portent à l'extérieur, comme à l'intérieur, les caractères d'une éducation qui appellent les réformes les plus sérieuses et une protection toute spéciale.

Oui, la régénération commence; les bagnes disparaissent graduellement; ajoutez à ce progrès inconnu à nos ancêtres, à l'antiquité la plus reculée, la dernière statistique des prisons, exposée par M. le Ministre de l'intérieur, constatant une plus grande amélioration dans l'ordre moral et matériel: spectacle nouveau et consolant pour l'humanité, signe manifeste du progrès religieux. Vrai système régénérateur, système ignoré du vieux régime qui jetait pêle-mêle les deux sexes dans des cachots infects, et sans autres inspirations que leurs vices, cachots où les moins coupables s'étiolaient au contact des plus grands criminels, et cela s'appelait punir le crime. Enfin, le législateur croyait avoir rempli sa mission quand il effaçait sur les registres de la société les membres qui lui étaient nuisibles.

Dans la législation actuelle, la dignité humaine est toujours respectée, depuis le triomphe de la vertu jusqu'au dernier échelon du vice. Faire succéder la morale au désordre, protéger le méchant contre lui-même, élever les condamnés à leurs propres yeux et les rendre à l'estime et à l'amour de leurs semblables, telle est la noble amélioration introduite dans le régime des prisons.

En continuant de suivre l'œuvre de régénération on doit aussi remarquer que nulle part la liberté des cultes n'est aussi pleine et entière qu'en France; les dissidences n'y constituent aucun privilége pour les grades, les emplois et les fonctions; et elles sont même à l'abri du coup d'Etat de la révocation de l'édit de Nantes; toutes les croyances religieuses sont respectées, et cette liberté de conscience gagne tous les jours des cœurs au catholicisme.

L'aristocratie est aussi moins tranchée en France; elle se rapproche des masses et fait beaucoup d'œuvres de charité; les fortunes rencontrent moins d'obstacles pour se réaliser et sont mieux réparties; les salaires sont plus élevés, partant, moins de souffrances et de misères.

L'esprit de parti est moins passionné sous le gouvernement actuel, la fusion commence à s'opérer dans le calme; le danger de la patrie unit toutes les opinions honnêtes.

Sous un gouvernement qui se respecte et comprend ses devoirs, les places ne sont plus le prix de l'or et de la faveur; elles se donnent aux plus dignes.

Point de contrées disgraciées et exploitées, la justice et les lois exercent sur toutes l'égalité de leur salutaire empire; partout la haute sollicitude du souverain domine, la législation est une, le règne d'une sincère légalité commence.

Les œuvres de la charité sont communes à toutes les classes de la société; la générosité est un caractère distinctif de la nation; les prisonniers de guerre ne sont plus traités en ennemis, le cœur répare les infortunes de la valeur ; le courage militaire est devenu une vertu vengeresse des opprimés, la France ne fait plus la guerre qu'aux tyrans.

L'agriculture en honneur, le cultivateur devenant humain et policé fera des greniers encombrés par la cupidité des sources d'abondance générale.

Plus de corps privilégiés pour jouir exclusivement des bienfaits de l'intelligence et du travail ; le seigle et le froment cessent d'être des lignes de démarcation entre le propriétaire et le fermier, entre le noble et le plébeïen; une sage économie et les circonstances traceront les limites et seront les arbitres des besoins; les rangs et la fortune se distingueront par leurs libéralités.

La philosophie ouvrira ses mains pleines de vérités; elle ne demandera pas toutes ses inspirations à la raison humaine; montant de bonne foi aux sommités de la science pour pénétrer dans les véritables sources de la lumière, elle en descendra humble et satisfaite pour faire cause commune avec l'humilité chrétienne; alors, sans rien perdre de sa dignité et de sa grandeur, elle deviendra accessible à tous les esprits et à tous les cœurs.

Les sciences et les arts ne seront plus uniquement des richesses de l'esprit, une étude oisive, un pur objet de nobles loisirs, des oracles extérieurs de l'orgueil des monuments, ils seront tous appliqués aux besoins et à la grandeur de l'humanité.

La morale et la vérité entrent plus largement dans le domaine des lettres; celles-ci sont l'objet d'une considération sérieuse, de la haute sollicitude du Souverain. Dans leur nouvelle mission, témoins fidèles des événements, inspirées par un constant amour de la patrie, animées d'une gloire plus pure, de sentiments plus généreux encore, plus riches en belles actions, en vertus à célébrer, elles ajouteront de plus belles pages à l'histoire; elles ne seront funestes qu'aux traîtres à la patrie et à l'immoralité.

La presse périodique elle-même rentre dans son état normal; plus préoccupée de la prospérité de la France, elle s'éloigne chaque jour de la passion de l'esprit de parti, elle sacrifie les intérêts égoïstes à ses devoirs; la religion, la morale, le respect de l'autorité et des lois trouvent une meilleure place au chiffre de chaque jour. Eole, bientôt, n'aura plus qu'un vent pour la vérité; enfin, les organes du vieux temps ne présentent qu'un anachronisme ridicule, et n'ont plus d'armes que pour faire rire la nation.

Féconde par son sol, riche de toutes les productions des climats tempérés, appuyée sur un commerce infini et sur une industrie sans bornes, à proximité du monde entier par toutes les mers, en possession d'une marine qui pourrait, au besoin, s'élever égale à celle de Xercès quand il envahit la Grèce, soutenue par une armée habituée à vaincre, et animée par les plus beaux souvenirs de gloire de quatorze siècles, alliée de toutes les puissance amies de l'ordre et de la paix, jalouse de leur indépendance et de leur nationalité, la France est en voie de toutes les prospérités, voie qu'aucune nation n'a pu voir encore s'ouvrir devant elle.

Elle est plus puissante encore par son patriotisme

protecteur et éclairé, l'esprit de ses institutions, par la politique sage et énergique de son Souverain, par l'ère nouvelle de moralité qu'elle ouvre; fidèle à sa mission de fille aînée de l'Eglise, elle est ainsi entourée de tous les attributs de la civilisation. Aussi le ciel et la terre disent assez haut, surtout dans la question d'Orient, que le salut de l'humanité est dans le salut de la France.

CHAPITRE VIII.

Conclusions.

Sauvons la France pour sauver l'humanité n'est pas un vain titre ; oui, les événements placent le salut de la France et celui de l'humanité dans la politique du Monarque français ; par la sagesse des institutions, par la morale et la religion, par le système tout entier du gouvernement, par la nature même des choses, chaque jour élargit l'horizon régénérateur. A quelle phase de la monarchie, sous quel Prince, sous quelle forme de gouvernement a-t-on parlé de régénération? les uns étaient rétrogrades, les autres corrupteurs ; les plus avancés faisaient du progrès anarchie, pas un n'a posé les limites qui mettent la liberté en harmonie avec le devoir. L'Europe a toujours suivi l'impulsion de la France ; jamais peuple avant elle n'a déployé un patriotisme éclairé et protecteur des autres peuples ; une sage liberté ouvre progressivement les replis du drapeau de la civilisation. Sauver l'humanité ! C'est une mission à la fois divine et humaine, mission qui doit s'étendre sur l'échelle de tous les siècles futurs, échelle de perfection pour ne plus dégénérer, perfection dont la nation française possède les premiers éléments.

L'opinion la plus commune, cependant, est de croire à l'arrêt du destin, de lui attribuer une souveraine puissance. Sans doute, jusqu'à ce jour l'histoire semble donner raison à cette opinion; les empires se sont écroulés de toutes parts, nulle puissance humaine n'a pu renaître de son déclin. Mais dans ces catastrophes la vérité n'a pas fait son temps, elle est éternelle comme sa source; le passé n'en a vu qu'une façade, la plus belle partie de l'édifice est réservée au dix-neuvième siècle. Dans ce siècle nous devons juger de plus haut les hommes et les choses; la nature humaine est inépuisable, c'est au monde moral à gouverner le monde physique; et l'on doit reconnaître que si toutes les nations ont dégénéré, l'origine, la chaîne de leur ruine et de leur corruption sont dans leur mauvaise organisation sociale, dans les vices de leur législation, le génie des peuples, l'esprit des temps, en un mot, dans la vie des gouvernements; de leur existence politique et morale dépend la vie des peuples, la durée des nations; il faut mesurer les effets sur les causes.

Dans ce passé qu'on invoque souvent comme règle de ses jugements, et qui sont les oracles des opinions exclusives et outrées, tout n'a été que conquêtes; la loi du vainqueur uniquement appuyée sur la force matérielle n'a pu régénérer les nations. Parcourons d'abord cette vaste antiquité composée de milliers d'années, de peuples innombrables, Egyptiens, Mèdes, Perses, Assyriens, etc., tous ont été tour à tour oppresseurs et opprimés; les Israélites eux-mêmes réduisirent en servitude les Gabaonites en prenant possession de la terre promise ; et si le peuple de Dieu ne savait même pas respecter la loi naturelle, à quel autre pouvait être réclamé son caractère sacré !

Les Grecs étaient dans l'impuissance de réformer leur législation, d'améliorer leur état moral dans les conditions d'existence politique et sociale où les avaient placés leurs législateurs, sans abolir l'esclavage; l'esclavage était l'élément de leur domination. Les Romains plus imparfaits encore, conquérants par vocation, enrichis des dépouilles de tant de peuples divers, en recueillirent aussi tous les vices; leurs esclaves furent condamnés au plus profond avilissement, à la plus honteuse misère; sans gradation dans le progrès, ce peuple belliqueux ne sut se policer sans se corrompre; paraissant même redouter dans l'intégrité de ses mœurs le contact des lettres, des arts et des sciences, dans sa prospérité tout devint l'instrument de ses passions.

Si nous suivons ces deux nations, traînant toutes les autres à leur suite, dans l'intérieur de leur vie politique, nous voyons cette Grèce, illustrée par tant de grands hommes, porter une basse envie aux plus illustres personnages, persécuter le mérite et la vertu; et pour comble de maux, ces Etats si unis dans la défense commune de la patrie, se diviser, s'affaiblir, se déchirer dans des guerres intestines, devenir l'instrument de la grandeur passagère et de l'ambition d'un conquérant nouveau qui périt lui-même victime de ses excès, à l'âge de trente-trois ans, au centre de ses conquêtes. Maître du monde, Alexandre ne laissa qu'un nom sans empire.

L'empire romain n'était pas moins travaillé par les factions; divisés aussi, au sein de ses plus grandes gloires, le sénat et le peuple vivaient dans une lutte qui n'était suspendue qu'en présence du danger commun; l'orage extérieur passé, les discordes civiles reprenaient leurs cours; des améliorations étaient sans cesse promises, et jamais accordées, elles alimentaient l'esprit de désordre, et faisaient de la place publique un champ de bataille de citoyens contre citoyens enfants de la même patrie; un pouvoir souvent oppresseur, un peuple mourant de faim dans sa liberté, cette forme de gouvernement s'appela république, république qui aspirait à l'empire de l'univers.

Mais à moitié sauvage, ce peuple si fier républicain pouvait-il pratiquer toutes les vertus commandées par la nature de ce gouvernement? Son histoire, riche de hauts faits, ne présente qu'un assemblage de grandeurs et d'actes de barbarie.

Que devait-il surgir, en effet, des ténèbres du paganisme? des divinités faites à l'image des hommes n'avaient aucun caractère divin; la diversité des cultes offrait les contrastes les plus frappants sans améliorer les mœurs; dans leurs attributs absurdes et mensongers ces divinités ne pouvaient enseigner une morale saine et pure; leurs passions sanctionnaient avec une égale impunité le vice et la vertu.

Voilà les croyances qui constituaient la force des sociétés, la sagesse des lois divines pour modeler des lois humaines, l'unique élément du fondement des empires chez les anciens peuples!

La philosophie était-elle plus sage et plus éclairée pour suppléer à cet amalgame d'absurdités injurieuses au vrai Dieu, appelé religion, si jamais elle pouvait être un supplément religieux? Socrate, sacrifiant aux faux dieux avant de rendre le dernier soupir, a prouvé qu'il n'avait jamais été qu'un sophiste. Aristote établissant en principe qu'il est des hommes nés pour la servitude, comme si la nature avait deux maîtres, l'un ordonnant de faire des hommes libres, l'autre des esclaves, et donnant impunément aux premiers le droit de vie et de mort sur les seconds; Aristote, dis-je, ce philosophe si vanté, a fait de la science un instrument de la tyrannie, de l'avilissement de l'humanité.

Privés de la véritable lumière, trop de vaine gloire était le mobile des belles actions des grands hommes du paganisme; il y avait souvent chez eux plus d'amour-propre que de véritable grandeur d'âme; éclairés néanmoins sur le caractère des fausses divinités, sur les impostures de leurs ministres, ne connaissant aucun maître supérieur, ils rapportaient tout à eux-mêmes, et n'attendaient d'autres juges de leurs vertus que les hommages de la postérité. C'est le plus haut degré de perfection morale que le monde ancien puisse offrir au monde nouveau; or, l'enseignement du passé est uniquement secondaire pour notre siècle et pour les générations futures, ses lumières doivent être éternellement subordonnées au flambeau du Catholicisme.

On reconnaît encore dans quelques puissances des temps modernes ce prestige éblouissant, mais passager. Voyez, entre autres, l'Espagne au XVIe siècle, nation pleine de vigueur et d'enthousiasme guerrier: flottes innombrables, armées victorieuses, vaste étendue de territoire, domination sur toutes les mers, politique habile et prépondérante, prospérité, richesses sur la plus grande échelle et par le commerce et par toutes les productions du sol, rien n'a manqué à cette puissance; mais elle avait oublié aussi une bonne législation, la morale des peuples; l'orgueil et l'intérêt dominaient ce vaste Empire, et faisaient les bases principales de sa grandeur. La corruption était inévitable; elle pénétra d'abord dans le cœur des hommes d'État, et ne tarda pas à se glisser dans toutes les veines de la nation; et cette puissance sans rivale pendant un siècle, en l'absence d'un véritable progrès, s'est brisée comme un verre, en vue même de l'inquisition toute puissante. L'Espagne n'a pu survivre à ses défaites sans dégénérer, depuis deux siècles elle dort dans l'ignorance.

Tout est enseignement pour le XIXe siècle.

Comme l'homme, la véritable vie des Empires a un siége moral, ce siége c'est l'âme; cette âme, pure émanation de la Divinité, est affranchie de vieillesse; essence de l'Être des êtres qui ne peut se détruire par ce qu'il est parfait, ainsi l'âme humaine est impérissable. Un empire fondé sur ce principe vital est un éternel printemps d'où naissent des générations d'une vigueur toujours nouvelle, et qui, comme le sol, par le progrès s'améliorent sans cesse sur une échelle infinie. Or, il est établi, comme axiome, que toute puissance qui n'a d'autre élément d'existence que la force matérielle est périssable de sa nature; un corps sans âme se dissout, se réduit en poussière.

Oui, la morale fait la vraie grandeur des nations, la principale force des États.

La France actuelle assise sur ces principes immuables, éclairée par le passé, plus riche encore des lumières du présent, de plus grandes vertus ajoutées aux vertus acquises, au centre de tous les éléments civilisateurs, s'élèvera supérieure à tous les temps qui l'ont précédée, à l'antiquité tout entière. La conscience, partout unie aux talents, au génie, au savoir, aux affaires, aux fonctions, aux ministères de toute nature; enfin, les lettres, les sciences, les arts ne seront plus un danger pour les mœurs, mais des éléments nouveaux de moralité, tels que les instruments aratoires perfectionnés pour l'amélioration du sol; tout s'identifiera, l'âme grandira par les lumières de l'esprit. Pour les facultés de l'homme toutes les richesses de la nature seront des bienfaits; toutes les idées saines et justes s'élevant graduellement sur leur échelle, toutes les intelligences étant à leur place, les spécialités accepteront la responsabilité qui les oblige; sur ces bases s'établira la solidarité sociale à tous les degrés.

Mais cet édifice ne saurait avoir de véritable solidité sans la force des croyances; ce frein opposé aux passions paraîtra plus pur dans ses sources; la religion, âme des bonnes sociétés, ne descendra plus dans l'arène politique, des hauteurs où son maître l'a placée; elle s'associera aux œuvres de la terre pour en modifier les imperfections; vrai port de salut, sa main s'étendra sur le rivage pour recevoir, consoler les victimes de l'orage, et réchauffer de ses entrailles de charité les débris de la fragilité humaine.

Les familles mêmes doivent prendre une part active au grand œuvre qui donne de bons ministres à la religion; elles suivront mieux les inspirations de ces appelés de Dieu, elles ne diront plus : il faut faire de notre fils un ecclésiastique, ce sera un honneur pour la maison, il aura du pain assuré. Parents insensés! pouvez-vous ignorer que c'est la vertu qui fait le bon prêtre, qu'il appartient à la société tout entière, que c'est un ministère d'humilité et de désintéressement; l'orgueil et l'intérêt sont incompatibles avec la dignité de sa mission.

La noblesse a également la sienne; les avantages de la naissance lui imposent de nobles devoirs : devoirs envers l'État, devoirs envers la société, la patrie, l'humanité tout entière. Plus illustre est l'origine, plus grandes sont les obligations; elle n'est plus élevée que pour être plus grande en vertu; les bienfaits rapprochent le plus les hommes de la Divinité. En général, la noblesse est plus éclairée de nos jours; elle sait qu'un des plus beaux attributs de la grandeur est de savoir descendre, science morale où la dignité du rang ne perd jamais sa place. Porter ses regards sur les misères humaines, répandre des libéralités, prendre part aux améliorations commandées par la justice et l'humanité, au développement des sages institutions, tout cela entre éminemment dans ses attributions et l'élève davantage. Son opulence est une source inépuisable pour le commerce, ses richesses un bienfait constant et reversible sur l'industrie, sur le pays tout entier. Les talents maltraités par la fortune doivent toujours trouver dans la noblesse une protection honorable et assurée; ainsi, plus grande encore par ses œuvres, elle aura des droits imprescriptibles à l'amour et au respect des peuples.

Affranchis des intrigues de cour, d'une aristocratie rétrograde, les Sully, les Colbert, les Turgot seront moins rares ; la sagesse de tous les hommes d'Etat s'élèvera sans entrave sur tout l'horizon des œuvres nationales ; les souverains, sans cesse éclairés sur les besoins du pays , répandront leurs bienfaits sans interruption.

Le commerce rentré dans son état normal se rattachera à ses véritables conditions d'existence, de prospérité ; et, faisant un retour sur lui-même, remontant à son origine et à ses développements, il reconnaîtra qu'il est réformateur de sa nature, et que l'égoïsme n'est qu'un élément de perturbation et de ruines.

Les classes laborieuses ne doivent pas moins se pénétrer des grands principes de la raison publique, des saines maximes du bonheur commun, des règles d'intérêt général, bases fondamentales des sociétés bien organisées, règles qui sont également pour elles des garanties solidaires et sacrées; tout droit constitue un devoir; elles ne peuvent enfreindre ces lois sous peine de calamités, de compression, de tyrannie; un peuple mutin ne peut être gouverné que par la force.

Sous le gouvernement de l'ordre et de l'équité tout doit être en voie de régénération ; le paupérisme, surtout, cette source féconde en plaies sociales et en désordres, perdra de ses profondeurs; et le spectacle hideux de la misère dont chaque lambeau est un drapeau d'anarchie semé d'issues toujours ouvertes aux révolutions, véritable insigne de la barbarie, disparaîtra du sol français devant le système d'économie, de moralité, de bienfaisance. Car, nous ne devons pas oublier que c'est en France que l'on pratique le plus la vertu de charité; que les bonnes œuvres de toute nature y sont en plus grand nombre, et que cette souveraineté d'actions généreuses s'élèvera dans les proportions données par une connaissance plus profonde du Christianisme, source inépuisable d'amour pour les hommes.

La législation humaine elle-même, inspirée du véritable esprit du Christianisme, se modifiera progressivement; elle recevra par des améliorations sociales toujours croissantes une nouvelle puissance de progrès qu'elle versera indéfiniment et dans un ordre sans cesse plus élevé sur la société tout entière, et successivement sur les générations suivantes; son unité ajoutant la force à la sagesse sera en possession de tous les éléments de modération et d'équité. Alors les lois humaines seront en harmonie avec la loi souveraine qui constitue les êtres, et, pleines de sollicitude pour leur bien-être souverain, elles n'auront plus d'autres traditions que les principes d'une justice éternelle; toute législation émanée de cette autorité suprême perdra ses germes de tyrannie, et substituera la vertu au crime.

Telle devrait être l'origine des sociétés, telle sera l'organisation de la nôtre; que tous les corps qui la constituent se pénètrent bien de leur mission, et par suite de leur exemple la morale sortira par tous les pores de la société, chaque pas conduira la France vers la perfection.

Oui, la perfectibilité est du domaine de l'humaine faiblesse; quel sage a pu dire: voilà l'apogée de la vertu; s'est-il rencontré un savant au dernier échelon de la science? Non, l'homme issu d'une source infinie a relativement des voies infinies à parcourir; ses flots de morale et d'intelligence s'élevant sans cesse seront les plus beaux et les plus solides monuments des œuvres que la nation française offrira aux siècles futurs. Les cœurs vertueux n'ont pas besoin de barrière; là est le seul terrain libre, liberté pleine et entière de faire le bien. Alors, d'où sortiront, de quelle part surgiront les vents qui soufflent les tempêtes sur le monde moral; l'atmosphère étant moins chargée de passions, de mauvaises doctrines, de charlatanisme, image des volcans éteints elle ne jettera que des flammes révolutionnaires impuissantes qui se perdront dans l'espace; les hommes justes et humains se multipliant, les principes de régénération se féconderont plus purs et plus grands.

Quel parti, quelle opinion, quelle âme honnête n'entrera pas dans ce pacte humanitaire et social? qui ne sera fier de porter le nom français dans l'accomplissement de cette œuvre inconnue au monde entier? Voilà pourquoi dans ce livre nous appelons toutes les classes de la société à s'améliorer elles-mêmes pour l'amélioration générale, où chacune d'elles trouvera bien-être et sécurité. L'absence d'une seule serait une lacune funeste dans le corps social.

Il est d'autres conditions encore pour multiplier de nobles dévouements : que chaque fonctionnaire soit rétribué largement; que le présent et l'avenir de sa famille ne le troublent point, ne l'inquiètent jamais dans l'exercice de ses fonctions; sa sécurité ne saurait demander des suppléments à la cupidité et aux prévarications; on aura acquis des droits sur les consciences. Que le peuple soit reconnaissant envers ses serviteurs fidèles; l'antiquité est pleine des martyrs de l'ingratitude des nations; plus d'une noble ambition a dévié de sa ligne droite; les jalousies et les persécutions contre les grands hommes ont de tous les temps été les signes infaillibles du déclin des empires. Le prêtre doit aussi vivre honorablement de l'autel, en suivant une hiérarchie; pourquoi serait-il l'exclu du siècle, le martyr de sa mission et même de ses bienfaits? Si les souffrances et les privations sont les seuls attributs de la vertu, qui pourra la pratiquer? Accordez ce qui est juste et salutaire, les ministères se rempliront toujours dignement.

Ah! plus d'illusion: monter ou descendre, c'est le cercle de l'humanité; une nation déchue ne se relève plus d'elle-même; laquelle relèvera la France, si elle succombe?....

C'est la décadence qui engendre les tyrans, la décadence, c'est l'âme dévorée jusqu'à la moelle par la corruption, l'orgueil et l'intérêt; c'est l'esclavage volontaire; semblable au suicide, sa mort commence par une maladie morale.

Mais comment la France pourrait-elle dégénérer? tous ses éléments régénérateurs sont appuyés sur le Christianisme; fidèle à son enseignement, comme lui elle sera immortelle dans ses destinées. Sa tolérance religieuse est un exemple salutaire pour les cultes dissidents; c'est par la vertu que l'Eglise triomphera, comme elle a triomphé de l'idolâtrie et du paganisme.

Entourée de peuples civilisés, sa lumière étendra tous ses rayons; la vérité déploiera son drapeau dans toute son ampleur, et suivra sa carrière sans interruption.

O siècle des plus grandes choses! la terre entière retentit le cri d'affranchissement ; la guerre d'Orient est une œuvre de la Providence. Dieu se joue des tyrans pour émanciper les peuples; leur ambition est dans ses mains un instrument de leur ruine; plus l'orgueil est grand, plus la vengeance est terrible, c'est la justice céleste unie aux justes haines des nations.

L'Europe pacifiée, rendue à son indépendance, à sa prospérité par une victoire généreuse, par la guerre la plus juste que jamais nation ait entreprise, témoignera que la France est à l'Europe ce que cette dernière est au monde entier.

Période la plus éclatante, enseignement le plus positif pour les écrivains français! qu'ils se pénètrent profondément de leur haute mission : qu'ils n'aient plus qu'une seule voix pour le salut de l'humanité; que la littérature cesse enfin d'être un foyer d'impiété, de discordes civiles, d'immoralité et de haines religieuses; qu'un profond sentiment d'union succède à l'esprit de division; que la pensée soit en France le terrain où les intérêts généraux se divisent le moins; que jamais le fond ne soit sacrifié à la forme. Toute pensée dominante doit émaner de la conscience et en conserver les caractères; il est des choses qui ne sont belles que dans leur état naturel, la nature vraie de leur propriété; la rose n'a pas besoin d'ornement. Je le répète, que l'art de faire penser ne soit plus un art funeste, un assemblage de fleurs sans fruit, un vernis des passions, un brillant coloris de tous les vices. Si l'homme ne sait pas être grand par la pensée, comment le sera-t-il? On peut être grand en tout; le mal seul ravale l'homme, sur le trône comme dans la plus obscure condition. Ornez, embellissez vos sujets, mais que toujours les costumes soient faits à la taille des personnages; étendez la magnificence des images, c'est sur un océan de dignités et de grandeurs réelles qu'elles doivent paraître; un faux éclat trahit toujours un vide, une grave imperfection, ou un être dénaturé; toujours le bout de l'oreille paraît dans son espèce.

Simplifiez la science pour la rendre accessible à toutes les intelligences, surtout la science agricole; que toutes les classes de la société se régénèrent aussi par vos travaux consciencieux; la littérature est à la fois une hygiène matérielle, morale et intelligente; que son esprit féconde tous les principes de vie; ainsi la pensée s'élevera sur son échelle infinie pour le triomphe de la vertu et de la vérité.

A son tour, la presse périodique (cet organe, ce pain quotidien de l'opinion publique) doit abandonner l'atmosphère des passions politiques; la modération et l'équité sont aussi indispensables à son existence et à sa dignité qu'à la grandeur et à la tranquillité de l'État. Déposer la vérité aux pieds du trône sur les besoins du pays, et reporter au pays la sagesse des actes du pouvoir, ce sont les plus nobles prérogatives de l'écrivain qui parle tous les jours à la France

Nul homme ne doit écrire s'il n'a appris à penser lui-même le premier, s'il n'a fait une étude sérieuse du cœur humain; et si l'esprit de vocation doit s'appliquer à tous les emplois, à toutes les fonctions, il est indispensable à l'écrivain; en l'absence de ce ministère primitif et naturel, la plume, le plus léger des instruments, est le plus pesant fardeau de la société, qu'on ne trouble jamais en vain.

Mais en présence de ce grand drame universel où la France doit être et sera le modèle des nations, il faut rendre un acte solennel de justice à toutes les phases de l'ancienne monarchie; si elles ont été impuissantes à l'accomplissement du grand œuvre entrepris sous le gouvernement actuel, toutes ont élevé des monuments de gloire, ont fourni des éléments de régénération : le moyen-âge ne fut pas tout barbarie, Charlemagne et saint Louis ont fait respirer l'humanité; la France doit au Clergé d'alors le titre glorieux de fille aînée de l'Église, titre auquel celui de nos jours donne un plus grand éclat encore. Certains ordres religieux furent les fidèles dépositaires des lettres et des sciences des anciens; la branche aînée fit toujours respecter le drapeau national; un grand nombre de seigneurs furent les pères de leurs vassaux; la compagnie des Jésuites elle-même au sein des égarements de son ambition, a civilisé des nations sauvages; tout est plein de grands hommes. Mais ce qui va rendre un plus éclatant hommage au génie français de tous les temps, c'est le vaste et magnifique tableau des archives de toute la France, qui sera exposé aux yeux du pays par les ordres du gouvernement; dans cette œuvre où toutes les grandeurs nationales se formeront en faisceaux au sein de la plus grande d'entre elles, où ces vies de localités vont recevoir une plus grande vigueur et seront ajoutées à la grande vie nationale, la France ne perdra aucune de ses gloires.

Sur ce théâtre nouveau, la femme aussi remplit une noble mission; les rayonnements de son intelligence cultivée, la puissance de son éducation plaident pour l'affranchissement des femmes du Levant; et si l'ancien régime a donné plus d'une héroïne à la patrie, toutes les dames françaises de nos jours combattent de cœur et d'esprit pour rendre la liberté à leur sexe chez les autres nations. Enfin, en dernière analyse rien n'a paru de si grand dans l'antiquité; toutes ces nations n'ont fait la guerre que pour le compte de leur gloire et de leur prospérité, la France combat pour la grandeur et l'indépendance de toutes : ce sont les plus belles pages de l'histoire universelle!

Union de toutes les forces, de toutes les opinions, voilà le véritable champ de la démocratie, de la pure démocratie, la seule digne de ce nom, des nations de frères!

Dans l'exposition célèbre qui se prépare, tout le globe rendra hommage à la nation libératrice du monde; il saluera toutes ces victoires de justice et d'humanité, il récompensera toutes ces œuvres avec la couronne de sa reconnaissance, de son respect et de son amour. O heure suprême! la France suivra le Monarque français sur les trophées de l'univers pour y planter le drapeau de la civilisation!!!

FIN.

TABLE DES MATIÈRES.

AVANT-PROPOS : . . . . page 1
CHAPITRE PREMIER. — L'ère nouvelle 29
CHAP. II. — Etat de la Société 44
CHAP. III. — De l'Ignorance 83
CHAP. IV. — De l'Enseignement 123
CHAP. V. — Du Commerce. 176
CHAP. VI. — Des Travailleurs. 212
CHAP. VII. — Civilisation, Intégrité de la carte de l'Europe 269
CHAP. VIII. — Conclusions 315

FIN DE LA TABLE.

www.ingramcontent.com/pod-product-compliance
Ingram Content Group UK Ltd.
Pitfield, Milton Keynes, MK11 3LW, UK
UKHW021848190726
13855UKWH00001B/217

9 782013 365635